中華民国の誕生と大正初期の日本人

曽田三郎 著

思文閣出版

中華民国の誕生と大正初期の日本人

序論

（1）辛亥革命一〇〇周年について

二〇一一年は辛亥革命の一〇〇周年にあたり、さまざまの記念行事が開かれた。『毎日新聞』（二〇一一年一〇月一〇日）の報道によれば、北京の人民大会堂では、一〇月九日に辛亥革命一〇〇周年記念大会が開かれ、胡錦濤国家主席をはじめとする要人が出席した。同紙が伝えた胡主席の演説の骨子のなかで重要な点は、中国共産党員は孫文による革命の最も忠実な継承者であると指摘したこと、孫文や辛亥革命の先駆者に恥じぬ貢献をし、中華民族の復興を実現するために奮闘するように呼びかけたことである。同じ紙面では、台湾の馬英九総統が中央研究院で行った演説も紹介されており、馬総統は、孫文が追求してきた自由と民主が台湾で実現したことを強調した。この二人の演説は、ともに孫文の継承者であることを自認しつつも、継承すべき価値や目標に対する認識を異にしており、胡主席は中華ナショナリズムを、馬総統は近代的政治・社会原理を強調しているのである。

この二人の演説に見られる辛亥革命観の違いは、学者の間にもある。『毎日新聞』（二〇一一年七月一日）に掲載された「辛亥革命一〇〇年」という記事では、辛亥革命の意義に関する二人の学者の意見を紹介している。中国社会科学院近代史研究所所長の歩平は、帝国主義の圧迫からの民族の解放と社会の発展に向けて第一歩を踏み出したことに、辛亥革命の意義を求めている。一方、台湾の政治大学教授の李酉潭は民主化という観点から辛亥革命の意義をとらえ、それを実現できていない中国の政治を批判している。二〇一一年九月三〇日付の『朝日新聞』に掲載された「辛亥革命一〇〇年」（下）によれば、複数政党による政権交代が行われるようになった台湾では、「孫文の脱神話化」が進んでいる。広東の雑誌社の社長解任事件（『朝日新聞』二〇一一年八月一九日）を持ち出すまでもなく、孫文や辛亥革命の評価は、そもそも政治性をともなっていることに、学者は留意すべきであろう。

学界でも、辛亥革命一〇〇周年に関する国際会議がいくつか開催された。私は二〇一一年一二月に開催された辛亥革命百周年記念東京会議しか出席しなかったが、「グローバルヒストリーの中の辛亥革命」というテーマの重要性にもかかわらず、あまり強い刺激を受ける内容がなかった。それは、研究発表や発言の数があまりに多すぎ、この全体テーマにまとめなおすことが難しかったからかもしれない。一九一一年から中国で起きた政治変動は、「辛亥革命」よりは、「中華民国の誕生」という言葉で表現するほうがより適切であろうと、私は考えているが、その中華民国の誕生は同時代の日本人に、いま考える以上の衝撃を与えたのではないだろうか、というのがもう一つの印象である。こうした印象からすれば、より強い関心は外側から見た中華民国の誕生に向けられる。

少し抽象的な表現になるが、同時代の日本や日本人にとって、中華民国の誕生を機に中国問題が浮上するようになったのである。中国問題の具体的な認識については、のちに若干言及するように、人によって当然異なっていた。ただここで留意しておきたい点は、革命の支援に活躍した日本人だけでなく、歴史学や政治・法律学などの学者たちも中国問題に心を砕いていたことである。学者たちが中国問題を認識するにあたって、とくに歴史学者にとっては、清朝にいたるまでの中国の専制君主政治の歴史が考慮されるべき一つの要点となった。だが政治・法律学者まで含めて考えると、もう一つ認識上の重要な基準があった。それは明治以来の、日本の立憲国家としての形成史であり、憲政擁護の声が高鳴る大正初期のその成熟度であった。(1) 特定の人物ではなく、大正初期のジャーナリズムや学者の言論を中国問題との関連で包括的にとらえるために、本書の関心は主に後者におかれている。

(2)　前著への書評について

私は二〇〇九年に『立憲国家中国への始動――明治憲政と近代中国』(思文閣出版)を刊行し、「辛亥革命」ではなく、中国における立憲国家の形成という観点から、清末・中華民国初期の政治史を連続的にとらえる見方を提示したが、この前著に対して、多くの書評が発表された。ただ数が多かっただけでなく、多様な分野の研究者からの批評が得られたことは、前著の「あとがき」で記した意図にかなうものであった。発表された書評は、「憲政」という問題に焦点をあて、主に定義や分析の枠組みという視角から批評していただいたものもあれば、前著の内容を詳細に追跡しつつ意見を述べていただいたものもある。また前著の「あとがき」を意識されたのであろうが、とくに有賀長雄《あるがながお》に関して、日本近代史の側から見て理解の不十分な点を指摘していただいたものもある。

ここではこれらの書評に対して、さらに論議を展開するわけではない。ただ一点、いくつかの書評に共通して指摘されている課題があるので、それについてとりあげておきたい。たとえば、中村元哉の書評(『史学研究』第二六七号、二〇一〇年)では、孫文らの革命勢力やその後の国民党の側の、中華民国臨時約法などに見られる「憲政論・制度論」に対する分析が「やや希薄だったこと」が指摘されている。また熊達雲の書評(『法制史研究』第六〇号、二〇一〇年)では、中華民国臨時政府組織大綱や中華民国臨時約法の制定への言及がほとんどなかったことを批判し、「立憲国家中国への始動で取り扱われる以上、このときの模索は非常に重要な意味があり、君主立憲から民主立憲に切替った出来事であるので、何かの形で立憲国家中国への進む過程での位置付けや役割、そして本書で議論されている立憲作業との区別または連携をはっきりさせる必要が感じられる」、といった指摘がなされている。批評の趣旨が若干わかりにくいが、臨時約法などに詳しい言及をしなかったのは確かである。

この点について、横山宏章・松井直之の書評（『東洋史研究』第六九巻第一号、二〇一〇年）では、「憲政観の連続性、日本の協力という意味から、宋教仁の臨時約法は異物として排除されたのであろう」、という理解を示している。前著では、とくに有賀長雄という人物や彼の明治憲政観に焦点をあてて、清末から中華民国初期の立憲国家形成の試みを連続的に検討しようとしたが故に、論旨の一貫性を担保する意味で、この基軸からはずれる問題については、除外せざるを得なかったのである。しかしいうまでもなく、このことは革命と称されるような政治変動のなかで整備され始めた法制に対する検討を、軽視してよいという意味ではない。むしろ逆で、中華民国臨時政府組織大綱（以下、臨時政府組織大綱）の制定と修正、中華民国臨時約法（以下、臨時約法）の制定過程や基本法としての評価、さらに中華民国の政治的統合に向けての効力といった問題は、日本や日本人との関係も含めて、それ独自で検討されるべき重要な課題なのである。前述のように、一九一一年からの中国の変動を、「辛亥革命」ではなく「中華民国の誕生」という視角からとらえようとするのは、政治過程における法制の整備と、それに対する評価を重視しているからにほかならない。

これまでの中華民国成立史に関する研究のなかで、臨時政府組織大綱や臨時約法の成立過程、その基本法としての特徴などを本格的に扱ったものは、それほど多いわけではない。先ほどの横山・松井による書評のなかでは、臨時約法は、「憲政構想を孫文とは異にする宋教仁の主導で策定されたこともあって」、孫文は同法の意義を否定したとし、「国民党正統史観にとっても厄介な存在である」とされている。臨時約法について、制定過程における宋教仁主導説は、臨時政府組織大綱における大総統制から内閣制への変化とともに、ほぼ定説のように扱われている。成立当初の中華民国の法制整備に関する宋教仁の役割の重視は、古くは吉野作造の『支那革命小史』に見られるが、実はこうしたこと自体からの再検討が必要なのである。したがって臨時約法については、その条文上の内容のみならず、草案の起草や制定の過程に関する詳細な実証的研究が必要である。

（3）　中華民国の誕生と同時代日本の学者たち

中華民国が誕生する過程において多数の日本人が関与したことは、すでに多くの研究によって明らかにされている。孫文記念館が調査して発刊した『孫文・日本関係人名録』（二〇一一年）によれば、孫文に限っても、いささかでも関係のあった日本人の数は一二三六人に上るようである。最近出版された『辛亥革命と日本』（王柯編、藤原書店、二〇一一年）でも、書名のとおり辛亥革命と日本や日本人の関係がとりあげられているが、注目されやすいのは、直接に革命を支援した「大陸浪人」などの日本人である。また、それとほぼ同時に出版された『孫文・辛亥革命と日本人』（久保田文次著、汲古書院、二〇一一年）でも、とりあげられている日本人は、やはり孫文や革命勢力との関わりが強い人々である。

これらに対して、本書が注目するのは、大正初期の日本のジャーナリズムであり、そこに姿を見せる日本人の学者である。中華民国の誕生に対する日本の学者の関与や彼らの言論に関しては、前記の研究書も含めてあまり関心が払われたことがない。前著でとりあげた有賀長雄は、北京の政府の側からではあるが、中華民国建国のための法制整備に関与した。また彼をしばしば批判することのあった副島義一や寺尾亨は、南京の臨時政府の法制顧問に就任した。彼らのように中国に渡って、建国に直接関与した学者の数は多くなかったかもしれないが、内藤湖南の『支那論』が、前年の口述をもとに一九一四年に刊行されたように、日本の政治・法律学、歴史学などの学者たちにとって、中華民国の誕生は中国が問題化する契機となった。

本書が考察の対象とする期間の始まりは、いうまでもなく清朝の倒壊と中華民国の建国開始の時期である。終わりは、中華民国の再統合に向けて、一九一九年初めに上海で南北和平会議が開かれた時期である。この終わりの時期の特徴を、孫文という一人の政治指導者に即して示しておけば、彼が日本に対する姿勢を変化させるのが第一次大戦直後であり[2]、それから間もなく、彼は護法（臨時約法の護持）という旗印を降ろすことになる[3]。

① 内藤湖南

革命の蜂起が伝わると、内藤湖南は『大阪朝日新聞』[4]に「革命軍の将来」（一九一一年一〇月一七日～二〇日）、「支那時局の発展」（一九一一年一一月一一日～一四日）といった時論を発表した（以下、日本の新聞名について、本文中では「新聞」を省略する）。内藤は一九〇〇年に大阪朝日新聞社に入社し、中国に関する記事の執筆にあたっていたが、一九〇七年には設置されたばかりの京都帝国大学文科大学の招聘を受けて、専任講師に就任した。内藤の歴史観からすれば、清末・民国初期は、唐末・五代に続く中国史上の第二の転換期であり[5]、それだけに中華民国の誕生は彼の注目するところとなった。『大阪朝日』に執筆した二つの時論のなかで、注目すべきなのは後者であり、共和国の建国を予測する一方で、内外蒙古やチベットの分離を主張するなど、「後の『支那論』に引き継がれていく主張の骨格」が提示されたといわれている[6]。

翌年になって、内藤は、袁世凱が臨時大総統職を継承し、臨時約法が公布されたあとの三月一八日から二〇日にかけて、やはり『大阪朝日』に「中華民国承認に就て」を連載した。内藤はこの論文で、この時点での中華民国の承認に反対しているが、その理由として、「承認時機の問題」と「民国の性質の問題」の二点をあげている。前者について、袁世凱臨時大総統のもとで「事実上南北の統一が出来る見込み」が立っておらず、「今日の仮政府は依然として永続の性質を持つた者ではない」ことを、内藤は指摘している。後者は、具体的には章炳麟の著作に示されている民族・領土論を批判し、中華民国の政府にそれが包含する民族や領土を確認する必要があるとしている。

中華民国の誕生を契機とする同じような問題認識を、内藤は『太陽』[7]に掲載された「支那の時局に就きて」

（第一八巻第一一号、一九一二年）でも示している。列国や日本国内の言論のなかに、袁世凱臨時大総統の指導力を高く評価し、彼のもとで中華民国の統一が実現するであろうとする予測があることを批判し、「今迄の如き袁の行り方であれば此の推測は恐らく的を放づれるのである」としている。中華民国が誕生した当初、内藤は、袁世凱よりは孫文に期待をかけていたといわれるが、[8]孫文への評価はともかく、袁世凱に対する不信という点では、ほぼ一貫していたようである。また五族共和論を批判して、清朝の版図を保持する必要性のないことを指摘し、「蒙古とか、西蔵とか、支那の財政を維持するためには損にこそなれ得にはならない各地方は寧ろ此際切り離して純粋の支那だけを統一する方が支那に取りて幸福であるかも知れないと思ふ」と、実質的な意味も込めて、藩部を切り離した中華民国の領土を提示していた。その領土についても、袁世凱臨時大総統のもとでは統治が困難であるという認識を、内藤はもっていたのである。

以上の諸論文にも、一九一四年に出版した『支那論』の趣旨はすでにうかがえる。辛亥革命は、内藤の「生涯におけるもっとも重大な出来事であった」といわれ、『支那論』は「辛亥革命後の混迷にいかに対処すべきかという問題」を解明するために執筆された。[9]内藤が辛亥革命を契機に認識した中国問題の論点を、『支那論』に基づいてあらためてまとめると、君主制から共和制への移行という大勢、「五族共和」の解体と領土の分割、「今日の大行政区」の維持と官吏の政治的徳義の涵養、中央集権主義への批判、清朝崩壊の要因は同主義と利権回収論、という五点になる。[10]

②　浮田和民

『太陽』誌上の論文を執筆するにあたって念頭に置いていた日本国内での言論を、内藤は具体的には示していないが、彼の論文に先行して、『太陽』には浮田和民の「青年支那党の運命如何」（第一七巻第一六号、一九一一年）、「東洋最初の共和国」（第一八巻第二号、一九一二年）、「支那の根本的改革」（第一八巻第五号、一九一二年）といった中国論が掲載されていた。浮田は、早稲田大学で歴史学や政治学の講義を担当する一方で、一九〇九年からは『太陽』の主幹に就任して言論を展開していった。彼の明治・大正期の日本の政治・社会思想史上における位置については、「骨太のリベラリズムをもって、日本の思想界に大きなインパクトを与えた」民主主義者、自由主義者といった評価が与えられている[11]。

近代日本の思想史上における浮田の評価は、ここでは直接の課題となるわけではないので、これ以上の言及はひかえるが、彼が政府の権力の制限、個人の自由の保障、人民の参政権などを中心に立憲政治を理解していたことを確認したうえで[12]、さしあたって、『太陽』誌上の先の三つの論文を通して、彼の辛亥革命論・中華民国論を見ておくことにしよう。この三つの論文のなかで、第一八巻の第二号と第五号に執筆した論文の間には、論旨の「後退」が見られるといった指摘が、これまでになされている。具体的には、最後の論文では、北京の政府と革命勢力による妥協や袁世凱の出現を評価するようになったことであり、その理由について、浮田が「革命運動の混乱を見て、中国では革命はまだ不可能と予測したためであった」とされている[13]。しかし、中国の内乱による分割を懸念し、北京の政府と革命勢力の間で「協同戮力出来る中心点」を求める必要があるとする点では、最初の論文から一貫していた。

浮田は革命といった事態の推移に対して、「非干渉論」を貫く一方で、中国問題を独立、統一、憲政、文化の四つの視点からとらえた。このなかで、何よりも解決を急ぐ問題を前二者に置き、憲政の実施などはその後の課題と位置づけていたといわれている。こうした中国問題のとらえ方の背後にある浮田の思考は、文明化の多様性であった。浮田は英米や日本を標準として中国を論じることに批判的で、文明や文明化に「多様性という相対化・複数化の視点」を強くもっていたといわれている[14]。本書の内容と関連づければ、当時の日本が憲政擁護という風潮のただなかにあったことが重要であり、ここに示されている浮田の考えからすれば、憲政擁護の高みにたって中国問題を論じてはならないということになろう。論文のタイトルにもなっている「支那の根本的改革」には三つの条件が必要であると、浮田は指摘している。それは、領土の縮小、人口の縮減、思想の根本的革新である。したがって内藤の所論と共通する面がないわけではなかったが、浮田はこの三条件の整備が短期間でできるとは考えていなかった。

③　立作太郎

浮田は中国の革命に対する日本の態度として、不干渉を主張していたわけであるが、当時の法学者のなかには、これとは違った意見もあった。『太陽』とならぶ総合雑誌である『中央公論』の第二七年第一号（一九一二年）に、東京帝大教授で国際法の学者であった立作太郎《たちさくたろう》が「支那の革命と国際法」という論文を発表している。この論文は、不干渉論の立場から書かれた『外交時報』誌上の有賀長雄の所論を批判しつつ、「政治上の主義」は別とし、「国際法の法理」としては、「内乱の際政府又は革命軍の孰れを助くるも不干渉の義務を破ることゝなるとする説」に満足しないという立場から執筆されたものである。具体的には、革命時における政府に対する援助、また自国民保護のための自衛的な行為をあげ、さらにとくに強調しようとしているのが、「政府と革命軍との間」の調停行為である。この第三の例は、「内乱」が生じた「国の政府の代表する国家の意思」に反して行われるものではないという意味で、干渉にはあたらないとする。この論文が発表されたのは一九一二年一月であるから、中国の事態の推移に照らし合わせれば、北京の政府と革命勢力との間の調停を念頭に置いたものであろう。

④　白鳥庫吉

『中央公論』は、一九一一年一一月発行の第二六年第一一号で「清国の内乱を評す」という記事を掲載するとともに、「孫逸仙外革命党首領人物評」という特集を組むなど、中国の革命に対する並々ならぬ関心を示した。この『中央公論』の次の号には、東京帝大の教授で歴史学者である白鳥庫吉の「支那歴代の人種問題を論じて今回の大革命の真因に及ぶ」という論文が掲載されている[15]。内藤とは違って、白鳥には、新聞や雑誌上における時論的な文章はあまり見られないが、この論文も、内容の大半はタイトルのなかの「支那歴代の人種問題」に関するものであり、現状や今後の見通しに関する叙述は、最後の一頁に出てくるだけである。

　中国の革命の要因を「新思想と旧思想の軋轢」に求める白鳥は、内藤と異なって、中華民国の将来を楽観的に展望している。中国の現状を「紛々擾々たる有様」であると白鳥はみなすが、そうだからといって、列国による中国の分割はまずあり得ないと判断する。そのうえで、国家の形態はともかく、中国は「こゝに初めて団結したる鞏固なる一国となる」と予測する。その内容は「或種の中央集権を有する一国」であり、それによって「世界列強の間に立ち行くの資格を有する」ことになると、白鳥はいう。現在の混乱に眼を奪われて、中国の将来を見通せないのは、「只現在より外見えぬ短見者流の事」であると批判し、再度、列強の圧迫さえなければ、中国は今の混乱を経過して、「近世的の一国家を形成」することを、「歴史家として確信する」と締めくくっている。

⑤　末廣重雄

京都帝大教授で政治学者の末廣重雄も、中国問題に関して新聞・雑誌上にしばしば論文を発表した学者の一人であるし、内藤も彼の満州問題に関する所論を意識していた[16]。末廣は、北京における袁世凱臨時大総統のもとでの中華民国政府の整備がほぼ整った三月末から、『大阪毎日』[17]に「支那の分割か保全か」という論文の執筆を始め、四月一日を除いて、四月一九日まで連載された。末廣は、中国の現状を、日清戦争直後と義和団事件の時に続く、「領土保全に対する第三次の危機」にあると分析する（三月三〇日）。このような状態にあって、日本国内での南満州合併論を含め、中国分割の議論が生まれていることを、末廣は懸念している。こうした分割論に対して末廣は、「支那の領土保全の維持尊敬」は日本にとって「最上の政策」であり、「将来に対しても亦之を以て最善の政策」とする（三月三一日）。末廣からすれば、南満州の合併などは、単なる「領土膨張の虚栄心」に基づくものであり、そのような行為は、むしろ「我邦に対し政治上財政上経済上社会上重大なる危険を惹起する」ことになった（四月七日）。

日本にとっての利益は、いかなる国によっても閉ざされることなく、全中国市場が開放されることにあり、したがって中国の「領土保全、商工業上機会均等主義が維持」される必要があった（四月一六日）。これを日本の政策という観点から見た場合には、重要なことは「南満州の合併にあらずして非合併にあり、帝国主義にあらずして商工業立国主義にあり」ということになる（四月一八日）。だが内藤や浮田の所論と対照化させた場合、保全されるべき中国の領土とは何かという問題が生じてくる。この点に関する末廣の解答は、明快である。中国の領土の保全維持とは、「支那本部十八省は勿論満州を始め一切の外藩にも及ぶものなりと言はざる可らざるなり」とし、将来的には、租借地の設置も含め、「如何なる方法に於ても支那の全部少くとも十八省及び満州に関し其領土保全を傷くる一切の行為を防止し、併せて商工業上の機会均等主義を極力支持すること」が、「我国の最上最良の政策」であると見なしている（四月二日）。

⑥　吉野作造

中国問題に関して、新聞や雑誌上に時論や論文を発表した学者として、吉野作造は当然忘れるわけにはいかない。吉野の中国研究は、資料が豊富で正確である点が注目されているほか、「民本主義の普遍性と必然性の認識に支えられ、中国の政治的再生について例外的に正確な分析および見通しを生み出した」ことが高く評価され、独特の文化史観に立つ内藤湖南に対して、中国の政治史、革命史研究の面での吉野の優位が指摘されている。[18] 内藤は政治から文化への流れを歴史の発展ととらえ、中国政治の国際的管理を許容する考えを有していたが、[19] このような点との比較から、こうした吉野の評価が生まれたものと思われる。内藤と吉野では、同じ地平での比較が難しいようにも思うが、中国の政治史という分野に限定したとして、吉野がそれを的確に分析し得ていたかどうか、歴史研究者の視点から検討してみる必要があろう。本書が研究の対象とするのは、第一次大戦終結までの期間の中華民国初期の歴史であるが、こうした問題についてもとりあげてみたい。

吉野の中国政治に関する最初の論文は、一九〇六年からの北洋法政学堂での講義などのための中国滞在の経験に基づいて執筆した「袁世凱ヲ中心トシテ観タル清国近時ノ政変」(『国家学会雑誌』第二三巻第三号～四号、一九〇九年)であるといわれている。[20] 実際には、これ以前にも同じ『国家学会雑誌』(第二一巻第六号、一九〇七年)に「天津に於ける自治制施行の現況」という論文があり、これなどはまさに北洋法政学堂の教師として天津に滞在中に得た資料がいかされたものであったろう。だがそのタイトルからわかるように、この論文は清末の先駆的な自治制の導入を研究したものであり、中国政治の動態分析という意味では、やはり一九〇九年に発表したものが最初の論文であろう。

吉野が得意分野として自認していたのは憲政論などよりは、中国革命史であったといわれるが、[21] 内藤などと異なって、辛亥革命に即応して言論活動を展開したわけではない。一九〇六年に中国に渡り、袁世凱の長男克定の家庭教師をしたり、北洋法政学堂で教えていた頃の吉野は、中国の将来に楽観的ではなく、立憲制の導入や革命運動にあまり注目してはいなかった。[22] 中国から帰国し、東京帝大の助教授に就任した吉野は、一九一〇年から欧米への留学に出かけるのであるが、ドイツ滞在中に知った辛亥革命に対して、「傍観者的に」日記に記すのみであったといわれている。[23] 革命史に関する論文などを積極的に発表する前の吉野の中国関係の著作としては、一九一五年に出版した『日支交渉論』(警醒社書店)がある。これは二一ヵ条要求をめぐる交渉を論じたもので、吉野は日本の要求を時宜にかなったものとして評価しており、第五号が削除されたことを遺憾とさえ見なしていた。二一ヵ条の要求に対して、このような評価を下した背景には、将来を楽観できない中国の現実に対する認識があった。[24]

吉野の中国論に関して、研究者がほぼ一致して認めているのは、翌一九一六年からの変化であり、袁世凱の帝制復活に反対する南方の軍事蜂起が背景にあった。吉野の中国論の変化を示す具体的な事例として指摘されているのは、『中央公論』第三一年三月号（一九一六年）の特集「対支国策統一論」に執筆した「対支外交根本策の決定に関する日本政客の昏迷」という論文であり、ここで初めて、日本は袁世凱政権を相手とするのではなく、孫文や青年たちの革命勢力を相手にしなければならないことを、彼は明らかにしたとされている。[25] そして翌年には、『国家学会雑誌』（第三〇巻第一一号～一二号、第三一巻第一号～二号、第三一巻第七号、一九一六～一九一七年）に発表した「支那第一革命ヨリ第三革命マデ」や「第三革命ニ就イテ」をもとに、『支那革命小史』（万朶書房、一九一七年）を出版した。ここでさしあたって確認しておく必要があるのは、これまでに言及した学者とは異なって、吉野は中華民国の誕生にすぐさま反応を示したわけではないことである。

吉野の中国論の詳細については、本論でとりあげることになるので、ここでは、吉野が革命という視点から中国問題に取り組み始めた契機を確認しておくにとどめよう。吉野が中国の革命勢力に属する人々と直接に接触したのは、一九一四年のことである。前年の「第二革命」（「第二革命」あるいは「第三革命」といった表現は適切でないと考えるが、煩雑になるので、以下とくに「　」はつけない）の失敗で日本に亡命してきた中国人を受け入れ、教育を施すための学校として創設されたのが政法学校である。この学校を創設したのが、東京帝大の元教授である寺尾亨であり、吉野はここで政治史の講義を担当した。[26] 吉野が入学した頃の東京帝大法科大学には、教授として穂積陳重、穂積八束とならんで寺尾亨がおり、国際公法を担当していた。[27] すでに東京帝大に職を得ていた吉野が、欧米留学を終えて帰国してから間もなく、政法学校で講義を担当することになったのは、こうした関係があったからであろう。

吉野はこの学校で講義を行うと同時に、殷汝耕や戴季陶（天仇）らと知りあった。彼らから辛亥革命に関する材料の提供を受けた吉野は、寺尾や頭山満《とうやまみつる》の勧めもあり、『支那革命小史』のもととなる論文を執筆することになるのである。彼らが提供した材料のほかに、宮崎滔天の『三十三年の夢』や北一輝が執筆を進めつつあった『支那革命外史』も、吉野の中国革命史研究にとって重要な参考書となったようである。[28]

こうしてみると、吉野の中国に対する関心は、革命勢力に属する人物やそれを支援する日本人との接触によって深くなっていった点に特色がある。吉野の中国論を評価するさいには、こうした経緯にも留意しておく必要があるであろう。

（1）ここまでに言及してきた辛亥革命とそれをめぐる中国の政治指導者、それに同時代の日本人の言論に関しては、近年かなり見直しが進められている。ここでは概説的な著作のなかから、和田春樹ほか編『岩波講座　東アジア近現代通史』三〈世界戦争と改造　一九一〇年代〉（岩波書店、二〇一〇年）をあげておく。辛亥革命を「国民革命」とするのは（二〇頁）、階級論によらないという点では新しいかもしれないが、定義が不明であり、そもそも「革命」の内容自体を検討する必要がある。政治指導者については、人物コラム「袁世凱と孫文」（二〇八〜二〇九頁）が斬新であり、この二人の人物について傾聴に値する解説を行っている。また、第二革命の評価に関する提言も重要である。前後するが、日本との関係については、当時の在野の日本人が中国の革命勢力を支援した理由について、「藩閥政府に対峙している自らと革命派を二重写しにしたから」だとされているが（二三頁）、これは日本のジャーナリズムも含めて、その後にも見られる傾向である。なお「援段政策」の本来的な意図に関する指摘も重要であり（一〇七頁）、これまで、当該時期の歴史をあまりに中国の南方勢力の側からのみ見ていたのではなかろうか。

（2）藤井昇三「孫文と日本」三輪公忠編『総合講座　日本の社会文化史』七（世界の中の日本）、講談社、一九七四年。

（3）李雲漢「政学会与護法運動」中央研究院近代史研究所編『中華民国初期歴史研討会論文集』一九一二―一九二七（上冊）、中央研究院近代史研究所、一九八四年。

（4）村山龍平は一八八一年に木村平八から『朝日新聞』の所有権を譲り受け、一八八九年に『大阪公論』を発行すると同時に、それを『大阪朝日新聞』と改めた。その前年には、『めざまし新聞』を買収して、東京で『朝日新聞』を発行し、これがのちの『東京朝日新聞』となった。『大阪朝日新聞』は日本の有力新聞の一つに成長していったが、その特色は中国などのアジアの情報を重視して報道したことにある（西田長寿『明治時代の新聞と雑誌』至文堂、一九六一年、一一八頁、一八一頁、二三三頁）。

（5）大谷敏夫「湖南の中国文化論と政治論」内藤湖南研究会編『内藤湖南の世界――アジア再生の思想』河合文化教育研究所、二〇〇一年。

（6）山田伸吾「内藤湖南と辛亥革命――もう一つの「近代」」、同右書所収。

（7）博文館は一八九四年末、それまで発行してきた諸雑誌をひとまず廃刊し、総合雑誌としての『太陽』などを翌年一月から発行するようになった。この『太陽』を筆頭に、竹越与三郎らの『世界之日本』（一八九六年創刊）、はじめは禁酒雑誌として創刊され、その後、総合雑誌に姿を変えつつあった『反省雑誌』を一八九九年に改題した『中央公論』、三宅雪嶺らを中心とする政教社が刊行した『日本人』（一九〇七年に『日本及日本人』と名称を変更）、それに大隈重信が中心となって一九一一年に創刊した『新日本』（富山房）といった総合雑誌が発刊された。このなかで、一九〇〇年に休刊した『世界之日本』を除く四誌が、大正初期の有力な総合雑誌であった（西田長寿前掲書、二六〇～二六二頁）。

（8）陶徳民「内藤湖南における『支那論』の成立ち――民国初期の熊希齢内閣との関連について――」『東方学』第一〇八輯、二〇〇四年。

（9）J・A・フォーゲル著・井上裕正訳『内藤湖南　ポリティックスとシノロジー』平凡社、一九八九年、一七七頁、二八三頁。

（10）山田伸吾前掲論文。

（11）武田清子「リベラリズムと〝帝国主義〟の間〈浮田和民〉」早稲田大学社会科学研究所日本近代思想部会編『近代日本と早稲田の思想群像』Ⅱ、早稲田大学出版部、一九八三年。

（12）大和田茂「編輯主幹・浮田和民の位置」鈴木貞美編『雑誌『太陽』と国民文化の形成』思文閣出版、二〇〇一年。

（13）中村尚美『明治国家の形成とアジア』龍溪書舎、一九九一年、三〇八頁。

(14) 神谷昌史「浮田和民における文明論と辛亥革命という事件」『大東法政論集』第六号、一九九八年。
(15) 辛亥革命期の白鳥庫吉の中国論については、それを高く評価する見解もあるが(馬場公彦「辛亥革命を同時代の日本人はどう見たのか――日本で発行された雑誌を通して」『アジア遊学』一四八、二〇一一年)、白鳥の場合は、一九一〇年代を通して中国に対する時論的な文章は多くない。
(16) J・A・フォーゲル著・井上裕正訳前掲書、二六六頁。
(17) 一八八八年に『大阪日報』を改題して誕生したのが『大阪毎日新聞』であり、『大阪朝日新聞』の一大強敵となっていった(西田長寿前掲書、一七八~一七九頁)。
(18) 三谷太一郎『新版大正デモクラシー論――吉野作造の時代』東京大学出版会、一九九五年、一六〇頁。
(19) 谷川道雄「序説」、山田伸吾前掲論文、ともに内藤湖南研究会編前掲書所収。
(20) 三谷太一郎前掲書、一五四頁。
(21) 松本三之介『吉野作造』(近代日本の思想家一一)、東京大学出版会、二〇〇八年、二二三頁。
(22) 井上久士「日本人の中華民国についての認識――吉野作造と石橋湛山の対比的検討を中心として――」『近きに在りて』第二九号、一九九六年。松尾尊兊『わが近代日本人物誌』岩波書店、二〇一〇年、一一〇頁。
(23) 狭間直樹「〈解説〉吉野作造と中国――吉野の中国革命史と日中関係史について」『吉野作造選集』七(中国論一)、岩波書店、一九九五年。
(24) 三谷太一郎前掲書、一五六頁。松本三之介前掲書、二三一~二三二頁。
(25) 松尾尊兊前掲書、一一一~一一二頁。
(26) 吉野以外の講義担当者としては、美濃部達吉、立作太郎、浮田和民らがいた(狭間直樹前掲論文)。
(27) 尾崎護『吉野作造と中国』(中公叢書)、中央公論新社、二〇〇八年、四五頁。
(28) 三谷太一郎前掲書、一五七頁。松本三之介前掲書、二四四~二四五頁。

第一章　中華民国臨時約法の制定と日本人法学者

ながい王朝の時代が終焉し、共和制の中華民国が誕生した点において、辛亥革命が中国の歴史上に大きな政治変動をもたらしたことは間違いない。あわせて注目する必要があるのは、この政治変動は、日本において中国問題に関する本格的な議論を生じさせる契機となったことである。[1]日本から見たときには、君主制が崩壊したということだけではなく、帝国的領土が動揺し始めたことの意味も大きかったように思われる。辛亥革命が日本の外交史上に与えた影響として指摘されている「アジア主義という自主外交路線の登場[2]」にも、このような背景があったと考えられる。ここでは外交史を扱うわけではないが、民間も含めた中国との関係のなかで、中華民国の誕生を契機にアジア主義と称されるような風潮が生じたことには留意しておく必要があろう。

こうした風潮をともないながら、当時の日本の民間でさまざまな革命支援の言動が生まれたことはよく知られている。そのような支援について、これまでは軍事や資金に関することがよくとりあげられてきたが、法制の整備についても日本人の関与が見られた。中華民国の当初の基本法に相当するのは、南京に成立した臨時政府のもとで制定された臨時約法である。辛亥革命を研究の対象として国内外で発表された論文はおびただしい数にのぼるが、この臨時約法の専論に該当するものは案外に少ない。清朝の倒壊過程ではなく、中華民国の誕生に視点を置いて研究する場合には、こうした基本法とそのもとでの法制の整備に関する検討がまず重要である。

臨時約法の制定過程には、早稲田大学教授の副島義一や東京帝国大学教授の寺尾亨といった日本人法学者が関与していたことも知られているが、関与の具体的な内容は明らかになっていない。臨時約法制定への具体的な関与の仕方はともかくとして、私が前著で研究した有賀長雄の言動と比較するかたちで、副島の中華民国建国に対する構想の特徴は提示されている。[3] それによれば、副島は「「議会」主導型国家」を構想し、「比較的民主的な議院内閣制」を主張していたとされる。副島は誕生しようとしている中華民国について、議会が優位にたった政治制度の定着を求めていたわけである。それと同時に留意しておくべきことは、副島には日本が「東洋の主人公」であるという思想があり、「中国分割の際には日本が独力で中国を支配する覚悟が必要である」とする考えも持っていたとされている点である。

臨時約法の基本法としての特徴に関しては、責任内閣制の採用、議会の権限強化、大総統権限の形式化が指摘され、「近代議会政治の理念が成文化」されたものだとする指摘がある。[4] こうした特徴づけからすれば、臨時約法は副島が描いた中華民国建国に対する構想を実現させるのに相応しい基本法であったことになる。議会権限の強化とともに、大総統制から内閣制への変化については、臨時政府組織大綱から臨時約法への移行の要点としてよく指摘されるところである。[5] しかし、臨時約法が行政府について内閣制を採用しているというこうした見解に対して、異論がないわけではない。臨時約法には大総統制と内閣制の双方を示す条文が混在しており、実際には「総統内閣制の政体」であるとする考えがそれである。「総統内閣制」という制度的呼称が適当かどうかはともかくとして、とりあえず注目すべきことは、臨時約法には大総統制と内閣制の要素が混在しているという指摘である。

あわせて留意しておくべき点は、こうした制度的に矛盾する条文が盛り込まれた要因であり、「因人立法」という法律観や革命勢力内の対立が指摘されている。[6] 中華民国初期の政治の不安定要因を考えるうえで、これは傾聴に値する重要な見解である。しかし残念なことに、日本人法学者の関与に対する関心が欠如している。同時に、臨時約法での行政制度の規定に矛盾が生じた要因を、その起草・制定過程に即して明らかにする必要がある。

臨時約法の制定に主要な役割をはたした人物については、すでにはやくから、同時代の日本人の吉野作造が宋教仁に注目しており、臨時政府組織大綱から臨時約法の制定まで、一貫して彼の主導性を指摘している。(7)また近年においても、鄂州約法の制定に始まる中華民国の法制整備に関して、一貫して宋教仁の役割を重視する見解が示されている。(8)それによれば、袁世凱の臨時大総統就任をふまえた憲法制定作業の任務を担ったのは宋教仁であり、実際の制定作業も彼が作成した「中華民国臨時政府組織法案」を基礎として進められ、大幅に変えることなく承認された。また宋教仁は寺尾や副島と連携しており、臨時約法における大総統権限の制約や議会権限の強化といった内容は、宋の主張に基づいてこの二人の日本人が盛り込んだとする見解もある。(9)

しかしこれらの研究については、二つの検討を要する問題がある。第一に、臨時約法の制定に対する宋教仁主導説は、その審議過程から考えて根拠が乏しいことが、かなり以前から指摘されている。(10)第二に、確かに寺尾や副島といった日本人法学者は、宋教仁が総裁に就任した法制院の法制顧問に就任していたが、そのことから直ちに彼らが臨時約法そのものの制定に関わっていたと判断するのは早計である。臨時約法に関するその後の研究でも、(11)なお宋教仁主導説が展開され、寺尾と副島の貢献が高く評価されているが、臨時約法の制定過程の分析に基づく論証とはなっていない。

第一節　寺尾亨・副島義一の中国到着

(1)　犬養毅の中国行き

犬養毅や頭山満のほか、寺尾亨や副島義一を含む日本人が大挙して中国に渡ったのは、南北和議の動きが具体化した一九一一年一二月の中旬から下旬にかけてであった。武昌での蜂起のニュースが伝わると、日本人のなかから中国に赴いて革命勢力を援助しようとするものが出現し、また日本国内でも革命援助のための世論形成や政府への働きかけが行われた。すでに存在していた浪人会が政府に厳正中立の態度を取るように働きかけたほか、有隣会（小川平吉、内田良平ら）、善隣同志会（根津一ら）などが結成され、前者は萱野長知や宮崎滔天を中国に派遣したほか、革命軍に対して直接的な援助を行った。後者は主に国内で革命勢力支援の世論喚起にあたるとともに、政府に武力干渉を行わないように働きかけた。さらにすでに存在していた太平洋会も、革命勢力の援助を決議して政治家や軍人に働きかけるとともに、寺尾亨を革命勢力の法律顧問として中国に派遣したといわれている。(12)

以上のような団体の活動に続いて、「渡清団」と称される大挙した日本人の中国行きが見られ、そのなかには立憲国民党の常務委員の一人であった犬養毅や玄洋社の頭山満などがいた。犬養は一二月一九日、頭山は二五日に中国に渡ったが、その目的は二つあり、一つは「火事場泥棒的な行動をする大陸浪人を排除すること」、もう一つは「革命派と北方派の講和を阻止すること」だったとされている。(13) 革命支援団体の一つの有隣会は、革命勢力が清朝側と和議を図ろうとしていることを懸念しており、中国に渡った犬養と頭山も、翌年一月八日に孫文や黄興と正式に会見し、実際に「革党の将来に就て大局を誤るなからん事を諄説《(ママ)》忠告」したのである。(14)

一九一一年一二月に中国に渡った時の犬養の言動を、のちに暴露したのが国務総理に就任しようとしていた熊希齢である。『大阪毎日』の特派員は、大総統、国務院、衆参両院などに宛てた熊希齢の電文を伝え、それが一九一三年八月四日付の同紙に掲載された。その電文は、第二革命で江西などの省が独立を宣言し、岑春煊を大総統に担ごうとしているとする情報にふれ、「一昨年南北講和談判の際に経過したる事実」を暴露したものである。その事実とは、その時に中国に来た犬養の目的は、「南北を分立し我国の力を分ちて之を弱めんとする」ことにあったとし、熊希齢に対して、岑春煊を大総統にあげて袁世凱に対峙させることを提案したというのである。こうした一昨年の事例から、「日本民党」が利権奪取のために、いかに「我南北を分離せしめんとすることに努力し居るかを推知」することができると、熊希齢は指摘している。同日の『大阪毎日』は、この電報に関して、中国駐在の山座円次郎公使に袁世凱臨時大総統を詰問させ、熊希齢の国務総理就任を阻止すべきであると主張している。

『大阪毎日』の情報源となったのは、『申報』の記事と思われる。一九一三年八月一日付の『申報』の公電欄に、この熊希齢の電文が掲載されているのである。ただし『大阪毎日』が伝えたのは、電文のほぼ前半部分のみであり、後半部分は簡単な要約となっている。後半部分において、熊希齢は現在の世界の激しい競争のなかで、弱小国はすべて併合されてしまい、国土が広く人民が多いことによってこそ、それに堪えられるという認識を示している。したがって独立を主張する省が出現して、南北分裂の様相が生じることは、あるべき方向への逆行であった。このために熊希齢は黄興と岑春煊に対して、前年の和議では大局を顧慮して南北を分裂させなかったことを指摘し、その初志に背いてしまうと、国が弱くなるばかりか、さらに他国への報酬によって多くのものを失う、と呼びかけている。

熊希齢の電文を掲載した『大阪毎日』は、翌々日には、犬養自身の反論の談話を掲載した。その内容は、犬養と孫文・黄興および岑春煊との人間関係を中心として、熊希齢の電報の内容を全面否定するものであった。だが注意を要する部分を含んでおり、犬養は岑春煊と面会した時に、「南北を統一して鞏固なる革命政府を樹立」する必要があることを説き、そのためには「孫文の一派」なども結んで、「北方を叩き付けねばならぬ」と説いた、としているのである。犬養の主観としては統一された中華民国政府を構想していたのかもしれないが、それは革命勢力によるものであり、南北の妥協・和議の成立に反対していたことは明らかである。南北の和議交渉が結実しようとしている当時の状況のなかで、あくまでも武力対決を勧めることは、結果として、中国の分裂と南北両政府の分立を生じさせることにつながったであろう。

一九一一年一二月の犬養の中国行きに関して、次に確認しておかなければならないことは、寺尾や副島との関係である。前述のように、寺尾は太平洋会が派遣したともいわれている。犬養自身は昭和になってからの回想のなかで、中国行きの動機を「南方に役立つ何事か」をしてやることにあったとし、具体的にはすぐに直面することを国際問題や法制問題と考え、それに貢献できる日本人として寺尾と副島を連れていったと述べている。寺尾は国際法の、副島は憲法の専門家であったことを考えると、もっともらしい人選であるが、この回想の問題点はあとでとりあげる。あわせてここで指摘しておく必要があるのは、「利権浪人」の排斥には一定の成果があったものの、「南方政府の基礎を固めたり、対日感情を和げる」ための彼の中国での活動は、「結局失敗に終った」と述べていることである。[15] 寺尾の後日談によれば、当時の犬養は「南北分立主義」であったが、[16] そのような立場から の南北和議の阻止に失敗したことは明らかであったが、さらに南京政府の基礎固めにも貢献できなかったと、犬養は回想しているのである。

(2) 寺尾・副島の中国行きの経緯

犬養の中国行きに関して、その成果のほかに検討しておくべきことは、彼の伝記類のなかでは、寺尾や副島が犬養の主導のもとに中国に渡ったように記されている点である。この点については別の記録もあり、「革命が勃発してまだ間もなき頃、武昌に行っていた大原武慶から長谷川芳之助の許へ、黎元洪の依頼を受けて法律顧問の推薦を頼んで来た。長谷川はその候補者として寺尾亨を最適任と認め、早速交渉を試みると、寺尾は「俺は法律の技師なんかになって行くのは厭だ。行くとすれば犬養君等其他と話合って見て、意見が合ふやうだったら行くことにしよう」といって、犬養等と革命援助に関する意見の交換を行った上初めて招聘に応ずることを承諾したのであった。斯くして寺尾は憲法学者の副島義一博士を同伴して出掛けることになったのである」ともいわれている[17]。

ここに出てくる大原は、一九〇七年に予備役となった軍人であり、東亜同文会で活動していた。武昌で蜂起が起きると、すぐに革命軍の支援にかけつけ、その幕僚となった。大原の長谷川との接点は具体的には明らかでないが、退役後の東亜同文会の活動のなかで生じたのではないかと考えられる。一方、長谷川と寺尾の間には明らかな接点があった。長谷川は鉱山学を学んで三菱に入社した人物で、退社後は衆議院議員となっていた。対外問題では強硬論者であり、対米問題をめぐっては太平洋会を組織し、一九〇三年には対露強硬論を唱える対露同志会に加わった[18]。この同志会が結成されたのは、対露主戦論を唱える七博士の建議をきっかけにしていたが、寺尾は七博士のうちの一人であった。また「主戦論時代より戸水と肝膽相照らし、今も尚ほ親善なるは寺尾亨」ともいわれ[19]、寺尾は建議の主要な起草者の一人であった戸水寛人《とみずひろんど》と親密な関係にあった。

もっとも寺尾の中国行きに関しては、宋教仁と頭山満の協議に基づくとする見解もある。それによると、武昌蜂起ののち、憲法の起草に困難を感じていた宋教仁が、萱野長知を通じて頭山に援助を求め、寺尾が中国に出向くことになった。頭山は日露問題をめぐって、寺尾と親しくしていた[20]。

以上のいずれが正しいのか、ここで確定できる材料は持ち合わせていない。また本書にとって、確定することにさしたる重要性はない。ただいずれにしても、対露同志会以来の人間関係が作用していたことは間違いないであろう。寺尾の後日談によれば、彼が頭山と非常に懇意になったのは日露間の対立が深まった頃であった。また犬養の位置について見ると、寺尾の中国行きに対して彼の意見が後押ししたことは間違いないであろうが、南京の政府に貢献できる一定の目標を立てて人選にあたり、そのうえで寺尾や副島を中国に連れていったというのは、犬養の側に立ち過ぎた理解といえよう。

さらに問題となるのは、やはり犬養側の記録では「寺尾亨、副島義一両博士も氏と同行し」たとされている点である。[21]この犬養と寺尾、副島同行説はその後も影響を残したが、寺尾と副島は犬養といっしょに中国に渡ったわけではない。副島の日記によれば、犬養が上海に着いたのは一二月一九日で、同行者は松平康国、柏原文太郎、柴田鄰次郎の三人であり、寺尾と副島はそれ以前の一三日に上海に到着していた。[22]また副島は昭和になってからの回想のなかで、「寺尾博士は、大学教授の職を抛ちて十二月十三日に、犬養先生は内地政界の小紛を見捨て、漢文支那語に通じる者を伴ふて同十九日に、頭山翁は、玄洋社の俊髦や軍人を師いて同二十七日に上海に着した」と記している。[23]犬養に同行したとされている三人のうちの松平は、清朝末期に張之洞の顧問を経験したことがあり、犬養自身も南京政府の宣言だとかの文章を作成させるのに適任だとしていた。副島はみずからのことにはふれていないが、彼と寺尾は先行して上海に到着しており、犬養はもっぱら言語や作文面で有能な人物をともない、少し遅れて上海に到着したのである。

犬養らは南北和議の実現を懸念して中国に渡ったわけであるが、有隣会を組織していた内田良平も革命勢力による政権掌握を第一に考えていた。[24]彼は、臨時大総統職の袁世凱への譲渡までを含んだ南北和議実現の情報が伝わった一九一二年一月には、黒龍会の一員であった葛生能久《くずうよしひさ》を宋教仁のもとに派遣して、その阻止を図るとともに、宋に来日を促した。葛生は上海で頭山に会ったのち、南京に滞在していた北一輝とともに宋教仁と会見した。宋の説明では、南北和議はすでに後戻りができないほどに進捗していた。袁世凱が臨時大総統職を継承することに対しては、議会ですべての「大綱」を協議し、政治を監督することによって、その「専断」を許さない制度をつくるので、何の懸念も不要であると、宋は語った。葛生は宋になお熟考を求めたが、何の得るところもなく「一路直ちに東京へ引揚げた」のである。[25]

のちに述べるように、寺尾や副島の固有の役割は、南京臨時政府の法制面での整備にあったが、南北和議の問題についても意見を述べる機会があったようで、副島は帰国後の講演で、「又私共日本側の者も矢張り戦争で勝つでなければ、姑息の手段では完全なる平和を求むることは出来ない、一大快戦をしなければいかないと云ふことを終始忠告」していたと述べており、[26]彼もやはり南北和議による統一には反対していたのである。だが先にふれた副島の日記は、中国到着後の犬養たちの活動について、次のように記している。一九一二年一月八日に、臨時大総統に選出された孫文や黄興と南京で会見したが、二月二五日になって、黄興が「袁と断つ能はざるを告げたので、木堂等は我事已むと為し、猶懇切なる忠告を与へ、それから大山名川の探勝に暫しの日」を送った。三月一六日には孫文による送別宴にのぞみ、二六日に帰国の途についた。[27]

（3）南北和議と寺尾・副島の法制院顧問就任

清朝の統治から離脱した各省の代表者の会議は、一一月三〇日に武昌で開かれた。この会議で重要なことは、第一に、臨時政府組織大綱の作成が決められ、起草員に雷奮、馬君武、王正廷の三人が選ばれた点であり、第二に、袁世凱が共和制に賛成すれば臨時大総統に推挙することが認められた点である。[28]第一点については、一二月三日に開かれた会議で、二一ヵ条からなる臨時政府組織大綱が承認された。まもなく南京が陥落したために、南京を臨時政府の所在地とするとともに、各省代表も南京に集結し、一〇省以上の代表が集まった時点で臨時大総統の選出を行うこととした。一方で、南北和議のための会議も一二月一八日から始まっており、下旬には国民会議の開催による国体の決定という合意が成立していた。

翌年一月下旬には、南京政府の側から皇室優待条件や袁世凱の臨時大総統職継承にあたっての条件五条が提示された。一方、清朝のなかでは退位のための協議が進められ、決定権は内閣総理大臣袁世凱に委ねられた。犬養らが中国に渡って活動していたのは、このような状況のなかにおいてであり、一二月二九日の選挙会で臨時大総統に選出された孫文をはじめとして、黄興、宋教仁に対して清朝側との妥協を回避するように働きかけたが、実現することはなかった。宋教仁の言動からすれば、一九一二年の一月中には、すでに南北和議と袁世凱が臨時大総統職を継承したあとの制度整備の方針が検討されており、翌月になってからの黄興の犬養たちへの宣告は、公式のものであったかもしれないが、形式上のものに過ぎなかったといえよう。一九一二年二月下旬までには、犬養が中国に滞在する意味はすでに失われていた。ただこのことと、南京政府の法制整備への貢献が期待されていた寺尾や副島の活動とは区別する必要があり、彼らの活動までが無意味であったとするのは早計であろう。

まず寺尾や副島とは異なって、犬養は一九一一年一二月一九日に到着したあと、継続して中国に滞在していたわけではなかった。犬養は約一ヵ月滞在したのち、議会出席のためにいったん帰国したのである[29]。この議会とは第二八議会であり、前述したように犬養の伝記でも、南京政府の基礎固めや対日感情の好転に成果があがらず、第二八議会のために帰国したと記されている[30]。この第二八議会が開会されたのは一九一一年一二月二七日で、翌年の三月二五日に閉会された。開会期間中、犬養と同じく国民党に所属していた大石正巳や佐々木安五郎は、革命勢力が樹立した新政府を承認することを内田康哉外務大臣に求め、「亜細亜ノ主人公」として、イギリスに従属しない自主的な対中国外交の推進を主張していた[31]。犬養の中国の滞在期間を一ヵ月とすれば、彼はこの第二八議会の途中で帰国したことになる。一九一二年一月一六日付の『大阪毎日』は、犬養が「総顧問」就任の要請を断って帰国したことを報道しており、中国の新聞も、犬養が議会開会のために一月一六日に日本に帰国したことを伝えていた[32]。

さらに翌月になると、犬養が二月一六日に新橋をたって上海に急行したこと、南京に到着して孫文臨時大総統と会見したことを、中国の新聞が報道している[33]。また別の新聞も[34]、犬養と頭山が二月二三日（二四日という記事もある）に南京に到着し、総統府の顧問である寺尾の住宅に居住したことを報道している。前述したような黄興の発言を聞いたのは、この時であろう。辛亥革命時期の犬養は「二度にわたって訪中」し、南北の和議による袁世凱の政権掌握に反対したが、その動機は、中国に対してイギリスの影響力が拡大するのを抑えることにあった[35]。そのイギリスの公使館などの「出先機関」は、のちの時期も含めて、袁世凱の掌握する中央政府の強化と、そのもとでの中国の統一を追求しており、逆に「同盟会・国民党は中国の秩序を破壊する存在」と見なしていたのである[36]。こうしたイギリス側の動きと対峙することになる犬養の中国行きは、必ずしも積極的な意味をもっていたわけではなく、とくに二回目のそれは、南北和議による統一が不可避であるという結論を知るためだけのものであったとさえ思える。

さて孫文が臨時大総統に選出されたのち、修正された臨時政府組織大綱によって、行政各部の部長が任命された。行政各部の編成は、当初の臨時政府組織大綱の第一七条では、外交、内務、財政、軍務、交通の五部に限定されていたが、臨時大総統が選出された直後の修正で、参議院（一月二八日に成立したが、それまでは各省代表会が代行した）の同意に基づく大総統の政令で決めることになった。その結果、軍務を陸軍、海軍両部に分けるとともに、それまではなかった司法、教育、実業を加えた計九部の部長が任命された[37]。臨時大総統に選出された孫文は各省代表会において、行政各部の組織と権限に関する提案を行い、副総統の設置と行政各部の九部への増設を求め、承認されたのである。臨時大総統に選出された直後に、その根拠となった臨時政府組織大綱の修正を行うのは、手続きとしては大きな問題をはらんでいた。しかしのちに述べるように、臨時政府組織大綱はそれまでにも修正が繰り返されてきた。そこには、行政府の編成方針をめぐる革命勢力内部の意見対立があった。

このときの各部総長の任命をめぐっても、革命勢力内部の対立が露骨に現れた。その典型的な例が、宋教仁の内務総長案に対する各省代表会での不同意である。北一輝が宋教仁から聞いたところによれば、宋は内務総長として南京政府の実権を掌握することで孫文と合意していた[38]。実際に、孫文は宋教仁の内務総長案を含む各部長案を各省代表会に提出した。ところが各省代表会は、宋教仁の内務総長就任のみに同意を与えなかった[39]。このために内務総長には程徳全が就任し、宋は法制院総裁となった。この結果は、直接的には革命勢力内の対立によるものであったが、制度的には、各部総長の任命にあたって個別に参議院の同意を求めるという臨時政府組織大綱で定められた法制上の制約によるものであった。そうであるが故に、これは今後の中国政治の不安定を予測させる事態であった。

宋教仁が総裁に就任した法制院は、その「官職令」で、大総統に直属し法律・命令案の起案にあたるものとされ、実際に各部官制通則などの起案を行っていた。[40] この法制院が成立した時に、章宗祥が南京にやってきて孫文と会見し、法制顧問への就任を希望したと新聞で報道されていた。[41]『臨時政府公報』第三号（一九一二年一月三一日）には、各部総長・次長などとともに法制顧問の一覧表が掲載されているが、確かに章宗祥の名前もあった。あわせて寺尾亨と副島義一の名前もあり、犬養毅は「政治顧問」として扱われていた。犬養の顧問就任に関しては、その受諾について異なった理解がある。[42]『臨時政府公報』に掲載されているところを見ると、政治顧問への就任要請は正式に行われ、犬養はそれを受諾したのではないかと考えられるが、彼の中国滞在の実状からして、実効性のある活動をしたわけではなかろう。

第二節　中華民国臨時政府組織大綱の制定と修正

臨時政府組織大綱は、一九一一年一二月三日に各省代表会で議決されてから、翌年三月一一日に臨時約法が公布されるまで、約三ヵ月のあいだ政府の組織法として扱われてきた。臨時政府組織大綱は、この短い期間に頻繁に修正され、その回数は三回あるいは四回といわれている。そこでまず、これまでの研究を参考にしながら、この修正の状況と内容を簡単に整理しておくことにしよう。[43]

第一回と二回の修正は、一九一一年一二月一五日と一七日の各省代表会における条文追加の議決によるものである。一五日の代表会での議決は、南北和議と袁世凱の共和制賛成という情報に対処したもので、一度否認した上海の各省代表会の大元帥選出案を承認し、臨時大総統選出以前における大元帥によるその職権の代行を規定した条文を追加した。一七日の各省代表会での議決は、大元帥に選出された黄興の辞意にともなうもので、大元帥（黎元洪）が臨時政府所在地に不在の場合の副元帥（黄興）によるその職権の代行を規定した条文を追加した。ここまでの修正をまとめて一回と計算すると、全修正回数が三回になる。

第三回の修正は、一二月二五日の中国同盟会幹部の会議と二七日の各省代表会での議論が前提となっている。二五日の幹部会において、孫文と宋教仁の間で中華民国の行政府の編成に関する意見の相違が明らかになった。孫文が大総統制を主張したのに対して、宋教仁は内閣制を主張したのである。この問題に関する議論は、二七日の各省代表会に引き継がれた。この日は三つの議案の討議が予定されており、陽暦への改正と黄帝紀元から中華民国紀元への変更は問題なく議決されたが、宋教仁の内閣制案に対しては反対が強かった。その後、宋は臨時政府組織大綱の条文に関して、副総統の設置と行政各部の増加を提案したが、賛同は得られなかった。だが臨時大総統に選出された孫文も、任用希望者との関係で行政部の数の増加に迫られた。孫文は黄興を各省代表会に派遣して臨時政府組織大綱の修正を求めたが、このことをきっかけに、宋教仁（湖南）と居正（湖北）、呂志伊（雲南）による臨時政府組織大綱の修正提案が再び協議されることになった。

一二月三一日の各省代表会での彼らの提案は、三つの主要な問題に分かれる九項目からなっていた。三つの主要な問題とは、第一に副総統の設置、第二に大総統の権限強化、第三に行政各部の編成の柔軟化である。このなかで、第一と第二の点に関する項目は議決されたが、第三点については行政部数を五部と定めた第一七条の削除のみが決定され、臨時大総統の法律公布や命令に対する国務員の副署など、残りの五項目は通過するにいたらなかった[44]。議決された四項目のうちで重要なのは、臨時大総統の権限のうち官制官規の制定と国務員以外の文武職員の任命については、参議院の同意が必要でなくなったことである。ところが翌年の一月二日になって、馬君武（広西）らから一昨日の修正は無効との異議が出され、第四回の修正が行われることになった。副総統の設置や行政各部の編成の柔軟化は承認され、大総統辞職時の副総統の昇任や権限代行に関する条文も規定されたが、大総統の権限のうち官制官規の制定、国務員および外交専使の任命は、いずれも参議院の同意が必要となった。

このような臨時政府組織大綱の修正に関して、革命勢力内部の対立関係に注目しようとは思わない。重要なことは中華民国初期の憲法史との関係であり、その観点からすれば、注目すべきことは、第一に大総統制か内閣制かといった行政府の編成方針であり、第二に行政府の権限行使に対する議会（参議院）の同意権の範囲である。当初、宋教仁は連邦制ではなく統一制の国家形態と責任内閣制を盛り込んだ憲法案を準備していたといわれているが、[45]この点は臨時約法の成立過程においても重要な争点であり続けた。だがすでにふれたように、臨時約法が内閣制を採用したと即断することはできない。第二の点は憲法論だけでなく、中華民国初期の現実の政治に対する影響も大きく、内閣の頻繁な交代と大総統制の実質化に関係していた。

およそ以上のような修正を経て、臨時政府組織大綱は確定したのであるが、正式に公にされたのは少しあとのことで、『臨時政府公報』の第一号と第二号（一九一二年一月二九日、三〇日）に「修正中華民国臨時政府組織大綱」が掲載された。第二号には「中華民国臨時政府中央行政各部及其権限」も掲載されており、九部からなる行政各部名とそれぞれの所掌事務が明らかにされた。こうして臨時約法が制定されるまでの期間の政府組織法が確定したのであるが、前述したように、孫文臨時大総統の選出と、黎元洪臨時副総統の選出および行政各部総長の任命とでは、根拠となった臨時政府組織大綱が異なっており、前者は一九一一年一二月一七日までに修正された臨時政府組織大綱によっており、後者は翌年一月二日の修正臨時政府組織大綱によって行われた。革命勢力内部の意見のくい違いや、当面する事態への対処のためにくり返された修正は、政府組織法としての臨時政府組織大綱の信頼性を傷つけることになったといえよう。

一九一一年一二月下旬の各省代表会で臨時政府組織大綱に関する修正の議論が行われる以前、『民立報』（一九一一年一二月二三日、二四日）に、上海在留の二人の法学博士の批評として、「共和民国臨時政府大綱之欠点」という記事が掲載された。これは日本語新聞の『上海日報』の記事を翻訳して転載したもので、転載の意図について、これは臨時政府組織大綱への批評であり、その所論は法理に基づいており、我が民国の臨時政府を組織する責任者に参考として供する、とされている。

批評の内容を分析する前に、まず検討しておく必要があるのは、原文の執筆者である二人の法学博士であるが、状況的に見て、上海に到着したばかりの寺尾と副島であることはまず間違いないであろう。ただ批評の内容については、問題がないわけではない。臨時政府組織大綱の欠点として指摘されているのは三点であるが、そのなかの一点は、のちに述べる彼らの臨時約法に関する主張と合致しないからである。ただこの点も、とくに副島の主張の変化を追えば矛盾は解消する。

『民立報』の記事とは順序が異なるが、臨時政府組織大綱の欠点とされている参議院の編成方針について、最初にとりあげることにしよう。臨時政府組織大綱は第二章「参議院」の第七条で、参議院は各省都督府の派遣する参議員で組織するとしている。この条文が臨時政府組織大綱の欠点の一つとされ、これでは参議員が連邦制国家の各政府が派遣する代表となってしまうと、二人の法学博士は批判している。彼らによれば、目下の状況では、大総統は広範な権力を有し、参議院は諮問機関としてその行使を補助する程度の役割を担うべきである。したがって第八条にあるような、各省三人もの参議員の派遣は不要であるとする。

第二の欠点とされるのが第一七条であり、行政各部を臨時政府組織大綱で固定している点と、それらを統一する「総長」の設置が規定されていない点を批判している。前者については、宋教仁らの臨時政府組織大綱の修正提案にも含まれており、最終的に実施に移された。第二の欠点とされるもののうちの後者については、行政上の責任負担の問題が関係しており、国家の安定のために大総統が責任を負うことになってはならず、代わって責任を負う「行政総長」を置くべきであるとしている。この点も宋教仁の意見に近く、二人の法学博士は、内閣制の採用を提唱していたものと思われる。

さて臨時政府組織大綱の最後の欠点とされているのが、記事のなかでは最初にとりあげられている第五条の規定である。この第五条では、臨時大総統は参議院の同意を得て、各部長を任用し外交専使を派遣する権がある、となっている。この条文に対して、二人の法学博士は行政の俊敏性を重視し、参議院の同意は必要ではないとしている。こうした考えの一部をとりいれた臨時政府組織大綱の修正は、やはり宋教仁らによって提案されたが、最後の修正でひっくり返されて元に戻った。

以上のような臨時政府組織大綱への批評を行った二人の法学博士が、寺尾と副島であろうと判断したのは、単に状況的に符合しているだけでなく、日本に帰国した直後に副島が行った講演のなかに、ほぼ同じ内容が含まれているからである。(46) 第五条に関する批判については、のちの論述とも関連してくるので、副島の主張を若干示しておきたい。彼はその後の考えの変化に言及する直前のところで、「而して此大総統の権限は当初創業の際には之を広大にして置く必要がある、で参議院には余り多くの権限を持たしてはいかない、参議院は唯諮問機関位にして置いて、大総統が成たけ専決をやるやうにするのが適当であらうと云ふことも考へたのである」と述べているのである。

『民立報』が法制院の成立を報道したのが一九一二年一月一二日であり、犬養らの顧問就任を報道したのが一月一六日であるから、寺尾と副島の法制顧問就任もこの頃のことであったと考えられる。南京の鈴木栄作領事が、寺尾、副島両博士が一月一七日に到着し、孫文から法制顧問を委任されたことを外務大臣に報告していたことか受け入れているわけではないとしているが、すでに法制上の助言を行っていることは認めていた。[47]

らも、この点は確認できる。鈴木領事は、寺尾と副島の任命はまだ行われておらず、彼らも孫文の委任を正式に受け入れているわけではないとしているが、すでに法制上の助言を行っていることは認めていた。[47]

第三節　統一中華民国政府の成立

寺尾と副島が法制顧問になってから間もなく、ロンドン・タイムズ特派員のモリソンは、袁世凱が内閣総理大臣の辞表を提出して天津に退去するかもしれないという情報を、日本公使館に持ちこんできた。南北和議を破壊してしまいかねない袁世凱の辞職意思の原因を、モリソンは二つ指摘していた。一つは、孫文から従来の交渉の成り行きを無視した条件の提示が電報であったことであり、もう一つは、鉄良が盛んに満人皇族らに強硬説を吹聴して煽動していることであった。モリソンによれば、前者は「全ク寺尾博士外二名ノ日本人顧問ノ慫慂ニ依ル」ものであり、後者の背後には伊集院彦吉公使らの日本人がいた。日本の公使館としても、このモリソンの訪問を無視できなかったのは、引き続いてジョーダン公使の来訪を受けたからである。ジョーダンも、「孫逸仙ノ態度一変シ調和シ難キ条件」を提出したとの情報を示した。[48]

モリソンが言及した孫文からの電報とは、『民立報』（一九一二年一月二三日）の「緊要電報」欄に掲載された「孫大総統致伍代表曁各報館電」であろう。この電報の趣旨は、孫文が清朝皇帝の退位と同時に臨時大総統を辞職するという、それまでの方針を撤回した点にあった。それは、袁世凱の意思が、清朝皇帝の退位と同時に南京の政府も取り消し、みずからが北京で臨時政府を組織することにあると判断したからであった。そのために列国から承認を獲得し、袁世凱が清朝との関係を絶って民国の国民となることを前提に、臨時大総統職の委譲を行うこととし、具体的に五つの条件を付けた。

第一に、清朝皇帝の退位は袁世凱から外国の中国駐在外交官に伝達する。第二に、袁世凱は政見を公にして共和主義に絶対に賛同しなければならない。第三に、孫文は外国の中国駐在外交団から清朝皇帝退位の連絡を受けたのちに辞職する。第四に、参議院で袁世凱を臨時大総統に選出する。最後に、袁世凱は臨時大総統に選出されたのち、参議院の定めた憲法を遵守して権限を引き継ぐ。

孫文は、以上の条件を受け入れない場合は、清朝皇帝などに対する優待条件は実行できず、戦闘再開となることを袁世凱に通告するように、伍廷芳に指示した。この電報には、二つの重要な点がある。一つは、清朝の政権と断絶して、共和制に賛成する民国の国民となるように、袁世凱に求めている点であり、もう一つは、今後制定される憲法の遵守を求めている点である。

あとの点については、以後詳しく言及することになるので、ここでは前の点について、その意味に若干ふれておきたい。この点に関する、孫文の電報での要求が文字どおりに実現すれば、清朝の統治権は継承されることなく断絶し、まさに革命という事態が出現する。だが事実はそうなったわけではなく、清朝皇帝が退位した翌日には、北京で『臨時公報』(辛亥年一二月二六日)が発行され、退位の詔書が公にされた。この詔書のなかには、袁世凱が全権をもって臨時共和政府を組織し、民軍と統一の方法を協議することが記されてあった。さらに翌日の『臨時公報』には、前内閣をそのまま継承する臨時政府の設置に関する袁世凱の国内向けの通告が掲載された。あわせて対外的には、「中華民国臨時政府首領袁」および外務部から各国公使に対して、清朝皇帝退位の事実が通知された。

ここに出てくる「首領」とは「大臣」の当面の名称変更であり、実質的にいうなら、これらは北京の臨時政府による国内外に対する清朝皇帝退位の通告であった。すなわち、清朝皇帝の退位と同時に、それから政権の委譲を受けた袁世凱を首班とする政府が、北京に成立したのである。この政府の官報に相当するのが『臨時公報』であり、これを通して、清朝皇帝の退位と新政府の樹立が内外に通知されたことになる。なおこの『臨時公報』は、参議院で袁世凱が臨時大総統に選出されたあとから、発刊年月日が「大中華民国」紀元に変更され、袁世凱が北京で大総統に就任して参議院が同地で開会される頃まで続いた。

すでに言及した私の前著でも述べておいたように、のちに中華民国国務院法制局の顧問に就任した有賀長雄の憲法問題に関する所論に対して、副島は『順天時報』紙上で批判を加えた。この論争は日本国内でも紹介されたが(49)、副島の批判の要点の一つは中華民国成立過程に対する理解に関わっており、退位詔書にある「皇帝は統治権を全国に公にし定めて共和立憲国体」とするという部分が問題となった。有賀は孫文の先の電報に関して、退位通告が袁世凱から直接に行われることで、前清朝皇帝の承認ではじめて共和制が正式に成立したとの口実を残すことを懸念した南京政府の努力は「水泡に帰し」た、と述べた。みずからも建策に加わった問題であっただけに、副島の批判は激しかった。副島は有賀に対して、以下の三点について、見解を明確にするように求めた。中華民国の共和制は、①袁世凱が清朝皇帝付託の全権によって成立させたのか、②清朝皇帝の統治権委譲によってはじめて成立したのか、③そもそも南方が成立させたもので、清朝皇帝はこれを承認したに過ぎないのか。副島の考えは、当然③である。彼は、この退位詔書の趣旨を「統治権の拋棄」であるとし、これによって南方を実効支配していた南京の臨時政府を「支那全体の正当政府」として承認したのであると見なした。

この副島の考えでは、清朝皇帝の退位表明の時点で、革命は完遂したことになる。副島も指摘するように、袁世凱が求めた南京の臨時政府の解消は実現していなかったが、他方で、詔書にあった「満漢蒙回蔵五族の完全な領土」を合わせて「大中華民国」を建設するための臨時政府の設置が、北京で退位と間断なく行われたことも事実であった。もし副島のように考えると、その後の首都問題などは理論上生じるはずがなかった。よく知られているように、清朝皇帝の退位表明を受けて、孫文はあらためて臨時大総統辞職の意思を参議院に対して表明した。ただこの時にも、以下の三点の条件が付いていた。第一に、南京を政府の所在地とすることは変更できない。第二に、参議院が選出した新総統が南京で就任した時点で、大総統および各国務員の解職を行う。第三に、参議院が制定した臨時約法などの法律を新総統は遵守する。(50)

これらの条件からわかるように、袁世凱は共和制に賛成する一人の国民となり、退位通告は外国の公使団を通じて行うという一月二三日付で報道された条件のうちの一つは、袁世凱による臨時政府の設置とそれによる退位通告で、もはや無意味なものとなったのである。したがって残った条件は、首都の南京設置と臨時約法の遵守であった。この頃、犬養は再び中国に行くために日本を出発しようとしていたが、下関で『大阪毎日』の記者の質問にこたえて、中国の首都は南京が適当で、外国公使館もそこに移転すればよいという意見を述べていた。(51)また副島は、南北統一が実現するなかで、革命勢力に三点の忠告をしたとし、その一つとして、首都は武昌か南京に置かねばならないことをあげていた。(52)

このように副島も、中華民国政府の所在地は北京であってはならないと見なしていた。だが清朝皇帝の退位表明を副島のように理解しない限り、それは当然のことであるとするわけにはいかなかった。清朝皇帝の退位とともに、共和制を前提とする臨時政府が北京にも誕生したのであるから、二国家分立論を取らないとすれば、統一国家建設のためにどちらかを政府所在地として選択せざるを得なかった。北方での軍隊の暴動が、袁世凱によって意図して引き起こされたものであったにせよ、参議院が一度北京に決めたように、政府の所在地は選択の問題であった。帰国後の講演のなかで、「即ち南北合一は事実上は袁世凱が南方の政府組織の中に這入つて来たけれども、法律上、形式上に於ては袁世凱が自ら全権を持つて政府を組織したのであると云ふ風に見るのが先づ正確であるかと私は考へるのである」と、(53)副島自身も述べていた。講演のなかで、これ以上の詳しい説明をしていないために、副島がいわんとしたことを正確に判断するのは難しいが、実際上は臨時約法によって大総統権限の行使は制約されるにせよ、形式的には、統一中華民国政府を編成する主導権は袁世凱にあったと、彼も認めざるを得なかったのであろう。

袁世凱の北京での臨時大総統就任は、『臨時政府公報』第三四号（一九一二年三月一〇日）に掲載された参議院の政府宛の文書で認められたが、この文書のなかで、参議院は就任後すぐに国務総理および各国務員の姓名を知らせて同院の同意を求めるように、袁世凱に要求した。臨時約法が公布されたのは、この『臨時政府公報』第三四号発刊の翌日であり、第三五号に掲載された。袁世凱による、北京での統一中華民国政府の編成などの、臨時大総統権限の行使を制約することのできる、残された唯一の条件はこの臨時約法の遵守であった。

第四節　臨時約法制定過程における日本人法制顧問

参議院議員の一人として実際に臨時約法の制定に関与した谷鐘秀は、その公布までの経過について、「臨時政府が成立したのち、南北統一の必要を感じて、フランスの集権政府のような単一国家を建設しなければならず、フランスの内閣制を採用した。臨時約法は二回の起草を経て、会議は三二日にわたった。二月七日に始まり三月八日にいたって全案が終了し、即日宣布し、三月一一日に臨時大総統がこれを公布した」と述べている。[54]この臨時約法に関して、前もって留意しておきたいのは、草案作成の過程に日本人の法学者が関与していたことである。寺尾と副島が南京で法典の編纂に従事していることを伝えていた『大阪朝日』（一九一二年三月一八日）は、一九一二年三月三一日付で門司での寺尾の帰国談を掲載しているが、それによれば、副島とともに起案した「約法」は北京政府に引き継がれ、やがて中国の憲法となるであろうと、寺尾は語っている。

（1）臨時約法の制定過程

『参議院議事録[55]』によると、確かに二月七日の会議で、議長が「第二編輯委員会」による臨時約法の草案を提示している。のちの議事録によれば、この草案の正式名称は大中華民国臨時約法案（以下、臨時約法案）である。この臨時約法案については前日にもとりあげられており、議事日程にはないものの、重要な法案なのでまず審議会での審議にかけ、そのあとで特別審査会の審査に付すことを、劉彦議員が提案し、多数の賛成で可決されている。二月七日には、谷鐘秀議員が中央巡警庁官職令案などを先に特別審査会の審査に付し、臨時約法案は審議会の審議に付すことをあらためて提案し、可決された。

参議院の議事細則によれば、法律、財政および重大議案は三読会を経てはじめて議決されるが、審議会は参議院が直面した重要な問題の審議にあたり、議長あるいは一〇人以上の議員の提議により、多数で可決された場合に開催される。審議会は全議員で構成されるが、審議長は議長・副議長以外から選ばれる。審査会は、政府提案の議案のうち第一読会を経たものの審査にあたり、議会はその報告を受けて、第二読会に入るか否かを決定する。審査会には常任審査会と特別審査会があり、前者は議案の種類に応じて四つ設けられており、審査員は会期当初に議員の互選で決められた。後者は必要に応じて設置されるもので、議長から委任された審査員で構成された[56]。臨時約法案の審議は二月七日の午後から、さっそく始められた。

参議院の審議会の審議に付された臨時約法案は、「第二編輯委員会」が提出したものとされており、それ以前の臨時参議院ですでに検討が進められていたことがうかがえる。最初の起草委員会は、一月二〇日以前に各省代表会が代行していた臨時参議院が設置したもので、委員は景耀月（山西）、馬君武（広西）、王有蘭（江西）、呂志伊（雲南）、張一鵬（雲南）の五人であった[57]。この起草委員会が作成したものが六章四九条からなる「大中華民国臨時約法草案」であるが[58]、正式の参議院が成立するまでに、九人の審査員による審査に回された[59]。こうした経緯から考えて、「第二編輯委員会」とは、この審査会のことであろう。ただ審査に回されたのが一月二五日であり、参議院成立までの日数から考えて、修正案を作成するまでにはいたらなかったと考えられる。

近年の研究によれば(60)、景耀月らは臨時参議院で、臨時政府組織大綱の修正案に関する「審査員」として活動していた。その修正は湖南など五省の代表から提案されたもので、「人民権利義務」の章を設けることを内容としていた。したがって計四回の修正が行われたあとも、臨時政府組織大綱の修正が議論されていたのであるが、会議では、審査員による修正案の起草が議決された。修正案起草の任務を担ったのが景耀月らの五人であり、上記のように、彼らは臨時約法案を作成した。たしかに臨時約法案には、「総綱」に続いて、「人民権利義務」（第二章）の章がある。内容については次に述べるが、さしあたって確認しておくべき重要な点は、臨時約法案は臨時政府組織大綱の修正案として作成されたことである。

この臨時約法案は、第一章「総綱」での国体や領土の規定、第二章での人民の権利・義務の規定以外、内容面でも、臨時政府組織大綱を継承している点が多い。たとえば参議院議員の選出数は各省平等に三人であり、法律案などの議決権は各自が行使できるが、臨時大総統選出のさいの投票権は各省単位である。行政制度の面に着目すれば、大総統制を採用しており、内閣に関する言及がない。ただ国務員に関する規定は、より詳しくなっている。内閣制をとっていないので、国務員は個別に臨時大総統を補佐することになるが、責任負担の形式に関しては、この趣旨と異なる条文がある。第二八条で、大総統は「大逆罪」以外の責任を負わないとする一方で、国務員は、個別の事務に対する責任のほかに、「政府の一切の政務に連帯の責」を負うことを規定しているのである。この点は第二七条の副署の形式も関係してくるが、国務総理が存在しなければ、連帯した責任負担は困難であろう。政府と議会の関係について見ると、参議院は大総統の国務員の任命などに対して同意権を有している。臨時大総統が再議請求権を有している点、また弾劾・不信任権や解散権に関する規定がない点も共通している。

『参議院議事録』によれば、審議会での議論の過程で重要な意見が提示されたのは二月八日である。この日の審議で、審議会長李肇甫から臨時約法案に「責任内閣」の設置を盛り込むことへの賛否が求められ、多数の賛成を得た。これに続いて、二月一三日の審議会で多くの具体的な修正意見が出され、議決された。主要な修正の議決をまとめると、以下のようになる。第一に、臨時約法案の正式名称についている「大」の文字を削除して、中華民国臨時約法とすることが議決された。第二に、第二章の標題である「人民権利義務」から「権利義務」の四文字を削除することが議決された。第三に、第三章「臨時大総統副総統及国務員」を分割して第四章、第五章とし、前者の標題は「臨時大総統副総統」に、後者のそれは「内閣」にすることが決められた。

こうしてみると、臨時約法案の審議過程で、内閣制の採用が試みられたことになる。内閣の編成のし方については、二つの意見が出された。一つは、内閣総理について、その候補者を参議院で三人推挙し、大総統はそのなかから任命するというものである。もう一つは、国務員の任命には参議院の同意が必要であるというものである。『参議院議事録』の記録だけでは、二つの意見が意図することを明確には理解しがたいが、前者は、内閣総理に他の国務員とは異なる地位を与えようとしたのかもしれない。実際に公布された臨時約法は、後者の意見を取り入れているが、それとともに、第五章の標題が「内閣」ではなく、「国務員」とまた変わったことも、この推測を裏づけている。臨時約法案の審議過程で一度浮上した内閣制の要素が薄められることになったのは、次の第二読会においてである。

また審議会での議論によって、臨時約法案の第四章に置かれていた「参議院」は、そのままの内容で繰り上げ、第三章とすることが決定された。以上の審議会での修正で一章ふえたために、第五章「司法」はそのままの内容で第六章となった。この時点で、公布された臨時約法の形式がほぼ固まったと考えられるが、第五章と第六章については、標題が「内閣」と「司法」から「国務員」と「法院」に変わるなど、さらに変更が行われた。

以上のような修正や意見を受けた臨時約法案が、二月一六日に、九人からなる特別審査会に回された。二月一七日からは、この特別審査会の審査報告を受けながら、第二読会が進められた。三月五日に終了した第二読会では、条文の表現の修正や参議院法などの他の法律に移すための条文の削除などがかなり行われたが、重要な議決は次の二点である。第一は、審査員の一人であった谷鐘秀が内閣の編成に関して、内閣総理候補者三人の参議院での推挙案を議決するように求めたところ、賛成少数で否決された。その結果、国務員案に対する参議院の同意という条文案が残った。第二に、この趣旨に従って、公布された臨時約法の第三三条、第三四条のような条文が盛り込まれ、大総統による各国務員の任命には参議院の同意が必要になった。この結果、公布された臨時約法は内閣制の色彩がうすれ、国務総理を含む国務員は個別に大総統を補佐する内容となった。三月八日に行われた第三読会では、文章上の修正を行いつつ条文ごとに議決を行い、最終的に全案を議員の全員賛成で議決した。

(2) 中華民国臨時組織法草案の提出

ところで臨時約法の原案に相当するものは、景耀月や馬君武らが起草した臨時約法案のみであったわけではない。『参議院議事録』によれば、一月三〇日の協議予定として「政府交議中華民国臨時組織法案」が掲げられている。この日には何の協議内容も記録されていないが、翌日も同案の協議を予定し、この提案の政府への返却を決定したことが記されている。返還の理由とされたのは、憲法の発案権の所在であり、次のような趣旨であった。南京の参議院の説明によれば、憲法の発案権は国会にあるが、正式国会が成立していない間は、同院が唯一の立法機関である。したがって臨時約法の発案権は参議院にあり、法制院が提案するのは越権である。たとえ参考資料であったとしても、同院が必要とするところではない[61]。

法制院が提出したのは、「中華民国臨時政府組織法」として、『民立報』(一九一二年一月二七日)に掲載されたものである。二九日付の『民立報』には、法制院が二七日の記事の修正を申し入れた電報が掲載されており、二七日付の『民立報』が伝えたものは同院が参考に供するために起草したのであり、まだ参議院の議決を経ていないので、「中華民国臨時組織法草案」と訂正するように求めている。法制院総裁の宋教仁が中華民国臨時組織法草案（以下、臨時組織法案）を提出したことは、『臨時政府公報』（第三号、一九一二年一月三一日）にも記されている。この臨時組織法案は、七章五五条で構成されていた。

ここまでの叙述でまず確認する必要があるのは、参議院での臨時約法制定の作業は臨時政府組織大綱の系譜をひく臨時約法案を基礎として進められたことである。[62] ただし参議院での討議の様子からわかるように、法制院提案の臨時組織法案はまったく無視されたわけではなく、臨時約法案の修正過程で部分的にとりいれられた。たとえば臨時約法は統治権の行使機関について、第四条で参議院・臨時大総統・国務員・法院をあげているが、臨時約法案では臨時大総統だけである。この点では、臨時約法は臨時組織法案と近い関係にあり、その第四条は臨時組織法案の第一条と第二条をまとめたものである。だが重要な違いもあり、臨時組織法案では国務員ではなく内閣となっている。以上からわかるように、臨時約法の第四条は臨時約法案とは異なって、統治権行使の諸機関を併記しているが、臨時組織法案をそのままとりいれたのではなく、内閣制の色彩は薄められているのである。公布された臨時約法の第五章の条文では、国務員の個別性が明らかであり、内閣という組織性は欠如している。

以下、大総統・国務員（内閣）・参議院の関係を中心に、臨時約法と二つの草案の関係を整理してみる。第一に法案の提出権について見ると、臨時約法案は臨時大総統と国務員の双方に認めるなど、曖昧さを含んでいるのに対して、臨時組織法案は明確に内閣員にのみ認めている。したがって後者は大総統制とは異なっており、第三三条で「内閣は内閣総理及び各総長を内閣員としてこれを組織する」と規定しているように、内閣の組織性を明示しているのである。これらに対して臨時約法は、大総統の法案提出権を明確にし、提出時における国務員の副署を規定している。同法は各国務員による補佐の必要性を副署というかたちで規定してはいるが、基本的には大総統制の法案提出の形式をとっている。

第二に、参議院による法案の審議結果に対する大総統の再議請求権に関しては、すべてが認めている。臨時組織法案の場合は、法案提出権のない大総統に再議請求権を認めるという不釣り合いな関係になっているが、再議請求にあたっては、理由だけでなく「内閣員全体の署名」を必要としており、実質的には内閣の意思が重視されている。第二の点に関しては、臨時約法案と臨時約法がともに大総統制の形式を整えているのに対して、臨時組織法案では、内閣全体によって大総統の権限行使が制約されている。

第三に、臨時組織法案、臨時約法案ともに参議院の大総統に対する弾劾権は認めておらず、内閣制を採用している前者では、内閣員の失政・違法に対する弾劾権が規定されている。臨時約法は、この点では臨時組織法案を継承すると同時に、大総統の謀反に対する弾劾も認めている。一方で、参議院に対する解散権の規定は三者ともにない。

ところで臨時約法が公布されてから、実際の政治において大きな問題となったのが、大総統の国務員任命に対する参議院の同意権であった。この問題について、臨時約法案は臨時政府組織大綱と同様に、官制官規の制定、各国務員・外交専使の任命すべてについて、参議院の同意が必要であることを規定している。これに対して臨時組織法案は、同意権の範囲をかなり狭くしたが、内閣員の任命については同意権を盛り込んでいる。この点を批判した日本人が、北一輝である。北は黒龍会の特派員として一九一一年一〇月に上海に到着し、一九一三年四月に宋教仁が暗殺されるまで、中国に滞在した。北は孫文の革命理論に批判的で、宋教仁に近い立場にいた。[63]だが宋教仁が立案したこの条文には反対で、「宋君が孫逸仙君の米国的大総統制を削り各省聯邦的翻訳を除きつゝ、而も其の臨時約法に於て嘗て己が苦しめられたる総長大公使等の任命に参議院の同意を要すとの個条を起草しつゝあるを見て訝かり問へり。彼は答へて曰く。統一後今日の形勢を以てせば袁或は大総統たるべし。吾党議会により彼を拘束すべきのみと」と述べている。[64]だが臨時約法は、臨時約法案の規定をほとんどそのまま引き継ぎ、官制官規の制定には参議院の議決が、国務員および大公使の任命には同院の同意が必要であるとした。

以上のように見てくると、臨時約法の原案として扱われたのは参議院で起草した臨時約法案であり、行政府についてみると、その基本的性格は大総統制であった。ただ法制院から臨時組織法案の提案があり、審議過程でその内容が部分的にとりいれられた。国務総理の設置がその重要な点であるが、そうだからといって、内閣制が採用されたわけではなかった。問題の重要性は、この性格の曖昧さにある。

(3) 寺尾と副島の関与

すでに言及したように、上海に到着した頃の寺尾と副島と見られる二人の法学博士は、臨時政府組織大綱に関して三つの問題点を指摘していた。それは連邦制の要素の除去、内閣制の採用と大総統の政治上の責任回避、大総統の国務員任用の自由という三点の考えに基づくものであった。こうした彼らの考えが表明できたとすれば、それは法制院での臨時組織法案の起草過程であったろう。

最初の点に関する臨時政府組織大綱での具体的な規定は、各省都督府による参議員の派遣であり、臨時大総統の選挙における各省一票の表決権であった。副島は帰国後、『国家学会雑誌』に掲載された講演において、中国の憲法制定に「多少参与」したことを述べたなかで、各省ごとに一議決権を付与すべきであるとする意見があったことにふれながら、自分は「各議員が各一個の議決権を有することにしなければならぬと云ふことも述べたのである」と語っている[65]。この点は『早稲田講演』の「新支那論」(第二巻第三号、一九一二年)のなかでも指摘しているが、各省の自立性の強化や連邦制に対して、彼は外国による干渉や分割が生じやすくなることを懸念していた。参議院での議決が、大総統の選出も含めて参議員数を基礎にしていることは、臨時組織法案と臨時約法に共通している点である。

彼らの考えの第二の点も臨時組織法案に反映されており、ここにこそ同草案の固有の特徴があった。すなわち内閣制が採用され、一方で大総統に対する弾劾権は盛り込まれていないのである。このことに関しても、副島は帰国後の講演のなかで、フランスのように内閣総理を設けて、大総統に責任が及ばないようにすべきだと主張したとし、「今度の憲法に於ては矢張り私等の説の通り内閣総理を置くことにしたのである」と述べている。[66] 確かに臨時約法と臨時組織法案はともに、臨時約法案とは異なって、国務総理（内閣総理）の設置が盛り込まれている。副島は臨時約法に国務総理の設置が盛り込まれていることについて、「私などの最初の提案が容れられることになったのである」と得意げに語っていたが、[67] 国務総理が設置されたからといって、内閣制が確固としたものとして機能するわけではなかった。このことに関係するのが、最後の点である。

臨時政府組織大綱の批判においては明快であった、副島の各国務員の任命に対する参議院の同意権に反対する姿勢は、臨時約法の草案作成に関わるなかで変わったようである。その変化は法学者らしからぬもので、北一輝に宋教仁が示したのと同じ「対人立法」の考えに基づくものであった。先ほどの『国家学会雑誌』に掲載された講演のなかで副島は、大総統の権限を強くし参議院は諮問機関程度にすべきだと、当初は考えたが、それでは「若し公平でない専制好きの大総統でも出る場合」には、「非常に弊害の起る虞」があるために、大総統権限を参議院によって制約するようにした、と述べている。また「且つ創業の大総統たる孫文の時代には、仮令参議院に広大の権限を与へた所が孫文の意思に全く反して議決することは少いから、弊害はないである」とも述べているが、まさに「対人立法」の態度である。

こうした態度は、寺尾も共有していたようである。彼も南京で「仮憲法」の起草に参加したが、大総統の権限を制約して議会権限を強くしたのは「寺尾等の主張」によるもので、その理由は「若し野心を有する者が大総統になる場合には、これによってその専横を防ぐといふ用意から出た」と、指摘されているのである。[68]

当時の日本では、中国との関係が深い学者で、北方側の人物としては文学博士の服部宇之吉、法学博士の岡田朝太郎・巌谷孫蔵・有賀長雄があげられ、南方側のそれとしては法学博士の寺尾亨・副島義一、工学博士の大塚要があげられていた。このなかで寺尾に関しては、学問は「旧式」に属するが、中国に対しては実際的な知識を有し「学者中の支那通」と認められていた。他方、副島に関しては、頭脳明晰で「憲法の解釈も総て民党主義」であり、「憲政擁護会に出で、バン閥打破を叫び、議論の過激《ラジカル》なる党人の上に出づ」と、称されていた。(69)

副島は武昌で蜂起が起きた当初から革命の成功を期待していたわけではなく、むしろ清朝のもとでの立憲政治の実現を予想していた。ただその立憲政治については、政治の責任を国務大臣に負わせると同時に、「政治は多数政治、国民的政治として国会を政治の中心となし、国会に勢力をもたすことが支那憲法の最大急務」であるとしていた。(70) 副島にとっての当時の日本の政治課題が、中国の課題としてほとんど重ねあわされていたことが、ここからわかる。

このような主張を展開していた副島が起草に関与していたのであるから、議会権限の強い臨時約法が誕生したことに、日本の学界のなかでは何の理論上の矛盾も感じられなかった。中国問題に関して副島と立場を異にしていた浮田和民は、「法理上袁世凱の位置が毫も非難す可きものでないことを証明」しようとして論文を発表し、(71)そのなかで、日本の「憲政主義者」が、中国の革命成就によって「憲法政治」が行われるならば、日本の憲政も一層発展するであろうとの希望をもち、袁世凱を「姦雄」として憎んだことを指摘している。この浮田は当時の中国の政治について、「特に今日の支那は活発なる立法権よりも鞏固なる行政権を要する時期」にあると指摘していた。中国に渡った当初、副島は浮田のこのような考えを共有していた。しかし南北統一が現実化するなかでの臨時約法の草案起草過程において、副島は宋教仁と同じ「対人立法」という動機から考えを変えていったのである。

公布された臨時約法に対して日本では、中国の政治の中心が参議院におかれることになると正確な報道が行われていたが、同時に「参議院、大総統、内閣総理の三者間、一たび歩調の一致を乱り（ママ）、意思の疎通を欠くが如きことあらんか、支那の政局には一層の紛糾を加へ来るなる可し」と[72]、政治の安定という面での有効性に疑念が提示されていた。『参議院議事録』によると、臨時約法の公布後しばらくして、袁世凱臨時大総統がその修正を電報で求めて来た。修正要求の内容は不明だが、時期的には唐紹儀国務総理への参議院の同意と国務員案の提示の間であることから、臨時大総統による国務員などの任命に関する条文に対するものではないかと推測できる。

小結

臨時約法の制定過程で、宋教仁は確かに重要な役割をはたした。それは、法制院の総裁としての臨時組織法案の起草と参議院への提案である。そして日本人法学者の寺尾と副島が関与したのは、この臨時組織法案の起草であった。臨時組織法案は間違いなく内閣制を採用していたが、臨時約法の原案となったわけではなく、参議院によって返却されてしまった。原案となったのは参議院の起草委員会が起草した臨時約法案であり、それは大総統制を採用していた。ただしその審議過程において、臨時組織法案の内閣制の要素が部分的にとりいれられ、性格が曖昧なものになった。中華民国初期の政治が不安定であった原因の一つは、この臨時約法の性格の曖昧さと議会権限の強さにあった。

程度の違いはあれ、議会権限の強化という立法の意思は、臨時組織法案と臨時約法案に共通してあった。もちろんそこに立憲政治の実施という目的があったことは間違いないが、あわせて臨時大総統に就任する袁世凱の権力の制約という、人物を念頭においた立法の意図も見られた。中国の革命勢力の側からすれば、その動機はもっぱら国内政治にあったが、寺尾や副島のような日本人法学者は、袁世凱の先にイギリスを見て「対人立法」に走ったように思える。辛亥革命の当時、中国に渡ってきた日本人の多くと協調的ではなかった北一輝は、『支那革命外史』のなかで、「袁を誹謗することを止めよ、――日本が英国の指導権に服従する限りに於て」（二〇四頁）と指摘している。この指摘にうかがえるように、北にとっては、袁世凱に対する姿勢は、中国の国内政治にとどまるのではなく、東アジアをめぐる対英関係に及ぶ問題であった。このような視野の広がりは、他の日本人にも同じようにあったであろうが、異なるのは現状への理解であった。また副島のように、日本国内での憲政擁護運動のただなかにいた学者からすれば、議会権限の強化に何らの理論的矛盾も感じられなかったであろう。

中国に渡る前と後で、副島には変化が見られない一貫したテーマがあった。それは「東洋の平和」である。中国に渡る前に発表した「君主制か共和制か（支那の憲法について）」（『早稲田講演』第一巻第八号、一九一一年）で、東洋の平和の要は中国であり、平和を維持する任務はもっぱら日本にあると、副島は主張していた。また帰国後の「支那革命に参加せる余が抱負と実歴」や「新支那論」（『早稲田講演』第二巻第一号、第三号、一九一二年）では、中華民国の建国を支援した動機として、「東洋の平和」に言及している。それによると、副島の最終的な目標は「世界の平和」と「東洋の平和」すなわち「支那の平和」にあり、後者は「東洋人」が維持しなければならず、日本人は当然参加しなければならなかった。このように副島にはアジア主義的な傾向がうかがえるのであるが、寺尾の場合はより明確であった。

寺尾は中国から帰国したあとの講演「支那問題を論ず」（『国家学会雑誌』第二七巻第四号、一九一三年）で、外国による分割や滅亡を避けるための中国との提携を提唱して、次のように語っていた。アメリカのモンロー主義に言及したあとで、「どうか東洋から白人種の政治的勢力を駆逐したいのである、東亜は東亜人の東亜である、欧羅巴人、亜米利加人の東亜でない、斯ういふことにしたいといふ大なる希望がある」と。もちろん寺尾は、この希望がすぐにかなうと考えていたわけではない。とはいっても、袁世凱臨時大総統のもとでの中華民国の統一によって、イギリスの中国での勢力が拡大するとすれば、基本法案の起草に関与できた機会に、臨時大総統の権限をできるだけ制約しておこうとする発想が生まれるのは、当然のことであったろう。

（1）波多野勝「辛亥革命と第二次西園寺内閣」孫文研究会編『辛亥革命の多元構造』（孫中山記念会研究叢書Ⅳ）、汲古書院、二〇〇三年。
（2）櫻井良樹『辛亥革命と日本政治の変動』岩波書店、二〇〇九年、一六八～一六九頁。
（3）松下佐知子「清末民国初期の日本人法律顧問――有賀長雄と副島義一の憲法構想と政治行動を中心として」『史学雑誌』第一一〇編第九号、二〇〇一年。
（4）楠瀬正明「中華民国臨時約法の一考察――主権論を中心として――」『地域文化研究』第一七巻、一九九一年。
（5）邱遠猷・張希坡『中華民国開国法制史――辛亥革命法律制度研究』首都師範大学出版社、一九九七年、三七一頁。彭明「論南京臨時政府」『孫中山研究論文集　一九四九―一九八四』上、四川人民出版社、一九八六年。近年の日本においても、臨時約法について、議院内閣制を基本としていることが指摘されている（野村浩一『近代中国の政治文化――民権・立憲・皇権』岩波書店、二〇〇七年、四四頁）。
（6）劉偉「《臨時約法》与民初政体」中華書局編輯部編『辛亥革命与近代中国』上冊、一九九四年。発表時期はこれよりあとのものであるが、楊天宏「論《臨時約法》対民国政体的設計規劃」（『近代史研究』一九九八年一期）も「因人立法」など、政治制度に関する臨時約法の規定の欠陥を指摘している。臨時約法に関する専論というわけではないが、最近の研究でも、同法には「多くの欠陥」があることが指摘されており、その具体的な内容について、臨時政府に関する規定が「大統領制でもないし、完全な責任内閣制でもなかった」ことがあげられている（陳謙平「伝統文化と近代中国の政治思想」（久保亨訳）、久保亨・嵯峨隆編著『中華民国の憲政と独裁　一九一二―一九四九』慶應義塾大学出版会、二〇一一年）。
（7）「支那革命小史」『吉野作造選集』七（中国論一）、岩波書店、一九九五年。

（8）松本英紀『宋教仁の研究』晃洋書房、二〇〇一年、一八二～一八三頁。
（9）李廷江「辛亥革命時期における日本人顧問」『アジア研究』第三九巻第一号、一九九二年。
（10）張国福「関於《中華民国臨時約法》的起草日期和主稿人問題――兼述《中華民国臨時約法》制定過程」『北京大学学報』（哲学社会科学版）一九八四年一期。
（11）熊達雲「中華民国の多難な船出と日本人顧問たち――南京臨時政府法制顧問の寺尾亨、副島義一を中心に――」陶徳民・藤田高夫編『近代日中関係人物史研究の新しい地平』雄松堂出版、二〇〇八年。
（12）兪辛焞『辛亥革命期の中日外交史研究』東方書店、二〇〇二年、八〇頁。
（13）李廷江「辛亥革命と日本の反応」『国際関係紀要』第八巻第一号、一九九八年。
（14）木堂先生伝記刊行会編『犬養木堂伝』中巻、東洋経済新報社、一九三九年、七三七頁。
（15）同右書、七一七頁。
（16）藤本尚則『巨人頭山満翁』政教社、一九二二年、五三五頁。
（17）黒龍会『東亜先覚志士記伝』中（明治百年史叢書第二三巻）、原書房、一九六六年、四七〇頁。熊達雲前掲論文は、黄興が萱野長知を介して招いたという、もう一つのルートを想定している。
（18）東亜同文会『対支回顧録』下（明治百年史叢書第七〇巻）、原書房、一九六八年、一一四三～一一四四頁。
（19）鵜崎鷺城『人物評論　得意の人・失意の人』東亜堂書房、一九一二年、一五二頁。著者の鵜崎鷺城は本名が熊吉で、新聞記者や政治評論家として活躍した。犬養毅と親しい間柄にあったといわれている（松尾尊兊『大正時代の先行者たち』（同時代ライブラリー一四三）、岩波書店、一九九三年、一二四頁）。
（20）李廷江『アジア研究』前掲論文。
（21）鵜崎熊吉『犬養毅伝』誠文堂、一九三二年、四六八頁。
（22）前掲『犬養木堂伝』中巻、七三五頁。
（23）「支那曾遊の回顧」『文芸春秋』第一四巻第七号、一九三六年。
（24）黒龍会主幹内田良平「支那改造論」内田良平文書研究会編『内田良平関係文書』第三巻、芙蓉書房、一九九四年。そ

の後の黒龍会の文書によれば（「対支策断案」『内田良平関係文書』第三巻）、中華民国の国家像に関して、「袁世凱の独裁政治」「国民党理想の民主政治」「南北両立の政治」の三つを予測し、前二者については持続を困難視している。
(25) 前掲『東亜先覚志士記伝』中、四四六〜四五〇頁。
(26) 「支那雑感」『国家学会雑誌』第二六巻第七号、一九一二年。
(27) 前掲『犬養木堂伝』中巻、七三五〜七三六頁。
(28) 谷鐘秀『中華民国開国史』一九一四年（沈雲龍教授主編近代中国史料叢刊第六六輯、文海出版社）、三五頁。
(29) 児野道子「孫文を繞る日本人——犬養毅の対中国認識——」平野健一郎編『近代日本とアジア——文化の交流と摩擦』東京大学出版会、一九八四年。
(30) 前掲『犬養木堂伝』中巻、七一七頁。
(31) 「官報」号外（明治四五年一月二四日、三月二〇日）『帝国議会衆議院議事速記録』二六（第二八回議会）、東京大学出版会、一九八一年。
(32) 『民立報』一九一二年一月二〇日。
(33) 『民立報』一九一二年二月一一日、一六日。
(34) 『申報』一九一二年二月一七日。『順天時報』一九一二年二月一八日。
(35) 翟新『東亜同文会と中国』慶應義塾大学出版会、二〇〇一年、一九四頁。
(36) 平田康治「イギリス対華政策と中国政治の相互作用——改革借款・駐華出先機関・協力政策、一九一一—一四」『国家学会雑誌』第一二三巻第一・二号、二〇一〇年。
(37) 狭間直樹「南京臨時政府について——辛亥革命におけるブルジョア革命派の役割」小野川秀美・島田虔次編『辛亥革命の研究』筑摩書房、一九七八年。
(38) 北一輝『支那革命外史』聖紀書房、一九四一年、一二三頁。
(39) 松本英紀前掲書、一八二頁。
(40) 『民立報』一九一二年一月二〇日。『臨時政府公報』第九号、一九一二年二月六日。

(41)『民立報』一九一二年一月一三日。

(42) 児野道子前掲論文では、犬養は孫文の「政治顧問」就任要請を拒絶したとされているのに対して、李廷江はそのような「定説」を批判し、犬養は就任を受け入れて実際に職務を遂行したとしている(「臨時大総統孫中山と日本人顧問」『孫文研究』第二七号、二〇〇〇年)。

(43) 邱遠猷・張希坡前掲書、二九三～三〇〇頁。本書は修正回数を三回としているのに対して、荊知仁『中国立憲史』(聯経出版事業公司、一九八九年)は四回としている(二一九～二二一頁)。だが修正の内容への理解が異なるわけではなく、最初の修正を一回にまとめて数えるのか、二回に分けて数えるのかという、単なる数え方の違いである。

(44) このときの議論の様子を最も詳しく記述しているのが、邱遠猷・張希坡前掲書(二九八～二九九頁)である。

(45) 松本英紀前掲書、一七一頁。

(46)『国家学会雑誌』第二六巻第七号前掲論文。

(47)「寺尾副島両博士到着ノ件」(明治四五年一月二一日、在南京鈴木領事ヨリ内田外務大臣宛電報)外務省編『日本外交文書』第四四巻・四五巻別冊清国事変(辛亥革命)、日本国際連合協会、一九六一年。

(48)「日英両公使ニテ袁世凱ノ辞職制止方「モリソン」ヨリ提議アリタル件」「袁世凱辞職説竝ニソノ対策ニ付英公使来談ノ件」(明治四五年一月二四日、在清国伊集院公使ヨリ内田外務大臣宛電報)前掲『日本外交文書』第四四巻・四五巻別冊清国事変(辛亥革命)。

(49)「支那共和政体に関する有賀・副島両博士の論争」上・下『早稲田講演』第四巻第六号、第七号、一九一四年。

(50)『民立報』一九一二年二月一五日。

(51)『民立報』一九一二年二月二六日。

(52)『国家学会雑誌』第二六巻第七号前掲論文。

(53) 同右論文。

(54) 谷鐘秀前掲書、八四頁。

(55)『参議院議事録』は編集者、発行所、発行年の記載が一切ない。

(56)　邱遠猷・張希坡前掲書、三三九〜三四〇頁。
(57)　張国福前掲論文。
(58)　『申報』一九一二年二月一日、一一日。
(59)　邱遠猷・張希坡前掲書、三五六〜三五七頁。
(60)　楊彩丹・郎永杰「景耀月辛亥革命前后活動考略」『歴史檔案』二〇一一年二期。
(61)　佐藤三郎輯『民国之精華』（沈雲龍主編近代中国史料叢刊第五輯、文海出版社）「中華民国議会史」九頁。
(62)　臨時約法の制定に関して、宋教仁の役割を重視する傾向が強いが、横山宏章も同様である。横山は臨時約法の第二九条を根拠に、同法は「完全な責任内閣制を採用した」と評価し、「宋教仁の説が採用された」としている。また、「こうして責任内閣制が参議院の主導という形で誕生した。それは法制局局長であった宋教仁の影響下で実現したのである」、とも述べられている。ここに出てくる「責任内閣制」の定義として、「選挙を通して議会で多数を制した政党が内閣を組織する議院内閣制度である」とされている（『中華民国史――専制と民主の相剋』三一書房、一九九六年、二九〜三一頁）。まず最後の点について、当時においては、ここまで限定的に、責任内閣制＝議院内閣制として理解されていたわけではない。また宋教仁の役割について、同書の二八頁で、「法制局局長であった宋教仁の手になる」「中華民国臨時政府組織法」の審議が参議院に要請されたとしながら、参議院はそれを受け付けなかったという史料を引用されている。これでは、宋教仁がどのような案に基づいて臨時約法の制定を進めたのか理解ができない。また臨時約法の第二九条を根拠に、内閣制の採用を主張するのは無理であろう。
　さらに「責任内閣制」の採用について、袁世凱牽制の政治目的から行われたと見なすのは「危険」だとされ、民初政治の指導権を宋教仁が掌握することで、「一気に理想的な議会政党政治を実現するという積極的な建国論として展開されるようになった」と述べておられるが（同書、二九頁、三一頁）、臨時約法の正しい解釈と、その制定過程における宋教仁主導説の立証が、前提として必要であろう。
(63)　黄自進『北一輝的革命情結』中央研究院近代史研究所専刊（八五）、二〇〇一年、一二六〜一二七頁、一六六頁。
(64)　北一輝前掲書、二〇三頁。

(65)『国家学会雑誌』第二六巻第七号前掲論文。
(66)同右論文。
(67)「支那革命に参加せる余が抱負と実歴」『早稲田講演』第二巻第一号、一九一二年。
(68)前掲『東亜先覚志士記伝』中、四七一頁。
(69)鷺城学人「現時の支那通」『中央公論』第二八年一〇月号、一九一三年。
(70)「君主制か共和制か(支那の憲法について)」『早稲田講演』第一巻第八号、一九一一年。
(71)「支那共和国の憲法問題」『太陽』第二〇巻第一号、一九一四年。
(72)『大阪朝日新聞』一九一二年四月一日。

第二章　中華民国臨時約法公布後の中国政治と日本人

袁世凱が参議院で臨時大総統に選出され、北京を首都とする統一された中華民国が成立したあとの中国政治に関して、当該時期を対象とするこれまでの研究は、政治制度や政策決定の過程などの問題にあまり関心を払うことがなかった。関心はむしろ、第二革命といわれるものに向けられることが多かった。それは中国近代史研究の全般から見れば、革命運動や民族運動の高揚を定点的に分析するという方法の影響を受けていたし、この時期に特定すれば、臨時大総統としての権限行使というよりは、袁世凱という人物の反動性という定型化された見方に基づいていたと考えられる。袁世凱に関する研究の停滞と評価のし方の見直しについては、すでにかなり以前から提言がなされているが[1]、その後もさしたる変化はないままであるといってよかろう。

しかし袁世凱政権期という建国当初にあたる中華民国初期の政治に焦点を当てて研究する場合には、一九一二年三月一一日に公布された臨時約法のもとでの制度編成と政策の立案や執行をめぐるその運用の分析が、まず重要になってくる。ここではとくに内閣の問題を中心にとりあげるが、くりかえされる内閣の交代によって生じた政権と政党および政党間の摩擦は、内閣に関係する臨時約法の諸規定をめぐる対立へと展開していった。

臨時約法に関しては、これまで内閣制を採用した基本法として理解されてきたが、実際には大総統制を基本とし、内閣制の要素が混入していた。この臨時約法のもとでの内閣としては、政党内閣、混合内閣、超然混合内閣、超然内閣といった各種の形態のものが編成可能であったし、同時代の中国人を何よりも憂慮させたのは短命内閣の頻出であり、それによる政治の不安定であった。この問題の重要性は、その起因を、袁世凱という人物の反動性や彼の大総統政治の追求にのみ求めるわけにはいかなかった点にある。基本法である臨時約法に対する研究としては、これまで主権の規定に着目したものがあったが[2]、中華民国初期の現実の政治と関連させた場合の重要性は、この内閣に関する諸規定にあった。その要点の一つである内閣と議会との関係は、正式憲法案としてやがて起草される天壇憲法草案をめぐっても論争の的となった。

一方、当該時期の日本に眼を転じると、短命であった第三次桂太郎内閣を間にはさんで、第二次西園寺公望内閣から山本権兵衛内閣へ政権が継承された。この間の日本の政界には、対内的には、周知のように陸軍の二個師団増設問題があったが、対外問題としては、対中国政策の重要性が顕著になり、民間も含めて対立関係が鮮明になり始めた。山本内閣の対中国政策は基本的に西園寺内閣のそれを継承したものであり、外交の一元化、領土的野心の排除・列国との協調、経済的進出の重視を基調としていた[3]。だが山本内閣の対中国政策の成果については、「六国借款団に支えられた袁政権に対し、日本は政治的発言力にも乏しく、また経済的権利もさほど拡張しえなかった」といわれている。この山本内閣の対中国政策に批判的な政策論として、一つは袁世凱政権自体の弱体化を主張するものがあり、「辛亥革命において南方援助あるいは南北操縦を主張した参謀本部ないしその周辺」から提示された。もう一つは山県有朋が提示したものであり、むしろ袁世凱政権に対してより一層の支援を行い、信頼関係を樹立することをねらった政策論であった[4]。

山本内閣の対中国政策の基本方針を作成したのは阿部守太郎政務局長であったが、第二革命失敗の最終局面で起きた南京事件の処理をめぐって、彼が殺害される事件が起きた。この事件は山本内閣の対中国政策に強い衝撃を与え、変調を生じさせることになった。政党の間で、山本内閣の対中国政策に強い批判を浴びせていったのが、一九一三年二月に創設された立憲同志会であった。同志会は桂太郎の新党結成計画に端を発するものであったが、内部の成員はかなり複雑であった。同志会のなかには、イギリスとの協調のもとに中国問題に対処しようとする加藤高明のような人物がいる一方で、袁世凱の排斥と南方派への援助によって対処しようとするグループもいた。後者は国民党の脱党者が多く、党内では非幹部派に属し、思想的には「アジア主義的」傾向が強かった。とくに南京事件をきっかけに、このグループは加藤らの幹部を突き上げて、同党の山本内閣との対決姿勢や袁世凱政権への強硬姿勢を明確にさせていった(5)。

また民間においては、第二革命が起きたのち、満蒙問題の解決を目的として活動していた諸団体が連合して、対支同志聯合会を結成した。同会についてここで確認しておくべき点は、満蒙問題そのものではなく、その解決のために南方勢力の支援と袁世凱政権への攻撃を意図していたことである。山本内閣への非難と、中国の南方勢力支援、袁世凱政権に対する強硬論は同志会以外にも広がり、国民党議員の多くが同調した。また政友会を抜けた尾崎行雄も、自主外交の実現という理由から、袁世凱政権を相手とする対中国政策には批判的であった。

一方、時期は前後するが、桂太郎内閣が総辞職した直後に日本を訪れた孫文は、桂らと会談し、日本からの支援に楽観的な希望を抱いて帰国していた(6)。こうした中国に対する日本の朝野の動向に、袁世凱も憂慮していたようで、第二革命が起きる直前のころ、参議院議員であった曹汝霖に対して、親日政策を採用しているにもかかわらず日本の民間や新聞が自分を攻撃する理由を、たずねたことがあったようである(7)。

このように中華民国成立直後の日本国内の対中国政策論には、袁世凱政権との協調か南方勢力への支援かといった一つの対立軸があった。南北統一、臨時約法公布後の中華民国政治は、日本の政策や政策論に大きな影響を受けざるを得なかったのである。

第一節　統一中華民国政府の成立と日本

袁世凱の北京での臨時大総統就任、翌三月一一日の中華民国臨時約法公布、三〇日の唐紹儀内閣の成立によって、南北統一の中華民国政府がひとまず誕生した。だがこの南北統一中華民国政府の成立に対して、日本の世論は特異な反応を示していると、中国では見られていた。

袁世凱の臨時大総統就任直前の頃の中国の新聞は、次のようにイギリスと日本の新聞報道を対照的に論じていた。「清朝皇帝の退位以後、欧州の新聞界は多くが歓迎の意を表し、ロンドン・タイムズは中国革命の成功の速やかなること、孫・袁の功績の大なることを賞賛し、あわせて強固で善良な政府が早く成立して平和を回復することを望んでいる」と指摘し、これは友好国の国民の心情を十分に代表するものであると評価していた。これに対して日本の新聞界は、「近日以来、往々に反対の言辞で悲観的な態度」を示し、南北の統一の困難を指摘している、としている。その理由について、「好意に解釈すれば、日本人はもとより深く南軍に同情を表しており、故にその失敗を切に恐れている」からかもしれないが、「表面から論じれば、我が国民に我国の分裂を願っているのではないかと疑わせるに足る」ものであると、憂慮している。(8) この記事を掲載したのは、『民立報』という中国同盟会系の新聞である点が重要であり、このような新聞でも、すでに中華民国の統一が最優先課題として報道されているのである。

この記事はさらに、「軍興以来日本の上下は我々に同情を示し、東京・大阪の新聞は革命の勝利を鼓吹して、我々に外から援助しないことはなかった。だが時は今日にいたり、我々の第一の目的はすでに達しており、隣人のこの時の祝意は弔意となってしまい、その意思がどうであれ、言論界にとっていたって遺憾なことであり、未来の悪い関係を生むに足るものである」と、現実の中国政治の推移と乖離した主観的な日本の新聞論調を批判している。そして最後に、中国政治の現状の最も重要な課題について、「我らの努力するところは、ただいかに国家を強固な地位に達せさせるかにあり、政権の競争、党派の分岐については、すでに我らの潔しとするところではない」と述べ、あらためて中華民国の統一の重要性を指摘しているのである。

袁世凱臨時大総統のもとでの中華民国統一に対する日本での世論形成については、ジャーナリズムでは新聞だけでなく、雑誌にも眼を向ける必要があるし、また政党や民間諸団体の言動にも注目する必要がある。当時のジャーナリズムについて見ると、この中国の新聞が指摘するほどに旗幟が鮮明であったかは、慎重な検討が必要である。たとえば掲載時期は少しあとになるが、『大阪朝日』（一九一二年三月一六日）の「対清問題の今後」という記事は、「現政府が支那の民主的大勢に通ぜずして初め君主制維持の方針を取りしは、見込違たるを免れず、政府を攻撃する政党員が南京革命党を助けて以て勢力を扶植せんとせしも、亦見込違たらざるなからんや」と述べ、日本の政府、中国の革命勢力を支援する政党員、いずれにも批判的な眼を向けている。

だがこの『大阪朝日』でも、中国の新聞で批判されるような記事がなかったわけではない。二月一四日付の「支那革命と国号」という記事は、「此の一大転機を黙運せし者は袁世凱氏なり、袁氏が和を主として南方と交渉し、以て今日あるを致せしは、清室の尊栄と、領土の保全、人民の幸福とを謀りしが為にして、私意あるに非ざるか、其の功徳や無限なり、則ち宜しく仮政府の組織を一段落として、河南の旧第に帰臥し、残年を池上の一竿に送るべし」と、清朝皇帝の退位を機に、袁世凱は政界を引退して、故郷に引きあげるべきであると主張しているのである。

先にも引用した『民立報』という同盟会系の新聞は、臨時約法が公布された翌日に、「袁総統与日本」というコラムに四つの短文を載せている。そのなかの二つは、やはり当時の日本人の袁世凱観に言及すると同時に、それに対する執筆者の受け止め方を示しており、興味深い。記載の順にしたがって紹介すると、最初のものは、

「日本人は深く袁世凱君を憎んでいる。袁が総統に選出されると、各国はいずれも同情を表したが、日本人だけはそうではない。以前民軍に同情を表した日本人は、また讒言を次々と加えて詆毀している。このことは少しでも日本の新聞を読み、日本人と交際しているものは誰もがよく知っている」と述べ、日本人のなかでも特に革命を支援してきた人たちが、袁世凱を誹謗していることを指摘している。

このような日本人の言動は、当時の中国人にどのように映っていたのか、この点を示唆しているのが最後の文章である。「袁君は今日中華民国の臨時大総統である。日本人がいやしくも民国に同情を表すのであれば、袁君に好意を示すべきである。もしこのまま誹謗がやまなければ、個人の関係によって国民の誤解をもたらす。私は隣邦の国民の反省を願う」と(9)、臨時大総統としての袁世凱に敬意を払うべきであると、日本人の言動を批判しているのである。少なくとも臨時約法公布の時点では、元の革命勢力も含めて、袁世凱臨時大総統のもとで統一された中華民国の建設に乗り出そうとしていたのであるが、むしろ日本人の一部が革命を引きずり、袁世凱への批判を継続していると見なされていたのである。

このころ、中国の新聞が言動に注目して報道していた日本の政治家の一人が、犬養毅である。前章でみたように、犬養は進み始めた南北和議を実現させない目的で、一九一一年一二月一九日に中国に渡り、第二八議会のためにいったん帰国するまで、約一ヵ月滞在した。犬養が再び中国に渡るのが翌年の二月中旬であったが、この二回目の中国行きの時には、革命勢力も含めて南北和議を決断していた。犬養について、中国の新聞が比較的よくとりあげていたのが、初めの中国行きから帰国したあとの日本での動向であった。『民立報』は一九一二年一月二〇日付で、犬養が議会出席のために東京に帰ったこととあわせて、彼は中国の「民党」に深い同情を示し、最後の勝利を必ず獲得すると述べたことを伝えていたが、一月二五日付では、犬養の帰国後の活動を示す日本からの電報情報を掲載している。それによれば、南京の共和政府の基礎はようやく固まっており、日本と中国には特別の関係があるから、列国に先んじて承認すべきであることを、彼は提起していた。これと同じ電報欄では、犬養と同じ国民党の代議士である大石正巳が、内田外務大臣に対して中国の共和政府承認問題を質問したことを伝えていた。

犬養らが率いる国民党は西園寺首相への申入れ、他の党派との協議などを通して、南京の共和政府の承認を率先して進めていたが、同党の活動は議会内に限られてはいなかった。国民党は院外の有隣会、太平洋会、亜細亜義会、大陸会などの団体と、共和政府承認の提案を議会に出すように協議していたことも、中国に伝えられていた⑽。ここに出てくる団体以外に、善隣同志会の活動も注目されており、革命軍の目的達成と東アジアの平和保持を内容とする同会の宣言書が報道されている。また一月二八日に大阪で同会の講演会が開かれ、大原武慶《たけよし》と根津一が南京共和政府の率先承認を日本政府に求めると同時に、「支那革命」に対する外交の失敗を攻撃したことが伝えられていた。さらにこの記事のなかでは、日本の著名人らが、南京の共和政府承認を日本政府に働きかけるための団体として、中華民国同志会を結成したことも報じており、発起人一五人のなかには根津一や福本誠が含まれていた⑾。

善隣同志会の宣言書や決議に名を連ねていたのは頭山満、河野広中、杉田定一、根津一、小川平吉であったが、小川が属していた政友会の一部にも、南京の共和政府を率先して承認するように主張する議員がいた。同党の竹越与三郎は『大阪毎日』に連載した「支那起つべきや否や」という論文のなかで、「右の如き形勢であれば南方は十分政府として立つべき根拠を有して居る。故に我が政府、我が国民は、速に此革命政府の存在を認め、革命政府をして、支那を統一せしめ、此善良なる政治の下に支那人民の幸福進歩を計るといふことをするのが第一の急務であらうと思ふ」⑿と、述べているのである。

犬養ら日本の政治家の言動を伝えていたのは、決して同盟会系の新聞だけだったわけではない。上海の商業新聞であった『申報』も犬養に関する記事を掲載しており、「日本討論承認共和政府問題」（一九一二年一月二八日）という欄のなかで、犬養が衆議院で、日本政府に対して中国の共和政府の承認を急いで行うように主張したことを、報道していた。この共和政府とは、いうまでもなく南北統一以前の南京の臨時政府のことである。こうした日本の議会での動きに、当時の東京の清国公使館は憂慮していたようで、本国政府に日本軍の満州出兵の情報を伝達すると同時に、犬養の主張は日本の世論の動向を示すものとして、はやく共和制承認を決定するように促していた[13]。

犬養の日本での言動には、北京にいたモリソンも注目していた。彼は一九一二年二月一六日付の書簡で、いくつかの興味深い問題に言及していた。日本政府に関しては、北京の伊集院公使の態度に批判的で、内田外務大臣との意見の不一致を懸念している。孫文に関しては、寺尾、副島、原口といった日本人顧問がいることに言及したうえで、日本人から深い同情を得ていることを指摘している。孫文は中国に関する知識は少ないのに、日本のことはよく知っており、このために日本人は彼の心理をうまく利用していると、モリソンは孫文に厳しい眼を向けている。モリソンによれば、孫文は日本に対して大きな影響力があると信じており、南京の共和政府承認も容易に得られると考えていた。このような期待にこたえて日本で活動していた人物の一人が犬養であったが、南京の共和政府承認という彼の主張を日本政府が政策として採用した場合、中国は南北二つの国家に分裂してしまうと、モリソンは批判していた[14]。

このように、中国に渡った犬養が議会開会のために一度帰国し、議会での質問などを通じて日本政府に南京の共和政府の率先承認を働きかけていたことは、当時の中国同盟会系の新聞を中心に頻繁に伝えられていた。とくにそれを賞賛するという姿勢が見られるわけではなく、事実の伝達が中心ではあるが、二月下旬から三月にかけての報道姿勢とは明らかに異なっていた。モリソンが犬養の言動を批判し、その犬養が再び中国に渡った二月中旬は、南京の共和政府承認から南北統一の中華民国へと、中国国内の期待が大きく転換する時期であった。中国に渡った犬養が南京で孫文や黄興に会ったものの、武漢との間を遊覧する以外に、ほとんどなすこともなく帰国したのは、当然のことであった。

第二節　臨時約法下での中国政治の遂行と挫折

南北統一の中華民国の建設が始まったのは、日本では大正政変の時期にあたっていた。したがって中国の世論も、隣国のこのような政治変動に無関心ではいなかった。だが関心の示し方は、一様ではなかった。一つの関心の示し方は、大正政変のような政治変動を、現在の中国にとって負の事例としてとらえるものであり、それによれば、中国では再度の混乱があってはならず、現在の課題は「強固で有力な政府を樹立し、国民をまとめてことごとく軍国民とする」ことにあるとする[15]。これは、強い行政権を安定して行使できる政府への期待であろう。もう一つは山本内閣の誕生を、日本における政党内閣出現への接近という視点から積極的に評価し、共和制の中国での政党内閣出現を必然視する関心の示し方である[16]。こちらは政党内閣への期待であり、そのような内閣の樹立こそが政治の安定を保障するという立場であった。

(1)　臨時約法下の国務員と国務院官制の制定

いうまでもなくいかなる政府が樹立されるかは、その国の基本法を根本としていた。南北統一後の中国にとってまず緊急の課題となったのは、臨時約法第四条に規定されている統治権の行使機関の整備であった。このなかで議会については、一九一二年八月に国会組織法と衆参両院議員の選挙法が公布され、正式な国会が開設されることになるが、それまでは既存の参議院が臨時約法で定められた権限を行使することになっていた。大総統の選挙法は天壇憲法草案の起草が進められるなかで、一九一三年一〇月に先行して公布されることになるが、それまでは袁世凱が臨時大総統として臨時約法上の権限を行使した。

ただ国務員については、臨時約法は個別のそれの責任と権限を規定しているだけで、統治機関としての編成方法は示していない。また法院については、第四八条で、その編成は法律で定めることになっている。法院は第二章「人民」に関する諸規定との関わりでは重要性を有していたが、現実の政治の遂行という面では緊急性は高くなかった。したがって誕生した中華民国にとって、統治機関の整備という点で緊急な課題となったのは国務員の統治機関としての編成法の制定であった。国務院官制が定められたのは、初代の唐紹儀内閣の時期であるが、その問題に入る前に、まず臨時約法上での国務員に関する諸規定を確認しておこう。

まず確認しておくべき点は、以下、初代の唐紹儀を国務総理とするものから内閣という言葉が慣用されているが、臨時約法には内閣という言葉はないということである。第四三条によれば、国務員には国務総理と各部総長が含まれるが、国務総理に固有の権限は記載されていない。第四四条で、国務員は臨時大総統を補佐して責任を負うことになっているが、内閣に関する規定がないために、個々の国務員による補佐と責任負担と理解せざるを得ない。法律案の参議院への提出権が臨時大総統のみに認められているのは（第三八条）、組織的一体性のある内閣が予定されていない以上、当然のことであろう。国務員は臨時大総統が提出・公布する法律（案）に対する副署と参議院への出席と発言が認められているだけである（第四五条・四六条）。

この問題と関連して重要なことは、第三四条で、臨時大総統の国務員任命には参議院の同意が必要であると規定されている点である。内閣という組織に関する規定がない以上、ここでの同意は国務員個々の任命に対するものと理解せざるを得ないであろう。国務総理の設置を盛り込んでいる点では、臨時政府組織大綱と異なっているが、そうだからといって臨時約法が内閣制を採用したとすることはできず、むしろ大総統制の性格が色濃く見られるのである。

以上のような臨時約法の影響もうけて、唐紹儀内閣の時からさっそく大総統府との間で摩擦が生じた。唐紹儀の国務総理辞職の引金となった王芝祥の直隷都督任命問題の具体的な事実の説明は省略するが、吉野作造はこの両者の摩擦を、大総統の統治権限を形式上のものにとどめようとする「唐の責任内閣主義」と「袁の大総統専制主義」の対立によるものだとしている。[17]国務院官制が公布されたのは、この対立によって唐紹儀が辞意を表明する直前であった。同官制は一二条からなっており、第一条と二条で国務院の編成方針を、第三条から第七条にかけて他の国務員とは異なる国務総理独自の権限を定めている。第九条と一〇条は国務会議に関する規定であり、法律案、予決算案などの広い範囲にわたる事項を、同会議の審議事項としている。第八条は、大総統が公布する法律や教令などへの国務員の副署に関する規定である。国務会議で審議された法律案などの議会への提出や、議会で審議決定された法律などの公布が、大総統の形式的な権限として実行されるのであれば、この国務院官制の制定によって内閣制が実質化したといえるであろう。だが吉野は、先ほどの対立について述べたあとで、「其後の国務院が全然袁の傀儡」となってしまったことを指摘しているのである。そこには、内閣と議会の対立が影響していた。

（2）　国務員不同意問題

唐紹儀が国務総理を辞職したのち、袁世凱臨時大総統は次の国務総理に陸徴祥を任命した。この任命は参議院の同意を得て、一九一二年六月二九日に行われたが、陸徴祥内閣の組閣が終わったのは八月二日である。その間、内閣の機能は実質的に停止していたのである。陸国務総理は、前内閣から留任する三人の国務員と自分が兼務する外交総長を除く六人の新国務員について、参議院に同意を求めたが、全員が同意を得られなかった。当日の参議院議員の出席者数は九八名で、多いものは八七票の、少ないものでも六〇票の不同意票が出た[18]。

こうした事態に対して、『申報』の「評論」(一九一二年七月二二日)は、「民国初めて建設され、信用は外にまだ明らかでない。外国人は我が国体の強固か否かを、政治が統一されているか否かにうかがう。政治が統一されているか否かは、主に国務院にある。故に国務院が安定しておれば、外国人の対応手段は一変する。国務院が動揺して定まらなければ、うまく外国人に嫌忌の口実を与える」と、内閣の安定が中国の対外信用に大きな影響を与えることを指摘し、対外借款の実現や新国家の承認はすべてここにかかっていると述べていた。だが実際には組閣は困難を繰り返し、成立しても数ヵ月で内閣が交代した。この時も、すでに同意を得ていた陸徴祥国務総理以外の最初の新任国務員案に対しては、同盟会を中心とする不同意によって、全員が任命できなかったのである。

翌日の『申報』の「評論」(一九一二年七月二三日)は国務員選任の制度的な欠陥を指摘し、内閣が総理大臣の制度を設けている以上、同意を与えた国務総理の国務員の提案には、参議院は当然賛成すべきであり、今回のように陸徴祥の国務総理任命に同意しておきながら、他の国務員に不同意の意思を示すのは倒閣にほかならないと批判した。だがそこには臨時約法上の制約があった。同法が厳密には内閣制を採用していなかったが故に、そもそも国務員案は臨時大総統の提案によるし、参議院は個々の国務員に対して同意・不同意権を行使できたのである。したがって陸徴祥内閣の最初の新任国務員案のように、全員への不同意はともかく、最初の唐紹儀内閣の時から個々の国務員に対する不同意はあったし、臨時約法に基づくかぎり、それは当然生じ得る結果であった。

臨時大総統に選出された袁世凱は、唐紹儀を国務総理として参議院の同意を得るとともに、一九一二年三月下旬には国務員案を参議院に提出した。この時にも、参議院で同意を得られなかった国務員候補者がいた。それは交通総長に予定されていた梁汝浩であった。梁が過半数の同意票を得ることができなかったために、唐総理は登壇して、交通総長の職務は農林、工商よりも重要で、鉄道行政と外交の双方に通じた人物は梁汝浩以外にはいないと述べる一方で、湯壽潜を代わりに打診したが、これにも議員の同意が得られなかった[19]。このために交通総長の任命は四月初旬にずれ込み、参議院は施肇基に対して同意を与えた。こうして唐紹儀内閣が成立したが、その性格は農林総長として入閣した宋教仁が求めていた政党内閣ではなく、混合内閣と称し得るものであった。唐紹儀は同盟会に入会しており、その他の国務員にも同盟会員はいたが、他党員、官僚、軍人などが半数近くに及んでいた。

成立した唐紹儀内閣は、外国からの借款をめぐる唐国務総理と熊希齢財政総長（共和党）の意見の不一致などの困難な問題に直面したが、先にもふれたように、直接には王芝祥問題によって三ヵ月足らずで崩壊してしまった。王芝祥は直隷都督就任が予定されていたが、袁世凱が軍隊接収のために南京に派遣することを決め、国務総理の副署を得ないままに実行したことから、唐紹儀は辞職したのである。そのために同盟会の張耀曾らの代表は、次の内閣の編成について、袁世凱臨時大総統へ申入れを行った。同盟会の代表は、唐内閣が成果を上げられず、短命に終わった原因は混合内閣だったことにあるとし、次期内閣は政党内閣か、そうでなければ超然内閣を採用すべきであり、混合内閣であれば同盟会からは一切入閣させないと伝えた。いうまでもなく宋教仁も同様な意見であり、政党内閣が本来の目標であるが、困難な場合は政党外の官僚などで構成される超然内閣を求めていた[20]。

さて次期国務総理として陸徵祥の任命には参議院の同意が得られたものの、他の新任国務員は全員が不同意であったわけであるが、注目すべきことは、その理由である。陸徵祥の参議院での演説に対する失望、混合内閣への批判などに加えて、国務員の個人的人気の有無も指摘されている。臨時約法の規定のように、国務員候補者個々に対して同意・不同意を求めるのであれば、このような要因が強く作用するのは当然であった。そうであれば、同盟会が求めた政党内閣の樹立は臨時約法のもとでは困難であり、むしろ混合内閣を生み出しやすかったのである。国務総理以外の新任国務員全員に対する不同意という事態に対処するために乗り出したのが、臨時大総統の袁世凱である。彼は参議院議員の晩餐会への招待、軍事・警察力の行使、言論による議会の非難といった手段を行使して、工商総長以外の第二次国務員案に参議院を同意させたといわれている[21]。

ここで、重要な点が二つある。第一に、大総統が乗り出して事態の収拾に成功していることである。臨時約法にある大総統制的な内容が、現実の政治にいかされている事例である。第二に、袁世凱が行使した手段の評価である。それを善悪の物差しで測るのは間違いである。内務・陸軍・海軍の三総長と国務総理兼務の外交総長を除く新任国務員全員に対して、参議院が不同意の意思を示したことは国務総理への不信任に等しかった。これに対する行政府の通常の対抗措置は、議会の解散である。しかし臨時約法は、参議院の臨時大総統や国務員に対する弾劾権は認めているが、反対に行政府の側の議会解散権は認めていなかったのである。そうであれば、制度化されていない手段を駆使して国務員案を参議院に飲ませるか、参議院が受け入れやすい人選をして同意をとりつけるしかなかった。だがこのような方法で国務員が決定したとしても、中国の政治によい効果をもたらすとは限らなかった。

新任国務員に対する不同意問題について、『申報』は一貫して参議院に対して厳しい批判を展開していた。同紙の七月二三日付の「評論」は、内閣制の危機としてこの問題をとらえていた。内閣に総理大臣を設置している国では、議会は総理を承認したあとの国務員の提案には当然賛同すべきで、そうでなければ総理は議会の意向をうかがうだけで、行政の俊敏性が損なわれると同時に無責任になり、内閣制の「精義」が失われてしまうと指摘している。

この「評論」は参議院の行為を内閣制の本質を失わせるものだと批判しているのであるが、さらに八月一日の記事では、世間の批評として、より重要な問題を提示していた。まず参議院には弾劾権が認められているのであるから、国務員に対する不同意を内閣成立当初から行うべきではないとしている。次に、国務員の第二次案は最初のものより優れているわけではないと、当初の不同意の結果として、国務員の質が低下しかねないことを指摘している。そして最後に、これらの問題が生じた要因は臨時約法上の同意権にあるとし、再度同意が行われなかった場合には、国務総理以外の国務員に対する同意権は削除しなければならないと、臨時約法の修正さえ求めているのである。

この国務員案の不同意問題は外国からも注目されており、イギリスのジョーダン公使は袁世凱と会見した時にこの問題を持ち出し、もし再び内閣が成立しなかった場合には、中国は専制によって禍を受けるのではなく、共和によって滅亡を早めることになると語ったと、報じられていた。[22] 同様な認識は、唐紹儀内閣の頃から、すでに日本の新聞も示していた。『大阪朝日』（一九一二年四月一日）の「唐内閣成る」という記事は、「臨時約法の規定する所に従へば、政治の主脳は大総統にもあらず、内閣総理にもあらずして、実は参議院といへる議政団体にありて存す」と、臨時約法が何よりも議会を中心に置いていることを指摘している。そのうえで、「万一袁大総統にして得意の辣手腕を揮ひ、参議院議員を操縦すること其の意の如くなるを得ば、大総統は直に事実上のヂクテートルたるを得可きも、然らずして政治上の実権長に参議院に掌握せらるゝに於ては、袁大総統も、唐内閣総理も、実は有名無実なる一傀儡たるに過ぎざる可きなり」と、実際の政治は、大総統であれ議会であれ専制的なものになると予想しているのである。

次に、唐内閣の辞職から陸内閣の国務員案同意難航という状況が生じると、同じ『大阪朝日』（一九一二年五月二八日）の「唐内閣の前途」は、「袁総統の支那国民が専制政治に亡びずして、党人の為に亡ぶるに至る可きを慨嘆せる、蓋し以《ゆえ》無きに非ず」と、政党によって中国が滅びかねないという袁世凱の悲嘆に同調さえしている。さらに『大阪毎日』の北京からの長文の署名記事は、陸徴祥の国務総理就任から全国務員決定までの一ヵ月余りの政治の空白は、「外人をして其無政府同様の状態に顰蹙せしめ険悪なる政界の前途設想に堪へざらしめ」たと指摘し、同盟会と共和党の対立による法案の審議の停滞は、「遂に参議院は立法機関の機能を全うせずとの悪評怒罵を買ふも亦弁解の途なからんとす」[23]と、もはや議会が与えられた使命をまったく果たしていないことを批判している。

このように難航して成立した陸徴祥内閣であったが、これもやはり短命に終わった。全国務員が決定してから間もなく、陸は病気を理由に辞職してしまったのである。比較的ながく続いた内閣が、次の趙秉鈞内閣（一九一二年九月〜一九一三年五月）と熊希齢内閣（一九一三年七月〜一九一四年二月）である。趙秉鈞は国民党に入党したが、他の国務員は残留したために、やはり混合内閣が続いた。ただ熊内閣は、進歩党による政党内閣に一歩接近した。したがってこの二つの内閣は相対的に政党色が強まったのであり、趙内閣の成立に対しては、当時の国民党系の新聞でさえ「世論は頗る歓迎を表した」と述べていた[24]。だがこの間に、宋教仁殺害、改革借款調印、第二革命そして南京事件が起きた。この一連の事件によって、国内では国民党の袁世凱政権に対する非難が強まり、日本では南北統一の中華民国が成立する以前の議論が再燃することになった。

五国借款団との間の改革借款は、一九一三年四月下旬に調印されたが、唐紹儀内閣の時からすでに浮上していたこの借款に、同盟会・国民党は当初から反対していたわけではなく、また袁世凱政権の側でも議会での承認の手続きを踏もうとしていた。国民党が臨時約法への違反などを根拠として、改革借款への反対の意思を明確にするのは四月中旬からであり、それは借款そのものよりは、国会議員の選挙での勝利と他方での宋教仁の殺害という他の要因に刺激を受けたためであった[25]。国民党の国会議員団は、六月に入ってからも借款そのものには反対でないことを明示しており、彼らの根本的な関心は臨時約法上の手続きにあった[26]。臨時約法に照らして、改革借款の調印が違法であると国民党が非難した根拠は、同法の第一九条と第三八条であった。このなかで第一九条は参議院の職権を規定しており、その第四項で公債の募集や国庫に負担が生じる契約の議決権があげられていた。したがって改革借款の契約は、当然、議会での承認が必要であった。

だが政府の主張は、国会が成立する以前の参議院ですでに承認を得ているということであったから、より重要なのは、国民党がこの主張を否定するために提示した第三八条であった。臨時大総統による参議院への法案の提出を定めているこの条文によって、国民党は参議院への法案の提出権は大総統にしかなく、一九一二年九月と一二月の参議院での、趙秉鈞国務総理や周学熙財政総長の報告は正式の提案には該当しないという立場をとった。これは臨時約法の解釈としては正しいのであるが、そうであれば国民党の主張する政党内閣はおろか、内閣制自体が成立しないことになってしまう。こうした点からも、借款問題をめぐる国民党の政府批判が、法制上の検討よりは現実の政治の状況によって促されたものであったことがわかる。

（３）日本での反袁・南方支援論

趙内閣の末期、宋教仁の殺害事件や改革借款の調印をめぐって、袁世凱政権と国民党および国民党系都督との間の対立が深まっていたころ、日本の民間世論は南方支援に傾き、日華協会、日華実業協会、日華国民会などの団体を組織して改革借款に反対すると同時に、南方への支援を訴えたといわれている。六月上旬に開かれた憲政擁護会の晩餐会で、尾崎行雄は、袁世凱は日本と敵対関係にあって彼への援助は何の利益にもならず、むしろ南方の勢力を引きつけることが重要であると強調し、犬養も袁世凱の中華民国統一の能力を否定して、外務省の袁世凱政権支持と南北融和の政策を非難した[27]。こうした尾崎や犬養の言動について注目しておくべきことは、国民党系の新聞によって中国国内にも伝えられていたことであり[28]、袁世凱政権に反対する蜂起を勢いづかせる一因になったと考えられる。

第二革命の頃の犬養の中国認識は、辛亥革命当時と基本的に変化はなく、革命勢力を支持し、袁世凱政権の撲滅を目指していたといわれている。[29] この犬養らが結成したのが日華国民会であり、成立大会の様子は中国の新聞でも伝えられていた。[30] 成立大会が開かれたのは三月下旬であり、「規則」では、日中両国民の有志で組織することになっているが、発起人は圧倒的に日本人が多かった。成立大会に参加した中国人の発起人は汪大燮、胡瑛、劉崇傑の三人であったが、日本人は二百余名であった。その日本人のなかには犬養毅、頭山満らがおり、寺尾亨が発起人を代表して開会の辞を述べている。「規則」の第二条によれば、この会は日中両国民の感情の融和によって、協力して東アジアの大局を維持し、両国国民の幸福を増進することを目的としていた。日中両国民の提携が重視されているのであるが、前述の点を参考にすれば、日本側から見た提携先は南方の革命勢力であったということになろう。

この日華国民会の成立大会からしばらくあとに、寺尾と副島義一は北京の日本留学生会の招きで講演を行っている。[31] 辛亥革命の時の南京滞在から帰国したのち、副島は「国民党顧問として亦た任に北京に在り」といわれていたから、[32] この時の彼はそのような立場で北京にいたと思われる。この講演のことが報じられてから約四ヵ月後、第二革命も失敗のうちに終わろうとしていたころ、副島は北京で寄宿していた医師の家への出入りを中国政府から禁じられ、急いで帰国することになる。[33]

日本留学生会の依頼による講演で副島は、中国の現状が必要としているのは中央集権の政治であるが、それは「専横政治」であってはならず、「多数政治」でなければならないとした。この講演からしばらくあとの中国の新聞は、「日本法学某博士」が改革借款は違法であって、国民が承認しないのは当然であると語ったという、北京からの電報情報を掲載している。[34] この「某博士」とは、副島のことであろう。国民党系の新聞は、中国の政治の現状を「行政の専横と立法の脆弱」ととらえていたが、[35] 議会権限を重視する国民党と軌を一にする発言を、副島も展開していたのであろう。一方、寺尾の講演はアジア主義的色彩を帯びたものであり、将来、中国が富強化すれば、日中両国が提携して東方のモンロー主義を提唱し、白人種を東アジアから排除すべきであることを訴えていた。

第三節　第二革命と南京事件をめぐる日本での言論の対峙

宋教仁の殺害に続く改革借款契約の調印によって、袁世凱政権と国民党の対立が激しくなると、日本国内では不干渉主義をとる政府を批判し、国民党や独立を宣言して蜂起に立ちあがった南方の勢力を支援しようとする動きが盛んになった。日本の政界でその中心に立ったのが国民党の犬養毅と、政友会をぬけて政友倶楽部を結成した尾崎行雄であった。そして彼らの言動を報道する新聞自体の論調も、国民党と南方勢力の支援に傾いていったようである。だが案外に軽視されているのは、当時の日本社会には、こうした傾向を批判する人々がいたことである。そのような人々の批判は、中国の革新的勢力に反対する保守的なものとしてすますわけにはいかない内容を有しているように思える。また日本社会でのこうした言論上の対峙は、日英同盟の評価にも関わっていたことに注目する必要があろう。

（1）日本世論の大勢

一九一三年六月一五日付の『申報』に掲載された「日本之新対華策」という記事は、中国の視察旅行から帰国した加藤高明の下関での談話とあわせて、中国の現状に対する日本社会の言動を伝えている。まず冒頭で、日本の政府や伊集院公使の中国に対する態度を、いたって「公平」であると好意的に報道している。それに対して民間には異論があると、新聞の論調と政党指導者の言動をとりあげている。

まず日本の東京以外の新聞では、最も著名であるとして『大阪朝日』と『大阪毎日』をとりあげ、それらの論調は中国の国民党の新聞と同じであるとしている。具体的には六月五日付の「社論」に言及し、それは「袁某」を日本への歴史的な敵対者であると見なし、北方に同情を示すのではなく、南方を援助すべきであると主張していると、要約している。一方、犬養と尾崎については、前者が山本首相を、後者が牧野外相を訪問して、対中国政策に関して申入れを行ったことを述べている。犬養は山本首相に対して、「袁某を幇助するのは国是に違背する乱行」であると語ったと伝え、辛亥革命の時に孫文から政治顧問を委嘱され、多数の浪人や少数の学者を引きつれて南京と上海の間を往復した犬養のことだから、当然の発言だと論じている。他方の牧野外相に会った尾崎は、日本の貿易上の利益のために南方を援助することを主張し、「袁某は日清戦争以来の日本の敵である」と非難したことを、伝えている。

この『申報』の記事が言及している六月五日の「社論」とは、『大阪毎日』に掲載された「両領袖と支那問題」という記事である。この記事の執筆者は、憲政擁護運動を進めてきた犬養と尾崎という二人の領袖が山本首相、牧野外相を訪問するなど、中国問題への関与を強めたことを評価し、「両氏の対支那意見の吾輩平生の主張と殆ど相一致」していると、歓迎している。他方、政府に対しては、その不干渉・公平不偏の政策が「多く北方に聴いて深く南方に接近する能はず」と、実質的に袁世凱政権の支援となっていることを批判している。袁世凱が現在の地位を維持できるのは、列国による操縦と擁護の結果であるとする一方で、日本との関係については、朝鮮での甲申政変以来の事件をあげて、敵対の歴史を振り返っている。そして最後に、理論、実利、歴史的関係、名分、中国の現状いずれからしても、袁世凱政権を支持するのではなく、「南方の親むべく援くべきを確信せずんばあらず」と、国民党・南方勢力への支援を明言している。さらに日本の民党が南方に多くの同情を有して政府の失政を批判していることを歓迎し、よりいっそうの奮闘努力を訴えて文章が結ばれている。

当時、山本内閣の外務大臣であった牧野伸顕のもとには、対中国政策をめぐってさまざまな団体が押しかけていたようであるが、彼は「支那研究会」に注意を与えた発言を、次のように回想している[36]。日本では、その関係の深さから、「勢ひ支那の内政に立ち入りて論評するを免れざる所なるが、その当路者、又は社会的に重要なる名望家の人為りに付き無遠慮に詮議立てして、皮肉の人物評を敢てするが如きは、我に於て何等の利益なきのみならず、彼にとりては不快の感を起さしめ、延ては国交を害すること少くなし」。牧野は、具体的な人名をあげているわけではないが、袁世凱に対する人物評などを念頭においていることは間違いなかろう。牧野は、中国の内政や政治指導者に対する日本人の無遠慮な論評を、外交にも影響を生じさせるものとして批判しているのである。

中国の第二革命での南方支援のために、犬養らが結成したのが対支那外交協議会である。先の『大阪毎日』は、翌日の六月六日に「対支那外交協議会」という記事を掲載している。結成の提唱者とされているのは犬養と尾崎であり、主な活動目標は、すでに引き渡した借款の使途の厳重な監視と、今後の借款引き渡しの延期を日本政府に行わせることにあり、それによって袁世凱政権の対南方軍事力を低下させようとした。第二革命の過程で南京事件などが起きると、中国政府に対する日本社会の強硬論はいっそう激しくなった。南京事件などをめぐる出兵論に犬養は反対したといわれているが[37]、彼は尾崎とともに「帝国主義的言辞を弄し」ており、それは「護憲運動の堕落」であったといわれている[38]。南京事件などをめぐる犬養らの言動は、当時の中国の新聞でも報道されており、出兵論とは区別しつつ、彼が頭山満らと南京事件有志会を結成し、北京の山座円次郎公使に対して強硬な主張を維持するように打電する一方で、日本政府には外交交渉での補償をまず勝ち取るように求めたことを伝えていた[39]。

『大阪毎日』（一九一三年九月一四日）の「軟弱なる我が要求」は、南京事件をめぐる中国政府との交渉に関して、日本の外務省が山座公使に打電した要求内容を厳しく批判し、「半開国」で「無政府的無秩序」がいつ生じるかわからない国であり、袁世凱や張勲といった「人道の念なく、民を視る草芥の如く」である政治家・軍人を擁する中国を相手として、「一等文明国」に対するような要求を提起すべきではないとした。さらに翌々日の「膺懲及保障的条件を増加せよ」は、よりいっそう厳しい要求を提起すべきだとしたうえで、もしその要求を受け入れず、あるいは受け入れても実行する能力がない場合には、「我は進んで袁総統の退位を求め、我が要求を事実上貫徹せしめ得るの力あるものをして代らしむるか、然らずんば我が実力を以て自由に行動すべきのみ」と、袁世凱を退位させてでも要求を貫徹すべきであることを主張すると同時に、それが不可能な場合には出兵することまで示唆しているのである。(40)

ただ中華民国が承認されてからは、『大阪毎日』の論調にかなり変化が生じ、「支那共和国成立」(一九一三年一〇月八日)という記事は、これまで袁世凱を非難し続けてきたことを認めたうえで、「然れども隣邦の安寧秩序を維持し、其福利を進むるに於て彼以外其人なしとすれば、隣邦の富強に最も利害深き我国民の豈漫りに彼に反対するの理由あらんや」と述べている。こうした論調の変化には、中華民国の承認という事実が最も強く影響していたであろうが、袁世凱を中国の正当な統治者と認めて対中国政策を推進するか、それとも他に適当な政治指導者を見出すかは、まだ検討すべき課題として日本に潜在していた。これが顕在化する契機となったのが、第一次大戦の勃発である。

一方、『大阪朝日』は微妙な報道を展開していた。第二革命の時期の『大阪朝日』の社説は、「多少の揺れはありながらも袁世凱に傾斜し続けた」といわれているが、(41)そこには北京特派員であった神田正雄からの情報が影響していたのかもしれない。袁世凱臨時大総統が南方の国民党系都督を罷免したころ、今日の中国を支え得る人物は袁世凱以外にはいないというのが、「北京外交団の確定説と観ても宜しい」と、神田は伝えていた。したがって、日本政府の外交が「袁世凱本位に過ぎるのを矯正する目的で」、在野の人々が運動を開始したとのニュースが伝わると、北京の列国外交官は「奇異の感に打たれた如く」に質問してきたことも伝えていた(42)。この神田の北京からの記事の二日後の『大阪朝日』に掲載された「北京公使更迭」（一九一三年六月二三日）は、中国駐在公使の伊集院から山座への交代を論じたものであり、この交代が「伊集院氏の南方革命派に喜びられざるがための故に、山座氏を以て之に代ふるの意より出でたるものとせば、吾人は其の大誤たる可きを断言するに躊躇せず」とし、「今日の支那政局が袁世凱氏によりて、収拾統一され可きことの、最も都合好き傾向を有し居ることは」、伊集院のみならず、欧米列国公使の共通した考えであることを述べている。

『大阪朝日』（一九一三年六月三〇日）に掲載された「親日とは何ぞや」は、有賀長雄の顧問期間延長などを論じたものであり、モリソンも含めて外国人顧問が実質的な意味で袁世凱によって必ずしも重用されてはいないことを指摘し、「邦人中には袁氏の到底日本の良友たる望み無く、寧ろ袁氏を政界より駆逐し、孫、黄一派をして支那の当局者たらしめ、渠等の親日感情を利用して、我が国権の伸張を図る可しとの説を為すものあれど、此点に於ては孫も黄も将袁も、決して区別するに足らず」と、日本の南方支援論者を批判している。

また七月二二日付の同紙は、「支那の商業会議所」が日本の南方勢力支援に対抗して日貨排斥を呼びかけたという北京からの情報に対して、日本の南方支援といった事実はないとしつつも、「吾国の政論家中往々袁世凱の人物を嫌悪するものあり、感情の激するまゝ時には孫黄に同情するの言論を為すことあるが為なるべし」と、日本社会にある反袁・南方勢力支援の風潮の結果であると、そのような言動を批判的に報道している。なお中国の全国商会連合会は実際に日本公使館に抗議に出向いており、七点の証拠をあげて、日本人の第二革命支援を取り締まるように、申し入れを行っている(43)。

以上のように、袁世凱臨時大総統の下での事態の収拾と中華民国の統一維持を列国と協調して進めて行くべきであるとする記事が掲載される一方で、当時の『大阪朝日』には別の論調も見られた。その一つが、七月二三日から連載され始めた「支那の南北戦争」である。一九一三年七月二六日付の連載（四）では、「南軍必ずしも悲観するに足らぬ」と、南方の軍事力が劣っているわけではないことを指摘しつつも、問題は列国の支援がまったくないことであり、「飽迄南軍の為に声援を吝まぬものは、心細くも我が民間の志士あるのみに過ぎぬ」と、日本の在野の勢力が例外的な支援者であるに過ぎないことを認めている。だがこの記者の、袁世凱政権反対の立場は明らかである。辛亥革命によってまかれた「民主的新思想」の種が成長し発育する時期において、専制を夢見ている袁世凱は決して唯一無二の統治者ではなく、「袁世凱にあらずんば支那を統一し得る適材がないと云ふ信仰に帰依することは出来ぬ」と、これまでの記事にあったような袁世凱評価と立場を異にしている。

連載最後の（五）（一九一三年七月二七日）では、今回の南北抗争の意義を述べている。連載（四）での論述の一部からもわかるように、この記者は辛亥革命に中国史上の大きな思想的変化を発見しようとしている。このような見方が、（五）ではより鮮明である。「南軍の勝利は新しき支那の勝利を意味する。新しき支那は革新を意味し進歩を意味して居る」と、袁世凱政権と比較した南方の政治勢力としての質的違いを指摘しており、したがって南北抗争は単なる権力闘争ではなく、「新旧思想の衝突」であるということになる。もはや事実の報道を越えて、南方勢力への肩入れは明らかであり、たとえ今回の革命が失敗に終わったとしても、第三、第四の革命によって、南方が最後の勝利をおさめるのは明らかであるとする。

この「支那の南北戦争」と論調がよく似ているのが、一九一三年一二月四日付の『大阪朝日』から連載が始まった、北京からの蒼鷹公という筆名による「支那の将来と日本国民の覚悟」という記事である。記者は連載の（三）（一九一三年一二月六日）において、第二革命以降の国民党と袁世凱政権との対立を、「現代的自由思想」と「旧式的反動思想」という質的に相違する二つの思想の衝突に基づくものであると理解している。この対立のなかで、中国民族の運命の鍵を握っているのは、前者の思想を代表する「青年党」（国民党）であり、したがって日本は彼らと協力すべきであり、そうすれば「支那に於ける欧米人士の跋扈を防止し得るの利益」があると述べているのが、連載最後の（十二）（一九一三年一二月一五日）である。

ここで新しい内容といえるのは、日本と中国の南方勢力との提携による欧米諸国の中国からの排除という視点が提示されていることである。自滅しつつある中国を救済するのに、もはや日英同盟は有効ではなく、新しい中国保全の形式が考慮されねばならなかった[44]。「青年党」による「新支那と共に提携して、西力東漸の勢に抗するを以て得策なりと信ずるなり、是れ即ち新時勢に応ずる形式を異にせる支那保全にして、吾が国家の安全を企図すると共に、又旧支那を葬つて新支那を保育する所以なり」と、南方勢力との提携とあわせて日英同盟の放棄も示唆しているのである。

この頃の孫文は、袁世凱政権の打倒による革命勢力の政権樹立を最大の課題としており、そのために同政権を支持していたイギリスを中国から排除することを目指していたといわれているから[45]、前述のような日本人の言論とは極めて近い関係にあったといえよう。中国の将来を担う政治勢力として、進歩党の一部に期待する声も日本社会になかったわけではないが、このような言論もこと袁世凱に関しては、その道義的な面も含めて厳しい評価を下している。袁世凱の「行跡を見るに詐譎権変常なくして胸中一点の誠意を有せず、国を賊し民を損ふの奸物たるに於て、一の間然する所なし」と非難し、当時の日本人がよく言及した戊戌政変以来の彼の行状を指摘して、中華民国統一の任に当たらせるべきではないとする[46]。

いうまでもなく、副島義一も袁世凱政権への批判論者であった。ただ臨時約法の草案づくりに関与した法学者として、独自の理由を提示していた。それは、中国の政治における議会による行政の監督や国民の参加の欠如であり、そのことによって「国家発展の根源を枯渇し、国民をして内に在りては萎靡振はず、外に対しては競争の落伍者と為り、従て国家保全の大義に背反せしむる」ことになると、批判していた。副島がさらに強調するのは、このような事態に対する欧米諸国と日本の関係の違いである。経済的利害にしか関心のない欧米諸国にとっては、袁世凱政権のもとでの政治の結果がもたらす影響はさして大きくないが、日本の場合は、「恰も類焼に罹りたると同一の運命に逢著するを」免れないことになるのである。したがって彼からすれば、「欧米人の後へに追随して小利権の分与を受けて得々たるの状あるは無定見も亦た甚だし。吾人は須らく支那隆興の根基の築造と培養とに向て努力」せざるを得ないことになる。[47] 副島の場合も、袁世凱政権批判は明らかであるが、加えて明示こそされてはいないものの、日本の独自外交の追求も関心のうちにあったと考えてよいであろう。

(2) 大勢を批判する知識人

このように見てくると、第二革命直前の頃の『大阪朝日』を例外として、日本の言論界は全体として袁世凱政権批判と国民党・南方勢力支援に傾いていったかのようである。実際に、こうした言論が大勢を形成したところに、当時の日本社会の特徴があった。しかし孫文を中心とする歴史観に制約され、これまであまり注目されることがなかったが、大勢を形成したこうした言論に対して、批判を展開した知識人もいたのである。

第二革命をめぐる日本社会の南方勢力支援論を批判した学者の一人が、浮田和民である。浮田は、日本社会での「反袁的感情」を刺激する干渉論に反対し続けたが、彼の不干渉論は、以下の三点に要約できるとされている。第一に、列国の意向に反して独自に行動できるだけの実力を、日本は欠いている。第二に、他国の政治制度は任意に創出できるわけではなく、現に存在している政府を承認する以外にはない。第三に、いかなる政府でも、政治が安定しさえすれば日本の利益になる。[48] この三点をまとめた政策論は、袁世凱政権を前提とし、列国と協調した対中国政策の推進ということになろう。彼からすれば、中国に関して日本が最も必要としていることは政治の安定であり、その政治の安定がいかなる政権によって保障されるかは、日本人の関与する問題ではなかったし、ましてや特定の政権の樹立に向けて介入すべきではなかった。

第二革命の翌年になると、天壇憲法草案の起草終了を受け、浮田は新しい問題も含めて中国論を展開している。まず辛亥革命以来の日本での中国論に言及し、「国体」の保守にしろ「憲政の発展」にしろ、「日本人の理想又は感情に根拠した議論」を展開したところに誤りがあったと指摘している。また日本人の袁世凱観にもふれ、「彼れの素行及び過去の経歴に於て幾多の罪過」があったとしても、それは日本には関係のないことであって、「唯一正統の権力者は袁世凱である」と、浮田は見なしている。

それでは、その袁世凱の政権のもとで、いかなる憲法が制定されるべきであろうか。浮田によれば、「今日の支那は活発なる立法権よりも鞏固なる行政権を要する時期であるから主権の所在も合議制の立法部にあるよりも単頭制の行政部にある」ほうが、内外の平和と秩序を維持するうえで適当であった。このような観点からすれば、国会で起草が行われた天壇憲法草案には欠点があった。彼が具体的に批判している内容は、衆議院の大総統による国務総理任命に対する同意権と国務員に対する不信任決議権である(49)。ここからわかるように、浮田の天壇憲法草案批判は、中華民国政府の顧問であった有賀長雄が「憲法持久策」で論じた内容と、ほぼ同じであった。

第二革命に関して、浮田と近い見解を提示していたもう一人の学者が、末廣重雄である。末廣は同じ京都帝大のなかで、中華民国の領土問題をめぐって内藤湖南と意見を異にしていたが、袁世凱に対する評価も対照的であった。内藤は袁世凱を、「異常なまでに嫌悪していた」といわれており、この点では、当時の日本の一般的な風潮と大差はなかった。感情的な点はともかくとして、内藤は、「中央集権主義を復活させようとした」こと、清末以来の改革を徹底することなく、「革命の成果を反故」にしたこと、外国人顧問を置きながら、「みずからの排外主義」と相容れない場合には、助言に耳を貸さなかったことの三点において、袁世凱による政治の失敗を指摘したとされている(50)。

一方の末廣は、第二革命には正当な理由がないことを指摘したうえで、「建設的の大手腕」を望むことはできないと、中華民国の建国という課題に対する孫文の指導能力を評価していない。それに対して袁世凱は、道義的な問題はともかく、「支那を切り盛りする手腕のある第一の人物」であると、高い評価が与えられている。それでは日本は、中国の事態にどのように対処すべきなのか。彼は日本の現状について、「南方に同情を寄せるものが少なくない様に見受けらる」と理解したうえで、情による対処を批判する。これが日本の世論と異なる点であり、末廣によれば、情によって南方勢力を支援すると、「南北の分離を促がす危険」があり、これは日本にとって非常に不利な状態を生み、十数年来の対中国外交の基本方針に反することになる、としている。彼は袁世凱政権側の勝利を予測し、また期待してもいるのであるが、その理由は、一日もはやく新憲法をつくり、正式大総統を選出して新政府を樹立し、列国の承認を得ることが、日本のため、極東の平和のために重要だと考えたことにある。(51)

臨時約法が公布され、南北統一の中華民国が誕生したのち、宋教仁殺害事件と改革借款問題が表面化するまでの約一年間、中国政治の安定は維持されるかに見えた。だが実際には、組閣には常に時間を要し、できた内閣も短期間で交代した。この組閣あるいは改革借款調印のような重大な政策をめぐって、しばしば現れたのは地方の都督らによる議会に対する圧力である。こうした問題とも関連して、中華民国建国の基本法としての臨時約法の欠点が、かなりはやい時点から指摘されていた。

第四節　臨時約法に対する批判の噴出

(1) 日本での議論

浮田和民は第二革命を批判し、袁世凱の臨時大総統としての地位の正当性を認め、逆に孫文については、建国の指導者としての能力を評価しなかった。そして国会で起草が行われた天壇憲法草案に対しては、衆議院の大総統による国務総理任命に対する同意権と国務員に対する不信任決議権を批判していたことを、先に述べた。同じ論文のなかで、彼はさらに続けて、このような権限を有する議会は「立法権のみならず併せて行政権をも掌握」することになり、そうであれば「憲法政治の一要件たる三権分立の主義」に反することになるとする。このような憲法が制定された場合、「支那は無政府の状態に陥るの外なかろう」と、浮田は判断している。だが議会権限に焦点を当ててみた場合、この天壇憲法草案は臨時約法に比較して、相対的に弱められていたのである。

日本での臨時約法に関する議論は、袁世凱の死後、とくに南北間の対立が激しくなるなかで盛んになった。この時の議論の焦点も、浮田が指摘したような問題に関係していた。南北両政府の分立と対立という状況のなかでの臨時約法をめぐる議論は、のちに詳しくとりあげることになるので、ここでは、東亜同文会が発行していた『支那』誌上での議論の要点のみを紹介しておこう。

袁世凱が帝制の復活に失敗して死去したのち、すぐに問題となったのが、臨時約法（旧約法）と袁世凱政権のもとで一九一四年五月に公布された中華民国約法のいずれによって政治制度の再建を行うのかということであった。この問題に関して、同誌の第七巻第一二号（一九一六年）の論説「南北遂に妥協乎」は、もし旧約法が復活した場合には、「袁派の勢力失墜するの憂」があるとしていた。重要な点はその理由であり、「旧約法は主権を国会に集め、大総統以下国務員の権力を殺ぐこと甚だしく、国務員の任命も亦国会の承認を経ざるべからざる不便」があると、まず議会優位の基本法であることを指摘している。この旧約法が復活し、それにともなって「南方派大多数」の旧国会が再召集されると、「国事南方派の意のまゝに処分」されることになるとしている。

臨時約法の欠陥と、それによる政治の弊害についてより詳しく論じているのが、同じ『支那』の第八巻第一二号（一九一七年）の論説「北京の政変」である。この論説も、国務員の任命にあたって議会の同意を得なければならないことを問題点として指摘し、世界でも異例の基本法であると見なしている。このような異例の規定があるために、国務員の一員として議会の同意を得た国務総理でも、政策論を共通にする閣僚を選任できるとはかぎらず、内閣としての一体性を保障することができない点を批判している。袁世凱の死後しばしば紛糾が生じたのは、これが大きな原因になっているとしているが、理論上は、新約法（中華民国約法）の制定以前の中華民国にも適用できる指摘であろう。国務総理段祺瑞が日本の支援を得ようとしたり、督軍の兵力に頼って議会に圧力を加えようとしたのは、こうした議会からの掣肘に対してみずからの地位を守ろうとしたからであるとし、それは決して当を得た手段ではないが、「旧約法の桎梏の下に立てる其苦衷に至つては、又之れを諒とするに吝かならざるなり」と、やむを得ないことと容認している。臨時約法のもとでの国務総理は、解散という議会に対抗できる法的手段を欠いていたのである。

（2）中国における批判

以上のような日本での議論にも見られる問題も含めて、臨時約法の基本法としての欠陥の指摘や、解釈の変更あるいは条文の修正の提案は、実ははやい時点から中国で行われていた。最初の正式国会に期待された最大の使命は憲法の制定であったが、内容上の重要な問題としては、国務員の任命に対する議会の同意権、副総統の存廃、議会に対する大総統の解散権の三つが、新聞紙上で指摘されていた。[52]「憲法上三大問題」というこの記事では、内閣制を採用するのであれば、議会の同意権は必要であるが、むしろ議会から選出して「強有力な国会政府」を樹立したほうがよい、という意見を提示している。議会解散問題については、内閣制を採用し、議会に倒閣の権限がある以上、当然、大総統には議会の解散権が必要であるとしている。ただし一定の制約が必要で、「上院」は解散できず、「下院」の解散にあたっても、「上院」の同意が必要であるとする。この主張に基づけば、少なくとも解散権問題に関しては、正式憲法の制定にあたって、現行の臨時約法の条文を修正する必要があった。副総統の存廃は、それほど重要な問題ではなかろう。

国務員の任命に対する議会の同意権は、臨時約法をめぐる議論の一つの重大な争点となった。同意権問題について、臨時約法のような規定をそのまま採用すべきであるとする意見は少なかったことに、まず注目しておく必要があろう。それは臨時約法の規定に従っていたのでは、内閣を安定して維持するのが困難であることは明白だったからである。一つの修正意見は、この問題に関する臨時約法の趣旨をよりいっそう徹底するものであった。すなわち国務員を議会が選出し、大総統は拒否することなくそれを任命するという案であり、前述の「憲法上三大問題」の意見とほぼ同一である。この論者には独特な内閣制論があり、内閣を責任内閣＝政党内閣＝議院内閣と同一視し、それらはまた「国会政府」とも称するという立場をとっているのである。このような議会と政府の関係においては、この論者からすれば、後者は前者の「委員会」のようなものでしかなかった。予想される三権分立論からの批判に対しては、それは決して不滅の学説ではないと、むしろ三権分立の侵害を容認している(53)。

以上は『民立報』紙上の記事での意見であるが、当時の国民党の憲法案はこれとまったく同じだったわけではない。宋教仁が起草した「国民党大政見」では、同意権問題に関する臨時約法の規定に不備があることを認めたうえで、国務総理は衆議院で選出し、その他の国務員は総理が任命する案を提起している(54)。これは、陸徴祥内閣の新任国務員全員への議会の不同意に対する『申報』の批判と、実質的に同じ趣旨の提案であるが、こうした考えは、臨時約法の解釈案として、『民立報』紙上でこれ以前から提示されていた。

それは、やはり陸徴祥内閣の国務員案が参議院で不同意となった時のことであり、こうした事態が出現した根本的な原因は臨時約法にあるとし、第三四条にある「国務員」を個々の閣僚ではなく、内閣全体を指す名詞として解釈することを提案している。そのように解釈すれば、議会の同意は国務総理について行えばよく、他の閣僚については総理に一任できる、というのである。修正ではなく、解釈として提案したのは、現実の政治への効果をはやめるためであった。そうであるが故に、宋教仁のように国務総理の議会での選出までは踏み込めなかったのであろう。国民党が求めていた政党内閣との関係については、同意権について現行のような解釈をしていたのでは、それは生まれようがないと、正当な理解を示し、むしろこのような障害を除くことが、政党内閣誕生の前提であることを強調している(55)。

国務員の任命に対する議会の同意権と政党内閣の関係について、同じ国民党系の新聞紙上の記事でも、意見が一致していたわけではない。『民立報』に一九一三年一月一二日から連載された「大総統之権限問題」という「政論」では、一六日付の部分で、議会を解散する権限の欠如は内閣制の原則に反すると指摘するとともに、国務員に関しては、大総統による国務総理の選任を議会の多数党のなかから自由に行わせなければならないとする意見も示していた。これについては、大総統が議会の多数党のなかから国務総理を選任することをどのように担保するのかといった疑問が当然生じてくるが、国民党の主流とは異なった意見であることは間違いない。

しかしこれは例外ではなく、所属している国民党とは異なる意見を自覚的に提示している場合もあった。それは、弾劾権の行使と両立しないこと、三権分立に違反することの二つの理由で、大総統の「中央官吏」の任命には、国務総理も含めて、国会は絶対に関与すべきではないというものであった。この論文は議会の解散権についてもふれており、責任内閣制の国では必ず政府に議会の解散権があるとし、議会に政府の弾劾権を認めておきながら、議会の解散権を認めないのは権限の配分に均衡を欠くものであるとして、国民党の方針を批判している。また「国会政府主義」に対しても、議会と政府という二つの機関の区別を曖昧にするもので、取り消さなければならないと主張している(56)。

この論文の後半部分の主張は、梁啓超のそれにかなり近いものであった。彼は「同意権与解散権(57)」という文章の冒頭で、臨時約法にある同意権と、議会の解散権の関係は将来の憲法制定上の最大問題であり、言論界の論争の焦点となっているという現状に言及して、本論の叙述に入っている。まず同意権について、それは「法理上責任内閣主義に抵触するし、政治上はさらに百害あって一利なし」だと厳しく批判し、国務総理一人に対する同意権も採用してはならないとしている。梁啓超は議会の解散権にも言及しており、弾劾権があって解散権がないのは、法理上不公平で、政府の独立機関としての性質を失わせるだけでなく、現実の政治にも悪影響を及ぼすと述べ、「解散権というものは、法理・政治双方から見て必ず必要なものであり、責任内閣制をとらないのであればともかく、とるのであれば論争の余地はない」と、政府の必要不可欠な権限であると見なしていた。

国民党以外からの臨時約法批判は、当然このような意見を共有していた。進歩党所属の参議院議員であった藍公武は、まず臨時約法の形式的な面について、全体としてフランスの制度を模倣していると判断したうえで、例外的に第三四条だけはアメリカの制度をとりいれており、責任内閣制の趣旨と一致していないという批判を提示している。第三四条を適用して、国務員の任命に議会が同意権を行使した場合は、内閣が成立しにくいなど四つの弊害があって、責任内閣制には適当ではなく、国務員の任命は大総統に委ねるべきであるとする意見を示している。また正式憲法の制定時には、大総統の議会解散権を含めるべきであるとも述べている[58]。

別の意見では、臨時約法での議会の権限は極めて強大であり、政府の一切の行政はすべて議会での議決・承認が必要であると極論する人もいることを批判している[59]。同じ論者は、臨時約法での国務員の任命に対する議会の同意権については、法理に違反しているばかりか、行政府の独立を侵害しており、このような制度を採用していては、国務員が連帯して責任を負う責任内閣制は定着しないと、修正を求めている。そのうえで具体案としては、国務総理は大総統の任命に、他の国務員は総理の選任に委ねてこそ、責任内閣、政党内閣が実現すると主張している。また議会の解散権についても、国務員の弾劾権を議会に認めている以上、当然、大総統にそれを付与すべきであるとしている[60]。

以上のような臨時約法批判のなかで、すでに議会の解散に関する問題もとりあげられていたことがわかる。同盟会・国民党系の新聞のなかでも、責任内閣制を採用する以上、議会の解散に関する規定が必要になることは、かなりはやくから認識されていた。問題はそれを無条件で適用するのか、それとも一定の条件のもとで承認するのかという点にあった[61]。その条件の具体案が、すでに言及した記事のなかにもあったように、解散の対象となるのは「下院」のみで、「下院」の解散についても、「上院」の同意が必要であるとするものであった。同盟会・国民党系の新聞であるから、議会の解散に慎重な意見がなかったわけではない。しかしそれは、国務員に対する不同意の場合という解散権を行使する条件や、統治機関の一時的欠如という実際上の問題を考慮したものであり、「議会を解散し、再召集して国民の公意をうかがうのは、先進国ではもとよりしばしば見ること、少なくない」と[62]、近代国家の法制上の問題としては議会の解散を承認せざるを得ないことを、はやくから認めていたのである。

このように、同盟会・国民党系の新聞も含めて、臨時約法には趣旨の矛盾する点や、修正すべき点があることがはやくから認識されていた。すでに言及した問題以外に、第三五条での大総統の宣戦・講和および条約締結について、議会の同意権があまりに包括的であるとし、人民の権利義務や領土の変更に関係するとか、重い負担をともなう条約の締結や宣戦に限定すべきであるとする修正案が提示されていた[63]。

梁啓超は臨時約法の第三八条に関する問題もとりあげており、法律の発案権は議会と政府双方にあるが、実際の提出は大部分が後者によっていることを指摘したうえで、「もし責任内閣制をとるのであれば、発案の名義は政府とすべきで、総統としてはならない」と、同条に対する批判を提示している[64]。内閣制を採用するのであれば、当然の指摘である。唐紹儀内閣の時からすでに見られ、やがて参戦問題をめぐって激しくなる大総統府と国務院の対立を生じさせないためには、内閣制の観点からすれば、これも臨時約法の不可欠な修正箇所であった。

臨時約法には基本法としてかなりの欠陥があり、同盟会・国民党およびその系統に属する新聞でも、その点は認識されていた。臨時約法の欠陥は、何よりも内閣のたび重なる交代と組閣難によって自覚された。したがって南北統一の中華民国が誕生してはやいうちから、臨時約法の問題点と修正意見が提示されていた。だが『民立報』を見るかぎり、それまで掲載されていた臨時約法への批判や修正論は、一九一三年四月の初め頃をさかいに紙面から姿を消してしまう。宋教仁の殺害と改革借款の調印強行による第二革命の勃発は、臨時約法の修正論をふまえた正式憲法の制定による中華民国の法制整備と政治の安定という道筋を閉ざすことになったのである。

小　結

臨時約法の公布と統一中華民国の成立以後の政治が直面した緊急の課題は、国内的には法制の整備であり、対外的には国際的な承認の取りつけであったろう。そのような観点からすれば、辛亥の年に続く革命の歴史として第二革命をもち上げることは無意味であるし、それを支援した日本人に対する評価も再検討の必要があろう。当時の中国の現実に即して考えてみた場合、何よりも重要なことは、統一中華民国を立憲国家として実質化するための政治諸制度の確立であった。しかしその確立は、順調には進展しなかった。なかでも重要であったのは、組閣の困難である。もし通説的にいわれるように、臨時約法が内閣制を採用していたとすれば、理論上このようなことは生じなかったはずである。この点は、現在の研究者があらためて指摘するまでもなく、当時の中国や日本においてすでに言及されていたことであった。

問題の焦点の一つは、国務員の任命に対する議会の同意権と議会の解散規定の欠如であった。『支那』の論説が指摘するほどに、臨時約法が世界のなかで異例のものであったかどうかは、憲法の比較的研究を待たねばならないが、各国務員の任命に対する議会の同意権行使は、内閣の政策面での一体性を阻害する可能性があったし、そうであるが故に、同時代の中国人の言論にあったように、政党内閣の樹立を困難にすることにもなった。もし議院内閣制のもとで政党内閣を樹立しようとするのであれば、これも当時の主張にあったように、議会で承認された国務総理に他の国務員の人選は委ねるべきであるし、そうすれば、国務院官制にある国務会議での政策案の決定も容易に行い得たであろう。

臨時約法の内容では、国務総理は議会に対抗できる手段が皆無に等しかった。解散規定が盛り込まれていれば、議会に対する法的圧力となり、国務員に対するむやみな不同意を制約することもできたであろう。しかしこの規定がないが故に、政府側としては、同意が得られるまで人選をやり直し続けるしかなかった。この間、当然、内閣の政策立案に空白が生じることになったし、内閣の不安定は、行政府内における臨時大総統の地位を押し上げることになった。

もう一つの焦点は、臨時約法における大総統制と内閣制の曖昧さである。そもそも国務総理も含めて、国務員の任命権は大総統にあった。したがって国務員案への議会の不同意によって、組閣が困難になれば、大総統が議会との交渉に臨むのは当然のことであった。しかも議会の解散権がない状態では、その交渉に非公式の手段も採用されやすかった。梁啓超の臨時約法に対する批判点の一つにあったように、議会に対する法案提出権を認めていることは、政策の立案に大総統が介入できる根拠となったし、現実に内閣が不安定であれば、むしろ主導権が大総統府へ移行さえした。

臨時大総統に就任した袁世凱に対して、同時代の日本人の多くは、法制上の面からではなく、歴史をさかのぼって道義的な批判をくわえた。しかし袁世凱の臨時大総統就任には、何の不当性もなかった。考察すべき重要な問題は、当時の中国がおかれていた条件のもとで、どのようにして立憲国家の形成を進めるのかという点にあった。ただひたすら議会の権限を強化すればよいというものではないことは、明らかであった。当時の日本で数少ない冷静な中国観察者であった浮田和民は、行政府の強化こそを重視していたのである。

（1）野沢豊「辛亥革命と日本の外交――日本における袁世凱認識との関連において――」『近きに在りて』第二〇号、一九九一年。浅野真知「袁世凱政権の善後借款に対する政策――議会をめぐる問題を中心として――」『近きに在りて』第三二号、一九九七年。

（2）横山英『辛亥革命研究序説』新歴史研究会、一九七七年、九三～九九頁。楠瀬正明「中華民国臨時約法の一考察――主権論を中心として――」『地域文化研究』第一七巻、一九九一年。

（3）山本四郎「第一次山本内閣の研究」『史林』第五〇巻第五号、一九六七年。波多野勝『近代東アジアの政治変動と日本の外交』慶應通信、一九九五年、一六七～一六八頁。

（4）北岡伸一『日本陸軍の大陸政策　一九〇六―一九一八年』東京大学出版会、一九七八年、九八～九九頁。

（5）櫻井良樹『辛亥革命と日本政治の変動』岩波書店、二〇〇九年、二六五頁、二七五頁。

（6）同右書、二六八頁、二七一頁、二七六頁。

（7）馬場明「書翰にみる駐清公使伊集院彦吉――露蒙・英蔵・借款問題――」『国学院大学紀要』第三一巻、一九九三年。

（8）『民立報』一九一二年二月二八日。

（9）『民立報』一九一二年三月一二日。

（10）『民立報』一九一二年二月一日。

（11）『民立報』一九一二年一月二二日、二月四日。

（12）『大阪毎日新聞』一九一二年一月二二日。

（13）『申報』一九一二年二月六日。

（14）駱恵敏編・劉桂梁等訳『清末民初政情内幕――《泰晤士報》駐北京記者袁世凱政治顧問喬・厄・莫理循書信集』上（一八九五―一九一二）、知識出版社、一九八六年、八七九～八八一頁。原文は、Lo Hui-min ed. *The Correspondence of G.E. Morrison I 1895-1912*, Cambridge University Press, 1976.

(15)『申報』一九一三年二月二五日。
(16)『民立報』一九一三年三月一三日。
(17)「対支問題」『吉野作造選集』七（中国論一）、岩波書店、一九九五年。
(18)佐藤三郎輯『民国之精華』（沈雲龍主編近代中国史料叢刊第五輯、文海出版社）「中華民国議会史」一九頁。
(19)『申報』一九一二年四月一日。
(20)『民立報』一九一二年六月二三日。『申報』一九一二年七月二〇日。
(21)田中比呂志『近代中国の政治統合と地域社会——立憲・地方自治・地域エリート』研文出版、二〇一〇年、一八二〜一八三頁。
(22)『申報』一九一二年八月二日。
(23)七月二八日の北京桂園生からの「支那現時の政界」（『大阪毎日新聞』一九一二年八月一一日）。
(24)『民立報』一九一三年一月三日。
(25)副島圓照「善後借款の成立」小野川秀美・島田虔次編『辛亥革命の研究』筑摩書房、一九七八年。浅野真知前掲論文。
(26)『民立報』一九一三年六月八日。
(27)兪辛焞『辛亥革命期の中日外交史研究』東方書店、二〇〇二年、四三五頁。
(28)『民立報』一九一三年六月一三日。
(29)児野道子「孫文を繞る日本人——犬養毅の対中国認識——」平野健一郎編『近代日本とアジア——文化の交流と摩擦』東京大学出版会、一九八四年。
(30)『申報』一九一三年四月一〇日。
(31)『順天時報』一九一三年四月一七日。
(32)「支那共和政体に関する有賀・副島両博士の論争」（上）『早稲田講演』第四巻第六号、一九一四年。
(33)『民立報』一九一三年八月一五日。
(34)『民立報』一九一三年五月六日。

(35)『民立報』一九一三年六月四日。
(36)『回顧録』Ⅲ、文芸春秋新社、一九四九年、二八頁。
(37)黄自進「辛亥革命に対する日本人の反応：理想像とその消滅」孫文研究会編『辛亥革命の多元構造』（孫中山記念会研究叢書Ⅳ）、汲古書院、二〇〇三年。
(38)山本四郎前掲論文。
(39)『大公報』一九一三年九月一三日。
(40)のちに『太陽』の編集を担当するジャーナリストの浅田江村は、南京事件をめぐる日本社会の異様な状態を、次のように批判的に述べていた。「此間猛烈なる言論は旺んに行はれ、或は南京占領といひ、或は膺懲的出兵といふ如き乱暴なる言説は、白昼臆面もなく傍若無人に行はれ、似非国民大会となり、狂愚なる女壮士の出現となり、所謂輿論の外務省包囲となり、而して遂に罪もなき阿部政務局長の闇打となり、南京蛮兵の暴状を図らず帝京泰平の巷に展開するに至れり」。浅田の批判の眼は新聞にも向けられ、「事件突発真相未だ明かならざるに拘らず、遮二無二出兵占領を呼号せる対支同志会の危激なる言説に次ぎ、衆愚迎合を以て販売政略の一大要件とする多数新聞紙は競うて煽動的、挑発的、迎合的意見を採録するに努めたるが……」と述べている（「南京事件に対して」『太陽』第一九巻第一三号、一九一三年）。
(41)後藤孝夫『辛亥革命から満州事変へ——大阪朝日新聞と近代中国——』みすず書房、一九八七年、四二頁。
(42)『大阪朝日新聞』一九一三年六月二一日。
(43)『申報』一九一三年七月二七日。
(44)この記事は「満蒙論者」には批判的で、満蒙の占領論に対しては、経済的価値の低さ、対露防衛のための軍事費の増加といった点から反対し、「支那天富の中心たる長江沿岸及び浙江地方」に進出することを勧めている（「支那の将来と日本国民の覚悟」（十）『大阪朝日新聞』一九一三年一二月一三日）。第二革命をめぐる日本社会の動向に対してイギリスも懸念しており、同国の新聞では批判が多かったようである。このために日本政府も、中国の領土保全と厳正中立をあらためて弁明せざるを得なかった（「革命後の外交」『支那』第五巻第一号、一九一四年）。
(45)藤井昇三「孫文の「アジア主義」」辛亥革命研究会編『中国近現代史論集』（菊池貴晴先生追悼論集）、汲古書院、一九八五年。
(46) 中野正剛「支那南北の形勢」『日本及日本人』第六〇八号、一九一三年。
(47)「憂ふべき支那の現状」『日本及日本人』第六三一号、六三二号、一九一四年。
(48) 松田義男「浮田和民の政治思想（一）――『太陽』主幹期を中心に――」『早稲田大学史記要』第二一巻、一九九一年。
(49)「支那共和国の憲法問題」『太陽』第二〇巻第一号、一九一四年。
(50) J・A・フォーゲル著・井上裕正訳『内藤湖南　ポリティックスとシノロジー』平凡社、一九八九年、二〇三頁、二二五頁。他の研究においても、内藤は「ずっと袁世凱体制の辛辣な批判者であった」ことが指摘されている（ユエヒム・タム「西洋の進出に対するある知識人の対応――内藤湖南の中華民国観――」入江昭編著・岡本幸治監訳『日本人と中国人――交流・友好・反発の近代史――』ミネルヴァ書房、二〇一二年）。
(51)「支那現下の政局」『中央公論』第二八年六月号、一九一三年。
(52)『民立報』一九一三年三月一七日。
(53)『民立報』一九一三年三月八日。
(54)『民立報』一九一三年四月三日。
(55)『民立報』一九一三年七月二三日～二四日。
(56) 翟富文「関於総統及国会問題意見書」経世文社編『民国経世文編』（法律一憲法）、一九一四年（沈雲龍主編近代中国史料叢刊第五〇輯、文海出版社、一九七〇年）。
(57) 前掲『民国経世文編』（法律一憲法）。
(58)「大総統之地位及権限」前掲『民国経世文編』（法律一憲法）。
(59) 呉貫因「政府与国会之権限」前掲『民国経世文編』（法律一憲法）。
(60) 呉貫因「共和国之行政権」前掲『民国経世文編』（法律一憲法）。
(61)『民立報』一九一二年一〇月一日。
(62)『民立報』一九一二年七月二六日。

(63)『民立報』一九一三年一月一七日。

(64)「憲法之三大精神」前掲『民国経世文編』(法律一憲法)。

第三章　中華民国約法期の袁世凱政権と日本人

一九一三年四月に開会した中国最初の国会にとって、最大の使命となったのは、臨時約法の「附則」第五四条に規定されていた正式憲法の制定であった。中華民国憲法の起草について、まず問題となったのは委員会の編成である。政府からも委員を参加させるべきだとする意見もあったが、結局、両院の国会議員から三〇人ずつの起草委員を選出して、憲法起草委員会を設置することになった。完全に国会主導で起草委員会が編成されたのであるが、当時の党派別の議席数を反映して、国民党籍の起草委員が最も多かった。この委員会で起草された天壇憲法草案は、一一月一日に憲法会議に提案された。これに対して、政府側の意見の反映を求めた袁世凱大総統は、起草作業が最終的な段階に入った時に、起草委員会や憲法会議に施愚らの政府委員を出席させて意見を提示することを求めた。しかしこれは、国会側によって拒否された。

袁世凱は一方で、外国人顧問などを利用した天壇憲法草案への批判を展開した。天壇憲法草案の批判に活躍した外国人顧問は、グッドナウと有賀長雄の二人であった。両者の中華民国憲法論は一致していたわけではないが、議会による大総統権限の制約を中心に天壇憲法草案を批判した。具体的な批判の中心は、国務総理任命に対する衆議院の同意権、衆議院の国務員に対する不信任決議権および不信任決議を受けた国務員の解職規定であった。(1)このように天壇憲法草案に対する批判を展開させるとともに、袁世凱は臨時約法の増修案を国会に提出したが、これは審議対象とされることはなかった。袁世凱による臨時約法の増修提案は、同法の「附則」第五五条を根拠としていたが、天壇憲法草案の起草作業が最終段階にあった国会が、議案としてとりあげるはずはなかったのである。だが議決権は議会にあったから、国会が存在する以上、そこへの提案という手続きを踏まないわけにはいかなかった。

ただこの間に、中華民国憲法に含まれるはずの正式大総統の選出規定だけは先行して議決が行われた。この結果、大総統選挙法に基づいて、一九一三年一〇月初旬に袁世凱が正式大総統に選出された。これを受けて、すでに承認していたアメリカに加えて、日英露独仏などの列国が中華民国を承認した。だが天壇憲法草案に対する国内の対立状態は解消せず、袁世凱大総統は同草案への反対の意思を示すとともに、それに対する各省の都督・民政長の意見の聴取を行い、他方では国民党の解散と国民党籍国会議員の資格取り消しの命令を下した。さらに副総統兼湖北都督である黎元洪らの建議を受けて、翌年一月に国会は解散されることになるが、この建議および臨時約法増修案に関する大総統の諮問を受けたのが政治会議である。

正式大総統の選出と列国の中華民国承認以降、袁世凱政権の頂点は一九一五年半ば頃に出現した。その根拠とされているのは、長江流域を中心とする地方への権力の浸透であり、多くの省に対して中央集権体制を確立したといわれている。[2]ここでは実態論にまで踏み込むつもりはないが、注目すべき点は、中華民国約法（以下、新約法と称する）の制定後に袁世凱政権の絶頂期が出現したことである。確かにその基盤は不安定なものであったかもしれないが、[3]政権の動揺は、体制のあり方そのものや国内の外部的要因のみによって生じるわけではない。

新約法のもとでの袁世凱政権の強化と中華民国の統一は、日本の政府としても対中国政策を進めるうえで検討を要したし、中国問題に関心をもつ日本人の一部からすれば、極めて重大な事態として映った。日本の外務省では、臨時約法と新約法について、「元首」「立法」「行政」などの項目に分けて比較表を作成し、それぞれの特徴を分析していた。[4]またすでに指摘されているジャーナリズムの動向を示しておけば、イギリスの産業界や財界の意思を代弁していた上海のノース・チャイナ・ヘラルド（『字林西報』）やロンドン・タイムズが袁世凱政権の独裁化を支持したのに対して、日本人の多くは非難した。[5] 辛亥革命や第二革命を支援した日本人、あるいは中国の二国家分立を画策していた軍人などからすれば、これは期待に反した事態であった。民間の団体においても、黒龍会は袁世凱政権を相手とする交渉を、そもそも「全然策ノ得タルモノニ非ザルナリ」とし、政権の転覆を企図していた。[6]

新約法が公布される直前の日本では、シーメンス事件で総辞職した山本内閣に代わって、第二次大隈内閣が成立していた。この大隈内閣は、元老の山県有朋・井上馨の支持を背景に、加藤高明らの立憲同志会、政友倶楽部などが合同してできた尾崎行雄らの中正会、それに山県系官僚閥の連立によってできあがったといわれているが、[7] あわせて注目しておくべきことは、大隈に対する「民衆の熱烈な人気・支持」があったとされ、「新聞を中心とする巨大な大隈ブーム」が指摘されていることである。[8] このことは、当時の憲政擁護という全般的な風潮によって生じる以上に、大隈内閣は外交政策も含めて、民間世論の影響を受けやすい政府であったことを示唆している。

第一節　新約法の制定

（1）政治会議の設置と日本の新聞報道

袁世凱大総統は国会の解散を指示した一九一四年一月一〇日の命令のなかで、政治会議からの「救国大計」に関する答申について、次のようにまとめていた。[9] 政治会議が諮問を受けた発端は、すでに言及した副総統兼湖北都督の黎元洪らからの建議であり、そのなかには憲法修正提案が含まれていたが、それが臨時約法を指すのであれば、臨時約法増修問題として別に答申を行う。もう一つの提案である国会議員の問題については、現在の議員の職務を停止するとともに、議員数がすでに定員の半数を割っているために、国会を解散することを答申する。

この答申に基づいて、袁世凱は国会解散の命令を発しているのであるが、政治会議という諮問機関を新たに設置した動機は、臨時約法増修と国会解散という二つの問題を解決するためであったことを、まず確認しておきたい。政治会議は、総統府派遣の八名、国務総理選出の二名、各部総長選出の各一名、蒙蔵事務局選出の八名に加えて、各省の代表それぞれ二名、合計五〇名の議員によって構成され、一九一三年一二月一五日に開会した(10)。上記の答申からもわかるように、政治会議では議案を二つに分けて審議を進めた。一つは「救国大計諮詢案」であり、もう一つが「増修約法程序諮詢案」であった(11)。

このように議案が整理されるまえ、政治会議開会の初日に、袁世凱は「訓詞」のなかで、次のように約法問題に言及していた。「それ約法は南京の臨時参議院が定めたところのものであり、一切の根本はみな約法にある。しかし約法は人によって成立し、多くの面で束縛し、年余以来、常に無政府の状態に陥り、臨時政府を展開できないようにし、野心家の陰謀を遂げ、国家の安危・存亡を顧慮することなく、人民は重く苦痛を受けることになった」と、まず臨時約法を批判し、さらにみずからの意見を提示している。「現在の救国の計には、とりわけ強有力の政府が必要であり、もし全国が散砂に等しければ法令にも効力がない。法律問題については、かつて米国の大法律家の言を聞いたことがある。開国の初めにはもともと所謂法律はなく、先に善良な政府が根本的に規定し、人民を軌道に導いて共和の域に進ませる、と」。米国の大法律家とはグッドナウのことであろうが、袁世凱は彼の言論を参考に、他の統治機関によって制約されることのない状態で政府が法制を整備し、人民を陶冶すべきであるという考えを提示していたのである。

さらに約法増修案を政治会議に諮問するにあたって発した「大総統令」では、「民国成立以来、斬棘披荊して二年になろうとしているが、建設の業は日に困難に処し、憔悴した民はなお水火に陥っている。禍の元の始まりを追えば、約法が実にその発端である」と、建国が困難な根本の原因は臨時約法にあるとしている。そのうえで、臨時約法の第五五条に基づいて修正案を国会に提案したが、審議されることはなかったし、国会の現状ではもはや審議は困難であるとして、政治会議に諮問することになった経緯を述べている。[12]

このように、袁世凱は建国当初の基本法として臨時約法は不適当だと考え、その修正を政治会議に諮問したのであるが、蔡鍔ら一五名の審査会での審査の結果、大総統の約法増修提案には正当な理由と根拠があることを認めたうえで、修正作業そのものは別の専門機関で行うべきであることを答申した。[13] この答申に基づいて、新しい約法の起草は約法会議で行われることになった。

国会を機能停止の状態に陥れたあとでの、このような諮問政治の開始に対して、『大阪朝日』(一九一三年一二月一日)に掲載された「政治会議の無意義」は、政治会議は総統府所属の諮問機関に過ぎないとしたうえで、共和制を採用したからには、国民の政治的経験や思想がどうであるかに関わりなく、国民党の解散や世論の軽視を行ってはならないと批判していた。また『東京日日』(一九一三年一二月一四日)の「政治会議と国会」は、政治会議の設置は「立憲政治の破壊の結果たり又端緒たるを意味する」ものであるとし、中国の前途を悲観していた。ここでいう「結果」とは、袁世凱自身による国会の事実上の消滅であり、そのことを前提とする諮問政治の開始という意味での「端緒」であった。この認識に基づけば、政治会議の設置は議会制度の破壊と同義であり、憲政擁護という風潮のなかにあった当時の日本の社会からすれば、生じて当然の批判であった。

臨時約法の増修案に対しても、袁世凱が国会に提案した頃から、すでに日本の新聞紙上で論評が見られた。『東京朝日』(一九一三年一一月二日)の「支那の憲法　袁氏の修正意見」という論評は、増修の内容を叙述する以前に、前もって結論を提示し、増修案が採用された場合には、「中華民国は事実に於て亡び憲法なる者は名のみにして実は君主専制の国と選ばざるに至る可きや明かなり」と、かなり極端な見解を示していた。約法増修問題に関しては、これ以前の一〇月下旬に、すでに『大阪毎日』(一九一三年一〇月二五日)が「隣邦の大問題」で報じていた。天壇憲法草案の起草が進んでいるなかでの、袁世凱の国会に対する約法増修提案は、「頗る注目すべき重要事件」と指摘したうえで、提案の内容の論評を行っている。論評の内容は、『東京朝日』のものほどには極端でないが、増修の結果は「事実上の君主国とするもの」で、大総統とはいっても、「事実において王たり帝たるもの」だとし、中国にとっては「実に由々しき問題」であるとの見解を示している。ただ大総統の外国との条約締結権に関しては、議会の賛同が得られなかった場合には、外交の渋滞や混乱が生じる恐れがあるとして、この点についての臨時約法の修正は、当面の急務かもしれないとしている。したがって部分的にしろ、約法増修提案に賛成しているのであるが、それも「袁大総統の国民に対する信用の程度如何」によって決定すべきであると、条件をつけている。

また中華民国建国の成果があがらない原因を臨時約法に求める袁世凱を、「約法修正諮詢」（『大阪毎日』一九一三年一二月二五日）は皮肉を込めて批判している。それによれば、結局のところは「袁大総統の野心徒に大にして信望乏しき不徳の致す所」ではないのかというのである。しかし中華民国建国時の法制面に問題がなかったわけではないのであり、この記事のように、政治の不振のすべての原因を袁世凱の道義性に帰すわけにはいかなかった。増修案の具体的な内容については、次の約法会議での審議に言及するなかで紹介するが、袁世凱の臨時約法批判にはそれなりの根拠があったといわれているし[14]、前章で明らかにしたように、同盟会・国民党系の新聞も含めて、臨時約法の問題点は指摘されていたのである。

（２）　約法会議の設置と新約法の制定

臨時約法の増修問題の検討、新約法の起草は、政治会議の答申の結果、新たに約法会議を設置して行うことになった。約法会議組織条例は政治会議によって制定され、京師選挙会、各省選挙会、蒙蔵青海連合選挙会、全国商会連合会の選挙会から選出された議員によって構成された。選挙人、被選挙人ともに極端に資格が制限され、議員が「袁世凱系の代表で固められることになるのは確実だった」といわれている。[15]それぞれの選挙会から選出された議員で構成された約法会議は、一九一四年三月に開会した。

約法会議の最初の仕事は、袁世凱の臨時約法増修提案の審査であった。ここでこの提案の内容七点を、まとめて紹介しておこう。[16]第一点は概括的な問題点の指摘であり、臨時約法は「多頭政治」に近く、主権不可分の原則に反しているとする。これは、第四条での統治権行使機関の併記を批判しているものと思われる。第二点以降が具体的な問題点の指摘であり、まず官制・官規の制定、「官吏」の任命、条約の調印などすべてに議会の同意が必要なことをあげている。これはやや厳密さに欠けるが、各国務員の任命に議会の同意が必要であり、それについては解釈の改変あるいは修正が必要であるとする声がすでにあがっていた。第三点では、国務院の存在が行政の不統一を招いているとしている。第四点として、議会の権限が広すぎることを指摘している。順序は異なるが、最後が臨時約法の「附則」第五四条に関する問題で、憲法によって成立する国会に憲法の制定権を認めていることに疑問を提示している。ここまでが、臨時約法の修正提案である。残りは臨時約法の不備を指摘しており、第五点では、諮問機関に関する規定の欠如をあげている。第六点は予算不成立に対処する手続きであり、第二点のなかでは、緊急時の命令や財産処分に関する規定の欠如が、行政の機動性をそいでいることも指摘していた。

約法会議の審査会では、この増修提案の正当性の有無を審査した。審査の結果は、すべての点について正当性があるということであった。その理由について報告した審査員の一人の鄧鎔（前衆議院議員）は、臨時約法の施行から二年の間に生じた弊害は、立法・行政両権が不均衡であることによるとし、前者が過大で後者を甚だしく拘束していることを批判した。そしてその例証として、前年の陸徴祥国務総理以外の新任の全国務員に対する議会の不同意で、無政府状態が出現したことをとりあげている。[17]

ここまでの臨時約法への理解と、その下で生じた事態への説明は間違いではない。増修の結果によって生まれることになる新しい約法の内容を示唆しているのが、これに続く鄧鎔の発言である。彼によれば、一国の強化は、自由に行動ができる強力な政府なしにはありえない。すなわち議会の制約から解放された政府の設置を、彼は求めているのである。こうした内容をともなう審査報告は承認され、約法会議では施愚ら七名の起草員を指名し、新約法の起草に着手することとなった。

七名の起草員によって起草された新約法の草案は約法会議に提案され、同会議の議長によって指名された厳復ら一五名からなる審査会での審査にまわされた。審査会では修正を施したあとで約法会議に報告し、同会議ではその新約法案を初読会、二読会と審議を続け、一九一五年四月二九日に開かれた三読会で、一〇章六八条からなる新約法を議決して、大総統に報告した。こうして袁世凱大総統は、五月一日に新約法を公布したのである。

新約法公布にあたっての布告のなかで、袁世凱は臨時約法による弊害と増修提案の経緯を説明するとともに、中華民国の建設過程を二つの時期に区分している[18]。一つは「国家開創時代」であり、もう一つは「国家守成時代」である。前者は中華民国の建国当初の時期に、後者は中華民国の成熟時期にあたり、それぞれに適用すべき基本法は異なっている。前者については新約法が、後者については憲法が適用されるのであり、袁世凱は立憲国家としての中華民国の確立を目指したうえで、臨時約法の増修提案をしたのである。

臨時約法の根本的な問題点は、「国家開創時代」に相応しくない基本法だという点にあった。建国当初の多難な時期に、責任を人民に委ね、議会に委ねていたのでは、諸問題を迅速に解決することはできず、「強有力の政府」を実現してこそ、必要な成果が得られるというのである。このような考えは増修提案の第一点で提示されていたのであり、新約法の第一四条に反映されている。臨時約法では統治権の行使機関として議会、大総統、国務員と裁判所を並列させており、袁世凱からすれば、これが「多頭政治」の根源として映った。この臨時約法の部分が、新約法では、大総統が統治権を総攬することになっている。増修提案の第二点を反映しているのが、新約法第三章の第二一条以降の条文であり、領土の変更や人民の負担の増加につながる条約の締結や大赦以外は、立法院の同意を得ることなく大総統が実行できた。また第八章の「会計」では、増修提案の第二点と第六点に示されていた財政上の緊急処分権や予算不成立時の前年度予算の執行に関する条文が盛り込まれている。

増修提案の第三点に関係する新約法の条文は、第三九条から四一条である。大総統は行政上の首長と位置づけられ、官制・官規の制定権や「文武職員」の任免権が与えられている（第二一条）。大総統を補佐するのは国務卿一人であり、国務員やそれによって構成される内閣は消滅し、各部総長は主管事務の単なる執行者として扱われている。第四点の議会権限の範囲に関わるのが、第四章である。第二の点が新約法で条文化されたために、当然、議会＝立法院の権限は縮小した。それ以外に、再議にまわった法案を立法院が出席議員の三分の二以上で再び議決した場合でも、大総統は諮問機関である参政院の同意を得て公布しないことができた。大総統は立法院の召集権を有していたが、停会・閉会ができるだけでなく、参政院の同意を経て解散させることもできた。他方、立法院は大総統の謀反行為に対して、大理院に弾劾の提訴をすることはできたが、失政に対して責任を問える規定はなかった。第一六条で、大総統は「国民の全体」に対して責任を負うことになっているが、失政が生じた場合の責任を追及できる機関はなかったのである。第五点の諮問機関については、参政院の設置が盛り込まれているが、この参政院は最後の憲法制定問題との関連で重要であり、起草委員会委員の選任、起草案の審査の権限を有していた。第六点については、すでに言及した。

新約法公布後の袁世凱政権に対する日本人の論評は、のちにまた言及することになるが、ここでさしあたって、辛亥革命において革命勢力に同情を寄せた今井嘉幸の現状分析を示しておこう。今井は東京帝大を卒業したのち、一九〇八年に中国に渡り、天津の北洋法政学堂の教授に就任した。天津にはすでに吉野作造がいたが、彼らは東京帝大在学中からの親友であった。吉野が帰国したのち、辛亥革命が起きると、今井は革命軍の側に赴いて活動した。帰国後は弁護士を開業していたが、帝制復活に反対する南方での軍事蜂起が始まると、蜂起軍の政府である軍務院の法律顧問に招かれた。一九一七年には衆議院議員に当選し、普通選挙実現の運動に加わった[19]。

今井は、日本政府が二一ヵ条要求を提出した年の一月末に、『大阪朝日』（一九一五年一月三一日）の日曜附録に「支那は何うなるか」という文章を寄せた。そのなかで今井は、「袁世凱百年の後は支那の天下は如何なるか分らない。吾輩の思ふ所では其の時に於ては矢張り南方のものになるだらう。従つて袁本位許りで日本の外交をやつて行つても、さう云ふ時になつて来ては非常な窮境に立ち至らなければならぬことになるのである」と、将来的には南方の革命勢力が政権を掌握するものと予測している。しかしここで注目すべきは、それははるかに先のこととして予測されている点であり、現状はむしろ「袁の天下は中々動きやうはない」のであり、「吾国人も政府も是等の消息に理解して仕事をせぬと取返しのつかぬ過失に陥る」ことを懸念している。すなわち新約法の公布後、袁世凱政権は安定期を迎えるとの予測が、革命勢力に同情的な日本人にもあったのである。

第二節　新約法に対する日本人の論評

（1）新約法の制定と外国人顧問

新約法は一九一四年五月に公布されたのであるが、前述したようなその内容は、当然のごとくに定まったわけではなかった。約法会議が開会される直前、袁世凱は「華洋各顧問」や「重要人員」を召集して会議を開き、また各省の都督や民政長からも意見を聴取して、増修すべき内容を臨時約法の具体的な条文に照らし合わせて討論したようである[20]。したがってこの討論の場には、有賀長雄やグッドナウも参加したものと考えられる。グッドナウも有賀と同様に天壇憲法草案を批判したが、増修案をめぐる討論においては、意見が一致していたわけではなかった。袁世凱は中華民国の基本法の内容を検討するにあたって、国の誕生期と成熟期を区別すべきだとしていたことを先に指摘したが、それがグッドナウの示唆によるものであったかどうかはともかくとして、彼も新約法をあくまでも有期のものであると認識していた。

グッドナウは欧米とは異なる中国固有の条件も顧慮したうえで、誕生期の中華民国においては、新約法で規定されているような行政権の強化は、必要なことであると見なしていた。だがそれは固定されるわけではなく、そのような「大総統＝行政府の権力が、将来の代表制的政治体制への道を切り開く」と考えており、将来への展望をともなっていたのである。こうした変化の現実の成功例を、彼は日本に発見する。彼は日本の天皇と新約法下の大総統の権力を、ほぼ同等と見なしたうえで、その後の展望を、日本政治の明治から大正における変化によって見とおそうとしていたといわれている。[21] このような将来への展望をもって中華民国憲法を考察しようとする態度は、有賀にも共通していたであろうが、こと新約法の制定に関しては、内閣を温存するか否かで意見が食い違った。

総統制と内閣制の問題に関して、約法会議の議員の意見は、次の三つのグループに分かれていた。当時の中国の新聞の表現をそのまま使えば、第一は「不設総理派」、第二は「兼設総理派」、第三は「特設総理派」である。[22] 第一は国務員を統轄する総理は設置せず、ただ文書の授受というごく事務的な役割を担う国務員を一人置くという意見である。第二は「まったくアメリカ政府をモデルとしたもの」とされ、国務員のなかに筆頭者を置くという考えである。アメリカでは、外務行政担当の国務員がこの地位についているが、中国では内務総長が適当であるとされている。第三はもともと有賀が主張した案で、近くこの説に賛同するものが次第に増えているとされている。

この説によれば、内閣制の悪い点は総理を置いていることではなく、「総統と確固とした関係」をつくらなかったことにあり、総統制を採用したからといって、総理を排除する必要はない。国務員は大総統に対して責任を負い、議会に対して責任を負わない点ですでに総統制の利点は発揮できるが、そうはいっても事実上の攻撃は生じないわけではなく、総理を残しておけばそれに対する緩衝の役割をはたすことができ、より有利であるとしている。この記事を掲載した新聞は、約法会議のなかの勢力は第二と第三が伯仲しているが、なかでも第三説のグループがとりわけ多数を占めている、と述べている。

グッドナウは内閣制の採用には反対しており、上記の三説のなかでは、第二説の立場をとっていた。彼によれば、内閣制の採用には整備された政党が必要であり、人民が議会での立法に習熟する必要があった。このような観点からすれば、現在の中国はいずれも欠けていた。このような現状認識は有賀も同じであったろうから、意見の違いが生じた原因は、政党内閣や議院内閣ではない超然内閣という考えの有無、あるいはその有効性への評価にあったのであろう。現状の中国にとって、「安定した強力な政府」が何よりも必要だと考えたグッドナウにとって、それは大総統に権限を集中させた政府以外にあり得なかった[23]。だが明治の政治を経験した有賀からすれば、さしあたって失政の責任追及をできる権限を有した機関は存在しないにしても、国民全体に対する責任の事実上の追及は生じ得るわけで、大総統にそれが直接に及ばないように回避できる機関が必要だと考えられたのであろう。

有賀もグッドナウと同様に、強力な行政府の確立を目指していたが、その意図は「国内政局の安定と対外的信用の確保を保障」することにあり、袁世凱という人物に権力を集中させることにあったわけではない。それはグッドナウとて同じであったろうが、四月上旬の約法会議では第二説が有力になり、第三説は劣勢に転じた。清朝の末期から憲法編纂の実務に携わったことがあり、のちの参政院での憲法案起草の時にも有賀と連携して行動した汪栄寶は、第三説の利点を袁世凱大総統に説明したが、新約法公布後に国務卿となる徐世昌や副総統の黎元洪は、第二説の採用を進言した[24]。新約法の制定過程では、このような外国人顧問の間での意見の違いも生じていたのである。

(2) 新聞紙上での論評

新約法が公布されると、それに対する論評が新聞紙上に掲載されるようになった。まず最もはやい論評の一つといえるのが、一九一四年五月九日付の『申報』に転載された『大陸報』(China Press) の五月三日の「北京通信」であろう。『大陸報』が新約法公布の翌々日に掲載したこの「北京通信」は、中国で試みられてきた「代表政体」は消滅し、独裁制が正式に開幕したと、冒頭で結論づけている。続いて新約法の概要を紹介したのち、同法が大総統に付与した独裁の権限は帝制と異ならないとも述べ、国民の全体に責任を負うといっても、大総統が確実に責任を負う制度的な根拠は欠けていると、新約法の重要な問題点を指摘している。また同法の危険な点として、他機関の制約を受けない大総統による陸海軍の統率権や編制権(第二三条)についてもとりあげ、軍人による独裁制の成立も懸念している。

日本では、五月四日付で『大阪朝日』が新約法の論評を行った。この「支那の新約法と新内閣」という記事での新約法の内容解説は、『大陸報』とそれほど違いはなく、新約法の成立によって、中華民国は「民主共和国より全く民選王国に変化」したと評している。『大陸報』と異なるのは、袁世凱に対する批判が明確なことである。臨時約法の増修提案の前提として、中華民国が成立してから内政・外交ともに成果があがっていないとの指摘があったことに対して、「是れ約法掣肘の罪と言はんより、寧ろ袁総統政府が統治の失敗によるものといふべく、責任推諉も亦甚だしからずや」と、臨時約法の欠陥によるのではなく、失政の責任は袁世凱の行政にあるという立場を鮮明にしている。

『東京日日』（一九一四年五月六日）の「支那の総統政治」という記事での新約法論も、『大阪朝日』のこの記事と共通する面をもっている。新約法は、大総統を「総て君主と相異なる所のものなからしむ」と、実質的な君主制への移行だと見なし、これによって中国の共和制の基礎は失われたと伝えていた。

だが日本の新聞でも、以上のような報道だけがあったわけではなく、新約法を異なった姿勢で論評しているものもあった。新約法公布の翌日に、『東京日日』と『大阪毎日』は「支那の修正約法」という記事を、共同で掲載した。この記事は新約法公布までの経緯を紹介したうえで、内容に関する論評を行っているが、それは『大阪朝日』の先の記事とは、姿勢がかなり異なっていた。「旧臨時約法が余りに窮屈にして、施政当局の其運用に苦しむべきは、公平なる局外者の総て認めたるところにして、吾輩亦適当の修正を加ふるの已むを得ざるべきを評論したる事ありき」と、臨時約法のもとでの議会による制約が機敏な行政の妨げとなっていることを認めているのである。ただ新約法の制定は、「必ずしも国家国民を念とするの至誠純忠に出でず」と、袁世凱に対する不信という点では、『大阪朝日』の記事と共通している。

これから約二ヵ月後の『東京日日』（一九一四年七月六日）は、中国の憲法問題に関する有賀の談話を掲載している。このなかで有賀は、「世間動もすれば今日の約法改正幷に将来制定せらるべき憲法の内容に付民国の退歩するが如く批評するものあるも這は支那の実状如何を計らず、徒に理想に走る評論」であると語っている。中国の歴史的前提をふまえ、現状に基づいて憲法案を思考している有賀の発言としては、これは理解しがたいものではない。中国で帝制復活の動きが出現していたころ、有賀は山県有朋に宛てた書簡のなかで、「由来小生ハ支那ニ強固ナル中央政府ヲ作ラセ国家ノ基礎定マル迄、総テノ権力ヲ袁氏一人ノ手ニ集ムル目的ヲ以テ、憲法ノ事ニ尽力致居候」と述べたうえで、新約法はこの目的によく合致していると評価していた。すでに言及したように、新約法は有賀の憲法論と完全に一致するものではなかったが、中華民国の政治を安定させるための行政府への権力の集中というかぎりにおいては、志向は共通していた。議会政治を導入することによって、中国の政治の中心がしばしば変転するのは、日本の対中国外交にとっても好ましくないと、有賀は山県に伝えていた(25)。

日本の新聞などのジャーナリズムでは、新約法を好意的に評価する報道はまず見られなかった。そこには基本法としての性格だけではなく、権力が集中される大総統が袁世凱であるという要因が多分に作用していたと思われる。こうした点を的確に認識し、有賀と近いような観点から中国の約法問題に言及していたのが、二一ヵ条交渉の時の中国駐在公使であった日置益《ひおきえき》である。袁世凱が死去した頃に発表された論文において(26)、日置は、「自分の定規を以つて彼れを律し、支那人自らは逆賊とも不忠の臣とも考へないのに、自分達のことのやうに躍起となつて袁世凱を非難した」と、日本社会での異常な袁世凱に対する道義的非難を指摘している。臨時約法に関しては、「極端な民権主義の上に作られたものであつて、所謂議会万能の制度であつた」と、その議会中心主義を正しく指摘している。したがって袁世凱の増修提案や新約法の制定には理解を示しており、「この挙は単に官僚派に属する人々の翼賛した所であつたのみならず、公平なる一部民間政治家側に於ても南京約法の弊害は等しく夙に之を認むる所であつた」と述べ、新約法の制定には、中国の政界でも賛同した人が多かったことを示唆しているのである。

中国の約法・憲法問題を継続的に報道し、論評を加えていた新聞として、北京で日本人が発行していた『順天時報』がある。中国での憲法制定の進行を論じた「憲政進行之曙光」（一九一五年六月一二日）は、新約法のもとでの諮問機関である参政院による立法院の職権代行などは、あくまでも「一時権宜の計であって、決して永久の良規ではない」ことは当然であるとしつつも、「袁大総統の雄才と大計に頼って万機を親裁し、一方では秩序を回復して大局の治安を維持し、一方では政治を改良して従来の積弊を除去した。故に両年の間、苦心して経営し大きな失敗がないのは、幸いである」と、新約法時期の政治の安定を評価している。標題にある「曙光」とは、袁世凱が立法院と国民会議の開設を督促し、憲法の制定という次の段階に入ったことを指している。その憲法制定の具体的な段取りを報道したのが、六月二六日付に掲載された「憲法問題与立法院」である。

新約法下の中国政治への評価を示すとともに、現に制定が進められている憲法の内容に注文をつけているのが、八月一七日から二一日まで、五回にわたって連載された「中華民国憲法論」である。この論文のまず重要な点は、連載の初回において、新約法の第九章にしたがって憲法の制定が順調に進むと予測していることである。現在の新約法に関して論評している部分は八月一九日付の（三）であるが、ここで「維新創業の初めに当たって、万能の一大政治家が統治権を総攬することは、もとより最適のようである」と、中華民国の誕生当初における大総統への統治権の集中を容認している。ただ初代はともかくとして、その後については、民意にしたがって国政を行い、専横に流れないという保証はないと指摘し、永遠の策としては統治権を議会に属させることを求めている。その理由として、辛亥革命以来の四年間の困難に遭遇することで、国民の共和制への学習が浅くないことをあげている。ただ現状については、それほど楽観しているわけではなく、筆者は、憲法起草委員会がこのような意見に留意し、できるだけ立法院の権限を拡大して、大総統とともに統治権を行使できるような機関とするように求めている。

『順天時報』紙上に掲載された以上の論説は、新約法のもとでの体制を中華民国建国当初においてはやむを得ないものとして容認している。しかし中華民国が立憲国家として確立する時点での本格的な憲法については、議会の権限を尊重した内容を含んだものとなるように求めている。そして内容にまで踏み込んだ議論はないが、八月までは帝制復活論の出現に懸念を示しつつも、憲法制定の作業が順調に進むものと予測していたのである。

（3） 日本人学者の論評

だが『順天時報』には、このような趣旨のものとは異なる論文も掲載されていた。その執筆者が副島義一である。副島は一九一四年七月二二日から、「中華民国約法之効力」という論文を『順天時報』に執筆した。一回ごとの文章は長いものではないが、八月五日まで一一日分にわたって連載は続いた。袁世凱大総統による臨時約法の増修提案と約法会議での新約法の制定、そしてそれの大総統による公布という一連の手続きの正当性に疑問を示しているのが、第一回から第三回までである。副島は臨時約法の第五五条を根拠に、大総統には増修の提案と、国会の議決を経たものを公布する権限しかないことを、まず指摘している。約法会議は任意に設置された不法な会議であり、臨時約法の修正には、そこに規定されているとおり、国会の議決が必要であり、その手続きを踏んでいない新約法に有効性はなく、なお臨時約法が有効な基本法として存続していることを主張している。

事実上国会が存在しておらず、しかも臨時約法を修正しなければ国家を維持することができないとすれば、このような方法も必要ではないかとする意見にも、反論を加えている。大総統にはその権限がないのに国会を解散し、国会がないことを理由として約法会議を設置して新約法を制定した、この一連の行為が不法であると断定している。この副島の意見はそのかぎりにおいて正しいが、当時の政府の側の考えからすれば、第二革命といわれる政権転覆の行為がその前にあったわけで、臨時約法修正の正当性は、その条文解釈のみによって判断できるわけではなかった。以上のように副島は、新約法の制定は不法な行為であり、臨時約法はなお有効であると主張していたが、その主張を離れて新約法の内容を条文に即して批判しているのが、第四回から最後までである。

まず大総統を君主国の君主と同等の地位におく規定があるとし、第一四条をとりあげている。副島によれば、同条の規定は大総統を日本の天皇と同等に扱うものであるが、さらにそれ以上の権力も認められているとして、条約締結権や陸海軍の編制権など該当の条文をあげて新約法を批判している。一方で副島は、君主との違いを示す条文があることにも言及し、その例として第一六条や第三一条九項をあげているが、実態としての意義を承認しているわけではない。しかし国民全体に対する責任負担や、謀反の行為に対する弾該訴訟の成文化は、やはり君主との違いとして評価すべきであろう。

副島が最も力を込めて批判しているのが、議会権限の縮小である。その事例として指摘されているのが、まず再議案件に対する大総統の不公布権である。続いて、大総統の法律に基づく命令の発布（第一九条）、法律と同等の効力を有する教令の発布（第二〇条）をあげている。ただ後者については、立法院での追認の必要や、追認されなかった場合の失効がつけ加えられていることを正当に評価する必要があったであろう。予算に関する議決権の縮小も指摘しているが、これは第五四条を指しているものと思われる。立法院に関しては、憲法の制定への関与についての規定がない点を最後に指摘し、議会権限の縮小事例としている。そして最後の第一〇回で、これ以外の最も誤っている点として、政治に責任を負う国務員の組織がないことをあげている。[27]

副島は「中華民国約法之効力」に続いて、八月六日から同じ『順天時報』紙上に、グッドナウの所説を批判する「駁北京政府顧問古徳諾氏説」という論文を連載した。副島は八月一一日付の第六回で、「専ら袁一人のために憲法を立てる」もので、「いやしくもやや支那の政治改革および革命の主義に留意するものは、この無価値に等しい言論に対して、どうして唾棄できないであろうか」と、グッドナウの主張を、非常に厳しい言葉で非難している。すでにふれたように、グッドナウは日本の明治から大正における立憲政治の定着を高く評価していたが、こうした先例を中国へ適用しようとする彼の考えに対しても、副島は批判している。新約法での大総統の地位を、日本の天皇を含む君主に近いものであるという副島の認識をグッドナウは共有していた。違いは、それを積極的に評価するかしないかという点にあった。立憲政治の日本での成功例を中国に適用しようとするグッドナウの考えに対して、「日本と中国の国状・国体は根本的に異なっており、日本の制度を直ちに中国に用いて効果をあげようというのは、実に大いなる間違いである」と、副島は八月一三日付の第七回で、即座に排斥している。

副島にとって、日本の立憲政治の成功は議会に根拠があった。「日本が立憲制の効果を収め得た所以は、実にこの国会を尊重する習慣がこれをもたらした」と、議会にこそ日本の立憲制確立の要因があると主張し、新約法で規定されている立法院の権限では、日本と同様な成果はとてもあげられないと指摘している。日本ではすでに国会が政治の中心となり、国会の多数党あるいは勢力のある党派が内閣を組織するようになっており、政党内閣制がすでに定着していると、副島は現状への認識を示している。そしてこの第七回の最後で、「日本と中国の現状には雲泥の差があり、その差異の由来は憲法の規定に基づいていることがわかるのであり、グッドナウ氏の観察は全くの間違いである」と、副島は締めくくっている。副島の明治憲法論は、のちに若干ふれる機会があるが、彼の発言の背景に大正初期の憲政擁護の風潮があったことは間違いないであろう。

帝制の復活が失敗に終わり、袁世凱が死去したのち、吉野作造は『国家学会雑誌』に「支那第一革命ヨリ第三革命マデ」を連載した。この論文やその他の文章をもとに、吉野は一九一七年に『支那革命小史』を出版した。この著書に限らず、吉野の中国問題に関する著述は政局の推移が中心で、法制面の分析は多くないが、それでも時に約法の問題に言及することもあった[28]。吉野は、新約法に対して、「非常に専制的」なものであるとする評価を示す一方で、臨時約法については、具体的な内容をとりあげつつ、「天下の権力を全然参議院に集めたもの」であると、正しい認識を示していた。ただそれに対する賛否の意思は明確でなく、中華民国はいかなる基本法によって建設されるべきなのか、吉野はこの問題に対する関心が希薄なように感じられる。

第三節　二一ヵ条交渉後の日本の国会での論戦

新約法を制定し、統治権を大総統に集中することによって袁世凱政権はひとまず定着し、それまでの政治の不安定を乗り越えることができるかに見えた。この袁世凱政権に大きな衝撃を与えたのが、日本の大隈内閣による二一ヵ条の要求の提起であった。ここでは、二一ヵ条要求の成立過程や北京での外交交渉を検討するつもりはない。ここで検討すべき課題は、二一ヵ条要求とその交渉結果に対する日本での議論である。新聞や雑誌上に見られる当時の世論についてはのちにとりあげるとして、まず交渉終結前後における国会での議論に眼を向けてみよう。当時の野党議員と加藤高明外務大臣との間で展開された質疑での論点は、三点に整理することができる。第一は交渉の成果、第二は交渉の手法、第三は交渉相手である袁世凱政権に対する評価である。ここでは第一と第二の点にある程度ふれたうえで、主に第三の点をとりあげる。

よく知られているように、加藤外相の外交一元化の方針によって、第二次大隈内閣と元老との間に摩擦が生じた。この摩擦解消のために、短期の第三四議会が閉会したあとの一九一四年九月下旬に、元老と大隈首相との間で会議が開かれ、内政と外交に関する意見交換が行われた。その結果、五項目と五つの懸案事項を含む覚書が作成された。ここでは、加藤外相に関わる内容は重要ではない。二一ヵ条要求の交渉結果をめぐる議会での論戦との関係で留意しておくべき内容は、懸案事項の最初の対中国政策の方針である。それは、現在の中国の袁世凱政権に日本を信頼させせつつ利権の拡大を図るというものであり、二一ヵ条要求の提出はこの考えに基づいていた(29)。確認しておくべき点は、改造以前の大隈内閣は、新約法のもとで安定を迎えつつあった袁世凱政権を交渉相手として、対中国政策を進めようとしたことである。

この大隈内閣は一九一六年一〇月初旬に総辞職するまで、約一年半続いたが、その間には二つの画期があったように思われる。一つは、一九一五年三月の総選挙で勝利し、与党が過半数を得たことである。もう一つは、八月初旬の内閣改造で加藤外相が閣外に出たことである。

一九一四年一二月下旬の国会解散後の総選挙については、中国の新聞や雑誌も注目して報道していた。たとえば一五年二月四日付の『申報』は、『大陸報』（China Press）の「北京訪函」を転載し、国会が解散されたのち、「民党と排華各党派」は東京や大阪の新聞紙上で大いに活躍し、三月の総選挙で大隈内閣を打倒しようとしているとし、その理由については、同内閣が確固とした侵略政策を行っていないことにあるとしていた。また中国の雑誌上には、この総選挙の結果をもたらした日本の国民の心理状態を評論した文章も掲載された[30]。この評論は、総選挙での与党の勝利を必ずしも国民が大隈内閣の政策に賛成した結果ではないとする。日本の国民は「政治的大国民ではなく、欲望的な感情の国民」であり、政策がいかなるものであるかは理解していないと、その理由を指摘している。大隈内閣の政策で対中国外交以上に重要なものはないとしたうえで、二一ヵ条要求の提出や事実上の現地派遣軍の増強は、一般民衆を鼓舞することはできても、有識者にはその危険が知られていると批判している。

この評論は、選挙で敗北した政友会の総裁原敬の発言を、「大隈の対外政策への批判たりうる」と評価していたが、この原が、二一ヵ条交渉をめぐる政府の責任を追及して、小川平吉や国民党の犬養毅らとともに、第二次大隈内閣に対する弾該案を提出した。弾該案が提出された一九一五年五月召集の第三六議会での論戦は、単に大隈内閣やその加藤外相対野党という構図には収まりきらない重要な問題を提示していた。それは改造後の大隈内閣で浮上する問題であったが、加藤外相はこの第三六議会を最後に閣外に去ることになった。

議会での弾該提案の演説のなかで、最も詳しく交渉の結果を批判しているのが小川である[31]。まず、二一ヵ条中の第一号の山東に関する要求の結果に対しては、膠州湾租借地還付の声明を出したことを批判している。この点は、原の弾該演説でもとりあげられている。第二号の満蒙問題に関しては、得られた成果はほとんど現状以上の権利ではないと批判している。小川がとくに強く批判しているのが、漢冶萍公司所属の鉱山付近にある鉱山の、同公司の承諾なしでの採掘の禁止を求めた第三号第二条を条約化できず、南昌から延びる鉄道の敷設権の付与を盛り込んだ第五号の第五項目を放棄したことである。小川によれば、とくに後者は「我国ノ勢力ヲ揚子江畔及南支那ニ発展セシムルニ付テハ、最モ必要ナル鉄道」であった。この第五項目について、中国側の抵抗の背後にはイギリスの支援があったと、小川は推察している。

弾該の共通の理由として、非難の対象とされているのは、第二の交渉の方法である。一つは、兵員の交代を口実に現地派遣軍を増強して威圧しただけでなく、結局は最後通牒を出し、その結果として日貨排斥などの、中国社会における反日の気運を広げたことである。もう一つは、それにもかかわらず、中国側が受け入れる可能性のあった内容も含めて譲歩してしまったことである。小川のいうところによれば、「明治ノ始ヨリ今日ニ至ルマデ、随分失敗ノ外交モ少クハナカッタケレドモ、今回ノ如キ最モ重要ナル点ニ対シテ、再三再四譲歩シタ外交」はなかったのである。

具体的な論及の程度は異なるが、以上のような交渉の結果や手法に対する批判は、原、犬養、小川三人の演説にほぼ共通して見られる。ただ小川の演説だけは、二一ヵ条交渉問題をさらに敷衍している部分がかなりあった。それは、小川の前に弾該案反対の立場から行った菊池武徳の演説に刺激されたところがあった。これが第三点として、交渉相手である袁世凱政権の評価に関係しており、小川は第三五議会のときから中国の内政にまで入り込んだ質問を行っていた。

菊池は同じく日中親善といっても、その方法は政友会と国民党では異なっているとし、もっぱら犬養の主張に批判の矛先を向けている。菊池は犬養について、中国の「中部ニ向ッテ我勢力ヲ扶植シテ、之ヲ指導シテ以テ東洋ノ平和ヲ維持スルノデアル」という考えを持っていることに注目している。そのうえで菊池は、第三四議会での犬養の質問をとりあげ、それは外国の新聞に出てくる「東洋ノ「モンロー」主義」、すなわち東洋の問題には欧米諸国の介入を許さないとする考えと同じではないかと批判した。小川は政友会に属してはいたが、この菊池の批判に反論した。小川は欧米諸国を排斥するものではないとしつつも、同じく中国の領土保全、機会均等といっても、日本と欧米諸国とでは同一に論じることはできないと指摘している。

小川によれば、欧米諸国にとっての領土保全の必要性は「通商貿易ノ利益ノ上カラ打算」したものであるが、日本の場合は自国の生存がかかっており、「此生存ノ必要ニ伴フダケノ責任、生存ノ必要ニ伴フダケノ権利」は負担、獲得する必要があり、そのうえで日中提携のもとに「東亜百年ノ平和」を実現しなければならなかった。小川からすれば、二一ヵ条の第五号第一項にある日本人の政治財政顧問、軍事顧問の雇用などは、まさにこの目標実現に必要な要求であった。国会での論戦のなかで菊池が言及したような「東洋のモンロー主義」論は、『大陸報』（China Press）の記事を転載するかたちで、『申報』を通じて中国社会へ伝えられていた。一九一五年四月八日付の『申報』は「日本式之門羅主義」という記事を掲載し、翌日には、『大陸報』による日本の新聞報道に関する記事として、日本は極東のドイツ勢力を駆逐し、長江流域のイギリス人を追い出したあと、中国を保護国とし、東アジアで「モンロー主義」を実行できると主張していることを、伝えていた。

小川は演説のなかでとくに反論を加えてはいないが、菊池はもう一つ重要な問題を指摘していた。それは第三五議会での、小川の政府への質問に対してである。その質問について、「今ノ支那ノ状態ヲ――支那政府ノ状態ヲ其儘ニシテ、彼ノ政府ノヤウナ考ヲ有ッテ居ルモノヲ其儘ニ差置イテ、東洋ノ平和ヲ維持スルノ見込アリト信ズルヤ否ヤ」ということであったと、菊池はまとめている。菊池はこの質問について、「小川君ノ説ハ如何ニ支那政府ヲ改造スル考デアルカハ知リマセヌケレドモ」と述べていたように、中国の内政に介入する趣旨を含んでいた。

第三五議会は与党が大勝した総選挙前の、一九一四年一二月に召集された。この第三五議会で小川は、第一次大戦勃発後の対中国外交の方針を、加藤外相に質問している[32]。彼の質問の焦点は、現内閣が「根本的ニ支那問題ノ解決」をはかる意思があるか否かということにあった。小川の現状に対する理解によれば、日本は中国の領土保全という方針でドイツと開戦したにもかかわらず、中国の「朝野官民ヲ通ジテ開戦ノ当初ヨリ今日ニ至ルマデ、常ニ我国ニ対シテ悪感情ヲ発揮」しており、歴史的にも今にいたるまで、「遠交近攻ノ思想ガ、支那ノ朝野官民ヲ通ジテ横溢」していた。したがって根本的解決とは、このような状態の除去に他ならなかったが、問題は中国の現政府のもとでそれが可能か否かという点にあった。加藤外相は答弁のなかで、「彼国ノ政府ニ於テモ同ジ目的ヲ以テ力ヲ尽シテ居ラレルモノト私ハ信ジテ居リマス」と、日本と同様に、中国の現政府も両国の親善保持に努力しているという認識を示していた。

再度質問に立った小川は、大戦後の列国の中国における勢力の再伸張を予測してみずからの質問の趣旨を敷衍し、「今日ノ如キ支那中央政府ノ状況ト、今日ノ如キ考ヲ有ッテ居ルモノヲ其儘置イテ」日本の方針は貫徹できるのかとつめ寄った。この明らかに中国の内政への介入を求める質問に対して、公の場で議論するのは「甚ダ国家ノ不利」になることだとして、加藤外相は答弁を避けた。

小川がいわんとしたであろうことを、より露骨に質問したのが戸水寛人である。戸水は中国の政治の安定について、「今ノ袁世凱ノ勢力デ以テ旨ク行クト云フ考デ御居デゴザイマセウカ」と、袁世凱政権の統治能力に疑問を提示し、中国が不安定になった場合、「必ズ禍ヲ受ケルニ相違ナイ」のは日本だから、根本的な政策が必要だと答弁を求めている。この戸水の質問に対して加藤外相は、「袁世凱モ自国ヲ愛スル人デアラウト思ヒマス、随ッテ我日本トノ関係ノ大切ナルコトハ能ク承知シテ居ル人デアル、両国ノ間ニ親善ノ関係ヲ維持シ、且之ヲ増進スルコトニ付テ苦慮セラレルコトハ、我当局者ト同ジコトダト信ジマス」と、あくまで袁世凱政権を前提として対中国外交を進める意思を示していた。

二一ヵ条要求が出されてから間もなく、『中央公論』は「対支那根本策の研究」という短めの特集を組んだ[33]。

この特集には、ジャーナリストの松井柏軒《はくけん》や石河幹明《みきあき》が執筆していたが、彼らの言論に共通していたのは袁世凱政権の存在を前提としていたことである。松井は列国といっしょに現在の中国政府を援助すべきであるとし、石河は袁世凱政権の基礎が強固になりつつある現在こそが、中国問題の解決を図るよい機会であるとする。このような主張の背後には、中国はあくまで独立国であり、日本もそれを尊重すべきであるとする考えがあった。

以上の二人と異なった文章を寄せていたのが、小川平吉である。彼によれば、中国が他国の干渉を受けることなく、みずからの力で領土を保全し、平和を維持できるようになるまでは、「我国は我国生存の必要上、支那がみずから勝手気儘な振舞をしてみずから東洋の平和を破壊するを傍観してをる訳にはゆかない」と、日本が中国の政治に介入して利権を獲得することを正当化している。そこには、松井や石河とは異なる中国の現状に対する認識があった。彼は、「然るに今日の支那の状態は何うか。実に言語道断であつて、我国に対する恰も敵国に対するが如き態度を採り、自ら好んで東洋の平和を破壊しつ、あるが如き有様である」と述べている。表現は一般的であるが、同じ頃の第三五議会での発言から考えて、ここには袁世凱政権に対する非難も込められていると考えて間違いないであろう。

第四節　二一ヵ条交渉と民間の言動

(1)　対支聯合会と国民外交同盟会

中国で第二革命が起きたころ、黒龍会が中心になって、当時の山本内閣の対中国外交に反対し、「満蒙問題の解決」を求めて、一二の団体を基礎とする対支聯合会が結成された。山本内閣に代わって第二次大隈内閣が成立すると、対中国政策としての採用を求めて、内田良平が同志と相談して「対支問題解決意見」を作成し、大隈首相、加藤外相などに提出した(34)。一九一四年一〇月二九日付で作成されたこの「意見」は、(一)「欧州戦局と対支問題」、（二）「対支問題と国防協約」、（三）「対支問題と現内閣の外交」の三つの部分からなっている。ここで重要なのは（二）であるが、その冒頭において、「対支問題解決」のためには、日本が「自ら進みて日支の提携を図り支那に対する政治的経済的優越の実権を占め厳然之を指導する」必要があると、指摘している。ここに示されている日本が優位に立った提携関係を樹立するために考案されたのが、「国防協約私案」である。これは一〇項目からなっているが、二一ヵ条要求はこれと「殆ど符節を合するもの」であるともいわれている。[35] ここでは、両者の関係を検討する意図はない。重要な点は、この「協約」を実現するための、中国との交渉方法である。

この「意見」は、「協約」を締結するには先決問題として「二大要件」があるとする。一つは中国との関係、もう一つは中国に利権を有する列国との関係であるが、ここで検討を要するのは、前者のほうである。前者のなかでも、焦点は袁世凱政権に対する評価にある。「主権者たる袁世凱の位置が、果して永続し得べきや否や。其政府の政策が果して国民の信望を繋ぎ得べきや否や。袁世凱が果して我が政府の交渉に応じ容易に国防協約を締結し、我と提携し得べきや否や」と検討課題を設定するが、まず最後の点については悲観的である。

それでは、前の二点はどうであろうか。現在の財政状態では、大戦の勃発で外国の援助を失った袁世凱政権は、「到底独力を以て内乱を戡定し、全国を統一すること能はず、四分五裂殆ど収拾するに遑あらざるは、勢の覩易き所なり」と、統治能力を完全に失ってしまうと判断している。この判断は必ずしも正しいとはいえないが、対支聯合会はその結果として、日本は袁世凱政権を援助して内乱を鎮圧することで要求を受け入れさせるか、それとも「革命党」を援助して事業を完成させることで目的を実現するか、いずれかの方針を立てておく必要があるとする。

対支聯合会では、「袁世凱を擁護して之と共に対支問題の解決を図らんとするは、全然策を得たるものにあらざるなり」と考えており、「彼の腐敗せる支那政府を改造し、其政体を変革」することが「日支提携の根本義」

であり、「第一要件」であると見なしていた。これを実現するために、中国国内の政治勢力として期待されていたのが「革命党」や「宗社党」などであり、それらをして「政府改造国家統一の業を成就」させなければならなかった。対支聯合会が反袁世凱政権の立場をとり、援助相手の一つとして南方の革命勢力を予定していたことは、外部からも認識されており、参加した諸団体は「南方擁護の主意で、駆り集めた」ものと見なされていた。[36]

「対支問題解決意見」の提出にあたって、「欧州戦乱が終熄する以前に於て我対支政策の根本義を確立」しておく必要があったことを指摘した内田良平は、二一ヵ条要求の交渉を批判し、政府との意見の相違を積極、消極いずれの手段を採用するかにあるとしている。内田は、中華民国誕生以来の中国の政治勢力を新旧に区分する。辛亥革命を引き起こし、日本の国民が「多大の同情と援助」を与えた「革命派」が「新勢力」であり、政権を掌握した袁世凱は「旧勢力の代表者」であった。内田からするなら、この袁世凱と外交交渉を行うことは考えられず、「支那の新勢力に結んで彼をして他日支那の政権を掌握せしむる事に尽力し、其時に於て日支親善提携の実」をあげなければならなかった。このような積極的手段を取らないままに、中国との交渉を行った大隈内閣への期待は失われ、彼は「新内閣を樹立」することを打ち出している。[37]

二一ヵ条要求の内容が、内田が中心になって作成した「国防協約私案」に類似していたとしても、加藤外相がいた時の大隈内閣の対中国政策と対支聯合会の姿勢には、決定的な違いがあった。それは現内閣が袁世凱政権を前提とし、それを相手として交渉しようとする方針をとっていたからであり、対支聯合会からの申入れに対して、加藤外相に積極的に対応しようとする意思はなかった。[38] このために会内に生じた倒閣運動開始の意見こそすぐには採用されなかったが、みずからの目標を達成するために態勢の立て直しが行われた。[39]

臨時約法の草案起草に関わり、新約法を批判した副島義一は、この時、対支聯合会と同じような立場にたっていた。一九一四年の年末に国会が解散された時、無所属ではあったが、「非大隈党」という立場で、彼は立候補した。前年に憲政擁護運動が盛り上がった時には、大隈の行動に同調して副島はそれに参加し、演説会などで気炎を吐いたが、彼の演説は「学者の演説として受取れぬ程壮んなもので、間々政党員よりも過激であった」といわれている。[40]この副島が、対中国政策をめぐって、大隈内閣に反対する側にまわったのである。

対支聯合会が態勢立て直しのために開いたのが、一四年一一月下旬の対支問題意見交換会である。「意見交換会」では、対支聯合会を代表して大竹貫一が挨拶したのに続いて、同会会員のほか、国会議員、新聞記者、学者が意見を述べた。

代議士のなかには政友会の小川平吉がおり、学者には寺尾亨がいた。小川は翌年の大隈内閣弾該演説で述べたような意見を、すでにこの「意見交換会」で提示していた。中国の領土保全は、欧米諸国からすれば経済的利害しか関係していないが、日本にとっては「存亡興廃」が関わっているのであり、そのために「我の位地及び責任は、遥かに欧米諸国よりも重大であつて、従つて其の権利も亦遥かに彼等に優越して居る」ということになるのである。「意見交換会」において、学者として意見を述べたのが、副島といっしょに臨時約法の草案づくりに関与した寺尾亨である。中国の領土保全問題について、小川ほど具体的には論じていないが、やはり「西洋人と日本人とは、其利害が正反対であるといふことを知らねば」ならないと指摘していた。[41]この二七日の意見交換をふまえて、対支聯合会などは、対中国政策を立案・遂行するための新たな団体の結成に着手していった。

ところで、小川平吉のこの時の意見や翌年の弾該演説の基礎になった彼の対中国政策論は、一四年一二月に作成された「対支外交東洋平和根本策[42]」であったと考えられる。彼は「根本策」として、三つの項目を提示している。第一は、領土保全などに関して日中間で「同盟的協約」を結ぶこと、第二は、中国を援助して自強の途を講じさせること、第三は、以上の二項目を実行できるだけの保証を得ることである。この三項目を提示したうえで、小川はそれぞれについて詳しい説明を加えている。

第一項目に関しては、中国が滅亡した場合には「日本も亦独り安きを得ず」と、中国の保全が日本の命運に影響することを、「協約」を実現すべき理由としてあげている。第二項目については、政治組織の改善や外交・財政などの面での日本人顧問の雇用による改革を提案する一方で、「革命党、宗社党其他政［派：編者注］の統一調和を図る事」があげられている。それは中国政治の現状に対する評価が関係しており、「袁世凱は未だ全国を統一するの実力なく、各種の不平党は全国各階級に弥漫し国家の基礎薄弱にして政治中心確立せず」と、小川は袁世凱政権の安定性を疑問視していたからである。したがって第三項目にある保証を、袁世凱政権に要求して容れられなかった場合には、「断然之を排斥して引退せしむべし」と、袁世凱政権の打倒も視野に入れていたのである。

　先の新しい団体の結成に向けた打合せの会は、一二月一日に開催された。この会には、対支聯合会の代表のほか、国民党、同志会、政友会、中正会からの有志、新聞記者の有志が参加し、四日に新たな団体を結成することが決められた。対支問題相談会と名づけられた四日の会合には、副島義一も参加していた。この「相談会」において、正式に国民外交同盟会の結成が決定され、規則や役員を決めたほか、「対支問題を根本的に解決し東洋永遠の平和を確保する」決議がなされた。そしてこの決議を実現するための、政府への働きかけと演説会の開催という運動方針も定められた。規則は五条からなっているが、第一条において、「自主外交の本義に拠り挙国一致対外政策の基礎を確立し対支問題の根本的解決を期する」ことが、目的として掲げられている。

　役員については、評議員と幹事を置くことが定められている。評議員は政党などの団体ごとに選ばれているが、寺尾亨と副島義一は有志者として評議員に加わり、副島は七人の幹事のなかの一人に選ばれている。結成された国民外交同盟会は運動方針にしたがって、政府に対して働きかけを行うと同時に、国民に向けた大演説会を九日と一三日に開いた。九日には、寺尾、副島の両名も演説を行っている。(43)

　政府に対しては、規則や決議にある目的を実現するために、七名の訪問委員が七日、外務省に加藤外相を訪れ、意見を提示した。しかし応対した加藤外相は、これに対して積極的な態度を示さなかった。このために対支聯合会では、より適当な内閣の出現を求めて、大隈内閣の倒閣を決意した。ただし聯合会内にはこれに反対する勢力もあり、大竹貫一、五百木良三《いおぎりょうぞう》らは脱退して国民義会を結成し、あくまでも政府を鞭撻して目的を達成する途を選んだ(44)。対支聯合会などによって結成された国民外交同盟会や、新たに生まれた国民義会の動きは、中国の新聞でも報道されており(45)、その言動は、政府の対中国政策に直接的な影響を及ぼすものではないとしつつも、新聞紙上で報道されるとともに、この機に乗じて日本国民の我が国に対する注意を喚起していると、伝えていた。

(2)　二一ヵ条交渉をめぐる学者たちの論評

二一ヵ条要求をめぐる交渉について報道してきた日本の新聞や雑誌は、交渉終結後には、学者による論評をしばしば掲載した。それらの論評は、要求の内容、交渉の成果、交渉の相手などを焦点としていた。『大阪朝日』に詳細な論評を寄せたのが末廣重雄であるが、その『大阪朝日』自体は交渉が継続しているなかで、「日本を危うするものは支那」（一九一五年四月二一日）という記事を掲載していた。そのなかで、袁世凱大総統による政治は「全く旧式にして、私党を朝に結び、内に異党を排斥」し、対外的には日本を排除してドイツと結ぶものであると、内政にまで批判の眼を向けている。そしてこのままこの政治が続けば、「支那永遠の為、東洋百年の為には、不利不安、是より甚しきはなく、乃ち直接に我国をも危うするものなり」と、中国の人民のみならず日本にとっても危険なことであると指摘している。そして交渉そのものについては、譲歩に反対し、「支那に対しては、帝国国是の大本に従ひ、堂々之に臨むべし。其の手段としては種々あり。袁総統の責任を問ひ、支那の国命を革むるも可なり」と、政権の交代にさえふれているのである。

さて末廣重雄は、二一ヵ条の要求と交渉に関して、最も詳しく論評した学者の一人である。末廣は交渉が終結した直後の五月九日に「対支要求批判」を、一四日と一五日に「満州発展の障碍去る」を『大阪朝日』に執筆した。五月九日の論評で、彼は交渉結果を非難する世論に対しては、正当ではないとまず指摘したうえで、交渉方法に関しては誤りがなかったとはいえないとして、三点をあげている。第一は、交渉を北京の日置公使にまかせたこと、第二は、膠州湾租借地の還付を最初から持ち出したこと、そして最後に、第五号には不適当な要求が盛り込まれていることである。だが交渉過程はともかく、最終的に第五号が引き離されたことによって、「一点批難の打ち処なき要求となつた」と、末廣は評価している。最後通牒をともなった最後の要求は、彼によれば、極東の平和のために必要な最小限のものであった。したがってこれを中国が受け入れない場合には、「最後の手段」に訴えなければならないと、彼にしてはめずらしく、声高な言論を吐いている。一四日と一五日の連載記事は、中国側の要求受諾によって満州開発の障碍が除去されたことを論じたものであるが、同地の経済的価値には懐疑的であるし、日本人による実際の開発については楽観視していない。

吉野作造が二一ヵ条要求の交渉を論評した「対支外交の儼正批判」（『中央公論』第三〇年六月号、一九一五年）は、必要以上の長文である。吉野の論評は、基本的に外務省の言い分を追認している。要求内容について、末廣が批判した第五号についても、「何れを見ても決して贅沢な要求ではない」と是認している。交渉方法についても、「ヂリヂリと我要求の貫徹に歩を進めた点は、以て我当局の労を多とするに足ると思ふ」と評価し、兵員交代を口実とする現地派遣軍の増強については、「万一の際に十分に在留同胞の生命財産を保護し得んが為めに、兵備を増したのであるまいか」と理解を示している。そして最後通牒については、「事茲に至れば最後通牒を発するの外に執るべき手段はないのである」と、やはりこれも容認している。「此事は確かに多くの論客の説く通り我当局の一大失態であらう」と、政府に注文をつけているのは、末廣とはまったく逆の立場で、最後通牒を発した時に第五号をひっこめたことに対してである。

当初、第五号の要求を秘匿していたこと、その後の修正提案を行う時に発した膠州湾租借地の還付声明を、将来の交渉のために残しておかなかったことなど、些細な点での批判はないではないが、吉野の姿勢の基本は日本政府支持である。ただ吉野の論評の特色は、中国の側に焦点を当ててこの問題を分析している部分にあるといえよう。吉野は袁世凱の知識や外交能力をまったく評価せず、ただ「権謀術数を縦横に弄して神出鬼没の妙を極むると云ふ」交渉術のみを有していると見なしている。したがって今回の交渉でも使ったのは、「信義に背き約束を無視し、秘密を暴露して日本に対する諸外国の反感を喚び起し、直接間接外国の力を籍りて日本を制せんとの有り来りの小策」であり、そのことによって、もともと日中両国だけが関係していた問題に外国を引き込むことになったが、そのためにみずからが苦しめられることを、袁世凱は理解していないと、吉野は指摘している。

吉野は大隈内閣の成立に対して、政党内閣の実現という観点から全面的な支持を表明し、次にとりあげる浮田和民も、二大政党制実現の好機として支持し、歓迎した。日本の内政への視角からは、両者の大隈内閣評価は共通していたのであるが、対中国政策に関しては対照的であったとされ、吉野は「政府支持派」に分類されている。(46)一方の浮田は、先進諸国の現状を、「内は立憲政治、外は国民的外交と称して内外共に輿論が政治の動機となつて居る」と特徴づけている。いうまでもなく、日本もまさにこのような時代にあった。だが浮田は、このような現状を賞賛しているわけではない。彼は、二一ヵ条交渉をめぐって新聞・雑誌に見られた世論の高揚の危険性を指摘し、政府がそれにしたがって交渉を進めたとすれば、戦争になっていたかもしれないと述べている。彼によれば、聡明な指導者を欠いた「輿論政治」は危険であった。このため、二一ヵ条交渉の最終場面での元老の介入に対しては、彼は国会での議論や世論と意見を異にしていた。浮田は、国民に健全な世論がなく、劣悪な党争が繰り返される「今日、信頼するに足る元老が無かつたなら其の危険如何ばかりであらう」と、その役割を高く評価している。

二一ヵ条の要求や交渉方法そのものに対しても、浮田は、吉野と違って批判的である。中国には武力で対抗できる力がなく、ヨーロッパ諸国は極東を顧みる余裕がない状況に乗じて、「必要なるも不必要なるも十把一束にして」要求を提出し、兵力を使い、居留民に立ち退きを指示し、さらには最後通牒まで出して何とか解決したのは、「国際史上比類少なき実例であつて頗る拙劣なる外交」であると、厳しく批判している。要求内容についていえば、吉野が最終場面でひっこめたことを残念がった第五号への批判は厳しい。そもそもこのような要求を出したことが「大過失」であり、開戦となってこれを実現したとしても、日本の国民が国際上得て来た「信用と利権とを一挙両失」したかもしれないと、浮田は指摘している。[47]立憲政治の成熟という内政上の問題においては立場を共通にしていたとしても、対中国政策の面では、浮田と吉野の意見の違いは明白であった。加えて重要な点は、国民外交同盟会に見られるような、世論の高揚とそれに追随した外交に対して、浮田は明らかに反対していたことである。

以上は政治学者による論評であるが、浮田と異なって、吉野は袁世凱という人物にこだわったことにも留意しておく必要があろう。漢学者の狩野直喜は二一ヵ条交渉について、要求、方法ともに失敗だったという談話を寄せている。ただここではこの点よりも、吉野とは逆の意味で、袁世凱に着目した意見を述べていたことに注目したい。彼は「対支要求批判」(『大阪朝日』一九一五年五月一〇日)という談話のなかで、袁世凱の道義性にはこだわらず、現状への適応を重視していた。もっともこの談話の最後では、「袁の老獪と陰険は如何しても我々の好くことの出来ぬ男たるは言ふまでもない」と、人格にふみこんだ批評をしているが、そこまではいたって冷静な分析である。

狩野は、日本人のなかに広くある袁世凱の道義性に対する非難を排除する。なぜかというと、中国と交渉するにあたって、「袁を嫌つて孫逸仙に持つて行つた処で纏りはつかぬ、どうしても袁に持ち込む外はない」からである。政治の中心が誰であれ、ただ利権の獲得に邁進しているのがイギリスなどだとしたうえで、「日本人の大義を天下に布くといつた様な道義心」だけでなく、そのようなやり方も考慮すべきであるとする。さらに「将来の外交はどうしても国民的の外交に進まなければならぬ。従つて対支問題に対しては、日本の国民も大いに考へを換へなければならぬ」と、浮田ほどには冷静でないが、将来的には国民の外交への関与が求められることを認めたうえで、そのためには国民の意識の転換が必要であることを指摘しているのである。

小結

すでに論証してきたように、臨時約法には基本法としての欠陥があり、そのことは当時の中国の党派を問わず自覚されていた。したがって臨時約法の改定は、中華民国の法制整備にとって必要なことであった。正式憲法の制定に向けて、国民党の議員を中心に編成された委員会も、この点をふまえて天壇憲法草案を起草したのである。したがって同草案では、国務院という内閣に相当する組織を第七章で明示し、臨時約法に対する批判の一つの要点であった国務員の任命に対する議会の同意権を縮小し、国務総理に限定した。また条約の締結など、対外的な面でも議会による制約は相対的に弱められた。さらに参議院の出席議員の三分の二以上の賛成という厳しい条件つきではあるが、衆議院の解散規定も盛り込まれた。

だが袁世凱大総統は、この天壇憲法草案に賛成しなかった。外国人顧問たちを通して表明された批判の要点は、衆議院の国務総理任命に対する同意権、国務員に対する不信任決議権であり、第八二条に掲げられている、不信任決議を受けた国務員の免職規定であった。こうした批判に見られるように、袁世凱大総統の増修提案に基づいて制定された新約法は、議会による制約を極力縮小し、しかも内閣制の要素を取り除いたものであった。諮問機関の重視も含めて、新約法は大総統独裁という内容を有していたわけであるが、そうだからといって、中華民国が立憲国家として成熟する道筋が途絶えたわけではなかった。なぜなら、新約法は中華民国の建国当初に必要な基本法と位置づけられ、やがて憲法の制定と成熟した立憲国家の形成が予定されており、実際に新約法第九章「制定憲法程序」の条文にしたがって、参政院を中心に憲法案の作成が続けられたからである。袁世凱という人物の人格や道義性を問題としないかぎり、新約法は立憲国家形成の途上に位置していたのである。

こうした時期にこそ、袁世凱政権は絶頂期を迎えるのであるが、日本から見た場合、対中国政策の遂行にあたって、この政権といかなる関係を取り結ぶかは、基本的に重要な問題であった。改造以前の第二次大隈内閣は、袁世凱政権の存在を前提とし、それとの外交交渉によって利権の拡大を図る方針で臨み、二一ヵ条の要求を提起した。しかし国会での論戦や民間の言論には、このような政府の方針とは異なる主張も見られた。たとえば吉野作造と浮田和民はともに第二次大隈内閣の成立を歓迎したが、二一ヵ条要求をめぐる交渉については評価が異なっていた。浮田と違って、吉野は基本的に政府支持の立場にあり、第五号の要求の堅持という姿勢さえ示していた。また相手側の中国政府に対しては、大総統である袁世凱の人格的な批判にまで踏み込んだ。このほか、袁世凱政権の存在を前提とする外交交渉という政府の基本方針に明確に異を唱えていたのが、内田良平らの対支聯合会であり、臨時約法の草案づくりに関与した寺尾や副島も、この動きのなかにいた。

（1）拙著『立憲国家中国への始動――明治憲政と近代中国』思文閣出版、二〇〇九年、二九五頁、二九八頁。
（2）アーネスト・P・ヤング著・藤岡喜久男訳『袁世凱総統――「開発独裁」の先駆』光風社出版、一九九四年、一八三頁、一八五頁、二七四頁。
（3）金子肇「袁世凱政権における国家統一の模索と諮詢機関の役割」『東洋学報』第七九巻第二号、一九九七年。金子は最近の論文においても、新約法公布後の袁世凱政権のもとでの国家統合について、一見強固にはみえるが、「人的紐帯」に依存したが故の不安定性を内包していたことを指摘している（「民国初期の改革と政治的統合の隘路」辛亥革命百周

年記念論集編集委員会編『総合研究　辛亥革命』岩波書店、二〇一二年)。
(4)「支那国会ニ於テ討議中ノ民国二年憲法草案」(大正五年九月) 外務省記録『各国内政関係雑纂』支那ノ部、法令、第四巻。
(5) アーネスト・P・ヤング著・藤岡喜久男訳前掲書、二一七頁。
(6) 黒龍会「対支問題意見」内田良平文書研究会編『内田良平関係文書』第四巻、芙蓉書房、一九九四年。
(7) 櫻井良樹『辛亥革命と日本政治の変動』岩波書店、二〇〇九年、二七九頁。
(8) 松岡八郎「第二次大隈内閣の成立」『東洋法学』第二三巻第一号、一九八〇年。同「第二次大隈内閣の施政(一)」『東洋法学』第二四巻第二号、一九八一年。ジャーナリズムのなかでは、全国記者聯合会を代表して、『萬朝報』の黒岩周六(涙香)らが、大隈に対して組閣の命に応えるように要望書を送った。第二次大隈内閣の成立をめぐる新聞記者たちの具体的な行動については、小山俊樹『憲政常道と政党政治——近代日本二大政党制の構想と挫折』(思文閣出版、二〇一二年)の第二章に詳しい。
また首相への就任が決まったのち、孫文は大隈に中国の革命勢力への援助を求める書簡を送り、そのなかで「現時革命党ノ助ヲ望ムヤ至切ナリ、而シテ日本能ク革命党ヲ助ケレバ、則チ大利有ラン、所謂相需至殷、相成至大ナル者此レナリ」と述べていた(渡辺幾治郎『文書より観たる大隈重信侯』故大隈侯国民敬慕会、一九三二年、二〇三～二〇四頁、二一六～二二一頁)。

第二次大隈内閣の成立を、学者たちも好意的に受けとめ、吉野作造は政党を基礎とする連立内閣という点で賛意を示し、普通選挙制の採用を断行して多数党を形成するように進言した(尾崎護『吉野作造と中国』(中公叢書)中央公論新社、二〇〇八年、一三八頁)。また浮田和民も、大隈内閣の成立に多大の期待を寄せたといわれている(大和田茂「編輯主幹・浮田和民の位置」鈴木貞美編『雑誌『太陽』と国民文化の形成』思文閣出版、二〇〇一年)。他方、野党的な立場にたつことになった政友会の原敬は、大隈と「生涯相容れ」ず、日記のなかで、大隈を「いつも大ボラ吹きと軽蔑し」、ののしっていたといわれている(松尾尊兊『大正時代の先行者たち』(同時代ライブラリー一四三)、岩波書店、一九九三年、九五頁)。

（9）『政府公報』第六〇三号、一九一四年一月一一日。
（10）金子肇前掲論文。
（11）『政府公報』第六〇一号、一九一四年一月九日。
（12）『政府公報』第五八九号、一九一三年一二月二三日。
（13）『政府公報』第六〇五号、一九一四年一月一三日。
（14）金子肇前掲論文。
（15）同右論文。
（16）『申報』一九一四年三月三〇日。
（17）『申報』一九一四年四月五日。
（18）『政府公報』第七一二号、一九一四年五月一日。
（19）狭間直樹「今井嘉幸（一八七八―一九五一）愛媛」『孫文研究』第四二号、二〇〇七年。狭間論文によれば、最初に革命への支援を行ったのち、今井は天津に引き上げる途中で『建国策』を執筆した。また帝制反対の軍事蜂起にあたって、南方側の政府の顧問に招かれた時、帰国にあたって『建国後策』を執筆した。最初の『建国策』は、「北洋法政学堂教授日本判事学士今井嘉幸」という肩書で、一九一二年の五月から七月にかけて、天津の『大公報』にも掲載された。今井の『建国策』については、山室信一も言及している（『思想課題としてのアジア――基軸・連鎖・投企――』岩波書店、二〇〇二年、三七九頁）。そこに示されている「中国の民主共和制が採るべき中央集権体制についての構想」に対して、章炳麟は称賛を示しつつも、各省の行政長官に督撫以上の権限を与える考えを批判し、省制を廃止して道制を採用し、地方を中央の直轄下に置くべきであると主張した。この両者の意見の違いは、中国の近代国家形成をめぐる一つの重要な争点であり続けた。
（20）『申報』一九一四年三月一六日。
（21）山田辰雄「袁世凱帝制論再考――フランク・J・グッドナウと楊度――」同編『歴史のなかの現代中国』勁草書房、一九九六年。

(22)『申報』一九一四年三月二八日。
(23)『申報』一九一四年二月三日。
(24)福田忠之「中華民国初期の政治過程と日本人顧問有賀長雄――袁世凱政権期の立憲事業に関連して――」『アジア文化交流研究』第四号、二〇〇九年。
(25)山口利明「浜面又助文書――中国第三革命と参謀本部――」『年報・近代日本研究』二（近代日本と東アジア）、一九八〇年。
(26)「最近支那政局の解剖」『太陽』第二三巻第九号、一九一七年。
(27)これは、一四日付のものである。第一〇回として掲載されているものが、一三日付と一四日付の両方に見られる。そのままで判断すれば、第一〇回だけが分割して掲載されたことになるが、一四日付のものは第一一回の誤植の可能性もある。
(28)「第三革命後の支那」『吉野作造選集』七（中国論一）、岩波書店、一九九五年。
(29)松岡八郎「第二次大隈内閣の施政（二）」『東洋法学』第二五巻第二号、一九八二年。
(30)霊犀「論日本総選挙政府党勝利之真因」『東方雑誌』第一二巻第五号、一九一五年。
(31)「官報」号外（大正四年六月四日）『帝国議会衆議院議事速記録』三〇（第三五・三六回議会）、東京大学出版会、一九八一年。
(32)「官報」号外（大正三年一二月九日）、同右書所収。
(33)『中央公論』第三〇年二月号、一九一五年。
(34)大津淳一郎『大日本憲政史』第七巻（明治百年史叢書第一〇八巻）、原書房、一九七〇年、四八九～五〇三頁。
(35)黒龍会『東亜先覚志士記伝』中（明治百年史叢書第二三巻）、原書房、一九六六年、五七六頁。
(36)北満楼「如何はしき対支同志聯合会」『太陽』第一九巻第一三号、一九一三年。
(37)「対支外交善後策」内田良平文書研究会編『内田良平関係文書』第四巻、芙蓉書房、一九九四年。
(38)櫻井良樹前掲書、二八七～二八八頁。

(39) 黒龍倶楽部『国士内田良平伝』(明治百年史叢書第一一巻)、原書房、一九七七年、五五四頁。
(40) 鵜崎鷺城『奇物凡物』隆文館図書、一九一五年、七九頁。
(41) 国民外交同盟会『対支問題意見交換会演説筆記』一九一四年、三二頁、四六頁。
(42) 岡義武ほか編『小川平吉関係文書』二、みすず書房、一九七三年。
(43) 前掲『対支問題意見交換会演説筆記』「附録」一〜六頁。
(44) 前掲『国士内田良平伝』、五五五頁。
(45) 『申報』一九一六年三月一六日。
(46) 松田義男「浮田和民の政治思想(二)――『太陽』主幹期を中心に――」『早稲田大学史記要』第二二巻、一九九〇年。
(47) 「対支外交上の大問題(政府当局者の責任を明かにす)」『太陽』第二一巻第六号、一九一五年。

第四章　中国の帝制復活をめぐる日本の政策と世論

新約法の制定後、立法院の職権を代行する参政院を中心に、正式憲法の制定作業が進められた。その一方で、帝制復活の言論も生じるようになった。参政院によって推挙された委員で構成された憲法起草委員会のメンバーの一人であった楊度は、一九一五年四月に「君憲救国論」を著していた。これに続いて同年の八月には、外国人顧問の一人であったグッドナウが「君主与共和論」を発表した。帝制の復活を図る運動体である籌安会が結成されたのは、このグッドナウの論文が発表された直後であった。この籌安会では、帝制の復活を求める各種の請願団を組織することによって、国体の変更に関する手続き面での整備を参政院に求めた。このような要請に応えて、参政院が議決したのが国民代表大会組織法であり、一〇月八日に公布された。

組織法の内容は、約法会議で決定された。新約法で規定されていた国民会議は正式憲法の最終的決定権を有していたが、国民代表大会は、この国民会議の初選当選人などによって構成されることになった。この国民代表大会で、一〇月下旬から立憲君主制への変更に対する賛否の投票が行われ、すべてが賛成票であった。国民代表大会では、立憲君主制への変更に賛同すると同時に、参政院に対して、君主への即位を現大総統である袁世凱に求めるように依頼した。短期間での投票終了、全員の賛成、袁世凱推戴への踏み込みなど、国民代表大会の行動はかなりの無理を含んだものではあったが、ともかくもこのような手続きを経て、袁世凱現大総統の君主への推戴が決定された。参政院からの推戴書の提出は二回にわたって行われたが、袁世凱は一二月一二日に受け入れの意思を表明した。

この帝制復活の試みをどう評価するかは難しい問題であるが、少なくとも孫文中心史観に基づく袁世凱の人物論的な方法からは自由になるべきであろう。共和制か君主制かといった選択の前に、近代中国には富強化という一貫する課題があり、辛亥革命もその課題追求のなかにあった。このような課題の解決という視角から、帝制復活を辛亥革命の延長線上に位置づけようとする見解もある。[1]こうした見解は、現代中国の政治システムに対する歴史からの接近という点で重要な意義を有するが、ここでは一九一五年から翌年にかけての帝制復活の動きを、日本との関係という視角から考察してみようと思う。それは、帝制復活の動きは内政史の面からのみでは十分に理解できないからであり、その始まりから挫折までの過程に、日本の政策と世論が深く関わっていたのである。

グッドナウが「君主与共和論」を発表し、籌安会が結成された頃の日本では、改造第二次大隈内閣の組閣が行われていた。大隈内閣の改造は大浦兼武内相の辞職を機に行われたが、ここで重要な点は、加藤高明外相が閣外に去ったことである。後任には、前駐仏大使の石井菊次郎がついた。この改造の結果、閣内では外交政策も含めて尾崎行雄法相の発言力が強まり、また外交政策が「大陸浪人」や陸軍など、閣外からの影響を受けやすくなった。[2]

帝制復活の動きに対して、中国国内では雲南をかわきりに、一二月下旬から反対の運動が始まったが、袁世凱政権を支えていた政治・軍事勢力の帝制復活支持はさほど強いものではなかった。[3]袁世凱の帝制復活を挫折に追い込んだ要因として、このような国内的なものも当然あるが、あわせて重視しなければならないのは、当時の日本における対中国政策や世論の動向である。当時の日本には、中国での帝制復活の動きに対して、あくまでも内政問題として冷静に対処すべきである、あるいは日本における憲政の定着の歴史を振り返り、中国の政治的混乱もながい眼で終息を期待し、外国が干渉すべきではないといった言論もあったが、[4]政府も含めて、日本国内の動きは帝制復活への反対、さらに袁世凱の政権からの排除へと向かっていった。

そもそも帝制復活への動きが、なぜ一九一五年八月から具体化したのかという、素朴で重要な問題がある。この点に関する袁世凱自身の判断として、三つのことが指摘されている。第一は「権力が全国的に固まったこと」、第二に「日本の意図が読めたこと」、第三に「政治的権威の新たな支柱の必要性を感じたこと」である。帝制復活の動機には、国内外にかかわるものがあったわけであるが、なかでも日本に関係がある第二の点は、「帝制運動のタイミング決定の大きな要因であった」といわれている。[5]

帝制復活の動きの開始時点だけでなく、挫折にいたる過程においても、日本政府の対中国政策は大きな影響を与えた。その日本政府の対中国政策が、閣外からの影響を受けやすいものであったとするなら、当時の民間における言動やジャーナリズムの報道も含めて検討することの重要性は明らかであろう。北京では袁世凱が洪憲年号の採用を宣布し、他方、雲南の昆明には護国軍政府が組織された一九一六年一月から、『申報』紙上に「東京外交界要聞」という欄が設けられ、飄萍という筆名での連載が開始された。中国の民間でも、日本の対中国外交に対する関心が強くなっていったのである。

第一節　帝制復活と改造大隈内閣の対中国政策

(1)　改造大隈内閣の対中国政策と内田良平

加藤外相が閣外に去った改造大隈内閣にとって、二一ヵ条交渉後の反日運動の高揚もあり、対中国政策の推進は重要な課題となった。だが日本の政界における対中国政策の方針は、一つにまとまっているわけではなかった。改造以前の加藤外相は、イギリスをはじめとする列国との協調を前提とし、国際的な承認を受けている袁世凱政権との交渉によって利権の獲得を図ることを基本方針としていた。[6]二一ヵ条交渉もこのような方針のもとに進められたのであるが、大隈内閣の与党である立憲同志会のなかには、加藤とは異なる対中国政策論があった。その主体は「旧国民党系同志会員」といわれる人々であり、彼らは、袁世凱大総統に集権化された体制の樹立を、日本の中国に対する覇権確立の障碍と考える「対外硬派」との関連が強かった。袁世凱による帝制復活に対する延期勧告という干渉は、南方共和派の援助という尾崎法相に代表される主張も加えて、旧国民党系の閣僚を中心に政策化されていった(7)。

帝制延期勧告は一九一五年九月の政府の会議に提出され、一〇月一四日には大多数の閣僚の賛成によって閣議決定された。そしてこの月の二八日に、日本の小幡酉吉《おばたゆうきち》代理公使はイギリス・ロシア両公使と共同で、中国の外交総長に対して帝制の延期を勧告したのである。石井外相が小幡代理公使に指示した勧告は、ほぼそのまま陸徴祥外交総長に伝えられた。この勧告の趣旨は、以下の点にあった。第一に、帝制復活の計画は「急遽進展」した点、第二に、この計画に反対する感情は「意外ニ熾烈ニシテ暗流甚タ危険」なものがある点、第三に、それによって国内が動揺することは中国自体にとって不幸であるばかりか、列国の利害への影響も憂慮される点、第四に、上海のほか、「長江筋竝南支地方」の情勢は憂慮に堪えないものがあるが、中国政府は異変なく無事に復活を実現できるのかという点であり、このような懸念材料を提示したうえで、帝制復活の計画を延期するように申し入れている(8)。

中国で帝制復活問題が具体化した一九一五年八月には、日本では加藤が辞任して専任外相がおらず、大隈首相が兼務していた。このために閣内は、他の大臣が外交問題に介入しやすい状態にあった。このような状態に乗じて、政府外から対中国政策に介入しようとしたのが対支聯合会である。内田良平は八月二七日に、逓信大臣の箕《みの》浦勝人《うらかつんど》および農商務大臣の河野広中の要請を受けて、逓信大臣官邸で中国問題に関する意見を陳述した。さらに翌月七日には、大蔵大臣武富時敏も加えた三人と会談しているが、八月二七日に内田が陳述した意見の要点を整理すると、以下のようになる。[9]

内田のそもそもの懸念は、日本国内の「挙国一致」ができていない点にあり、「挙国一致」を実現しやすいテーマが中国問題であった。このような動機から中国問題に対処してきた内田から見ると、二一ヵ条交渉は失敗であった。その理由は、「対支政策の根本方針」を立てないままに交渉に入ったことにあった。したがって内田が改造大隈内閣に期待することは、この「根本方針」の策定であり、意見陳述はそのためのものであった。

内田は三つの「根本方針」案を提示し、政府がいずれの案を選択しても異議はないとしているが、「最も希望する」のは、満蒙の割譲と「支那本部」に対する指導権の掌握という案である。三案の違いは、満蒙の現状維持、割譲、保護下に置く、という選択にあり、その違いによって生じる日本の「指導権」の及ぶ範囲である。内田は「吾々同志の一類」の意見として、「支那の内政にまで立入りて世話するだけの実権」が必要であることを指摘しており、彼がいう指導権とはここにまで及ぶものと考えられる。なお、その指導権を発揮するうえでも、中国の国体は日本と同様にする必要があるという意見を提示しているが、内田は中国の君主制復活論をすでにこれ以前から主張していた。

九月七日の三大臣との会談で内田が陳述した意見は、より中国の現実の問題を考慮したものとなっていた。「根本方針」に関する三案に変更はないが、その選択と実施を図る前に、「先づ袁世凱に反対する革命派と宗社党を指導、援助して反袁・親日政権を樹立することが先決要件」だと述べた、といわれている。[10]内田の「対支政策意見」によって確認すると、九月七日の会談では、共和制か君主制かといった一般論を離れて現実論に入り、「袁世凱を主権者の位置に措くこと」がよいのかどうかの決定が「第一先決問題」だとしている。それは二一ヵ条交渉の時にすでに提起されていた「袁世凱を相手とするか否か」という問題であり、内田は袁世凱を交渉相手とすることに反対していた。彼によれば、それは「吾々民間側に多い議論」であった。内田は改造大隈内閣の閣僚に対して、袁世凱が帝制を復活することはもとより、大総統の地位にあることそれ自体に反対するように進言していたのである。

三閣僚が、内田の意見をどのようにとりいれて提議したのかは明らかでないが、文部大臣の高田早苗はすぐに同調したものの、内閣全体としての合意を得るまでにはいたらなかった。たとえば、岡市之助陸相は帝制復活を支持することによって袁世凱に対する指導力を強めようとする考えで、陸軍側のこのような考えは、一九一五年の末まで保持されたといわれているから[11]、内田の主張がそのままで政策化されることは困難であったろう。

当時、法相であった尾崎行雄の回想はかなり自己中心のものではあるが、帝制延期勧告の問題について、次のように述べている。袁世凱による帝制復活が行われた場合、中国が混乱し、その影響が日本のみならず世界全体に広がることを懸念し、英米仏などと共同してそれをやめさせることを閣議の場で提起した。三閣僚の提議との関係にはまったく言及がないが、その結果は、「外務大臣も、留守中のことゝて、余り賛成者は無かつた」。尾崎の回想では、局面を変えたのは、事務報告のために閣議の席に連なった小池張造政務局長の発言であった。非公式の協議のなかで、尾崎が先のような持論を述べて意見を求めたところ、幣原喜重郎次官をさしおき小池局長が率先して賛同した。その結果、外務省としての意見を集約することになり、小池局長が外相就任のために帰国途中にあった石井菊次郎に説いて外務省案をまとめ、閣議に提出することになった[12]。最終的な閣議決定にいたる過程で、三閣僚の提議と尾崎の発案がどのように調整されたのかはわからないが、この決定は内田の根本にある考えとは異なっていた。

この間に、民間においては、国民外交同盟会が「急先鋒」となって有志大会や大演説会を開くなどして、袁世凱の帝制復活に反対する運動が繰り広げられ、対支聯合会から分裂した国民義会も同様な運動を展開した[13]。また内田は延期勧告が実施されるまでに、中国の帝制復活問題にしぼった「支那帝政問題意見」をまとめ、一〇月一七日に大隈首相に提出した[14]。この「意見」を読むと、内田の根本的な考えと、政府のとった政策が一致するものではなかったことが判明する。この「意見」は、三つの部分からなっている。最初の部分で内田は、中国の帝制問題に対して警告を与えたり、賛否の意思を表明することに反対している。帝制復活の延期を勧告しようとする動きが日本政府にあることにふれた内田は、それを「大ナル謬見ナリ」としている。袁世凱政権の倒壊を、何よりも優先させようとする内田から見れば、そのような措置は「対支問題解決ノ機会ヲ遷延セシメル」に過ぎなかったからである。

次の部分では、袁世凱の帝制復活を承認することに反対している。その理由は、「袁ノ反対者等」の排日運動への傾斜、日本に信頼してきた人々の離反を招きかねず、その結果、「将来永ク其民心ヲ収攬スル能ハザラル禍根」を残すことにあった。そして最後の部分では、帝制復活承認の見返りとして二一ヵ条要求のうちの第五号の解決を求めるようなやり方に反対し、「袁世凱ヲ除去セザル以上、到底日支ノ融和ヲ望ム可カラズ」と、日本の対中国政策遂行の前提として、袁世凱の政権からの排除を先決問題と位置づけていた[15]。帝制復活問題をめぐって、改造大隈内閣が採用した当初の政策は、内田の意見と一致するものではなかったのである。

（２）帝制延期勧告をめぐる中国の新聞報道

日本などの帝制延期勧告とそれへの中国政府の対応については、中国の新聞でも報道されていた。一九一五年一〇月三一日付の『大公報』は、『順天時報』の記事をもとに、勧告がなされた事実を報道した。これ以降、『大公報』は頻繁に帝制復活をめぐる外交交渉と中国政府の対応について報道している。現実の推移から若干おくれを見せているが、一一月中の主要な内容を整理すると、次のようになる。まず列国の動向については、その間で意見が必ずしも一致していないことを指摘し、英仏露は内政干渉を避け、中国政府が外国人の保護に全力をあげるように要求していることを五日付で報道し、二五日付では、北京の公使団が五つに分かれており、英仏露が三ヵ国で一つのグループを形成しているのに対して、日本は単独であることを伝えていた。

中国政府の対応について報道しているのが、七日、八日、一五日付である。まず新約法は主権が国民全体に基づくと規定しており、今回の帝制復活はその国民の意思によるもので、政府としては如何ともしがたいという列国への回答を準備しつつあることを伝え、一方で国内に関しては、外国に干渉の口実を与えないために、条約の遵守と秩序の維持、外国人の保護に努めることを協議したことが報道されている。そして一五日には、準備に相当の時間を要することを理由として、実質的に帝制の実施延期を列国に回答したことを伝えている。この結果に対して、二〇日付の報道では、独立国としての面目に傷がついてしまったことを指摘していた。

以上の『大公報』の報道を、中国政府の対応に焦点をあてて、現実に照らし合わせてみると、次のようになる。日本などの勧告への回答は、一一月一日に曹汝霖外交次長より口頭で行われた。曹外交次長は、国体の変更はそもそも中国の内政の範囲にあることを前提として指摘したうえで、回答を行っている。その要点は、第一に、国体の変更は国民の意思によるものであり、新約法の第二条での主権の所在規定によれば、政府は国民の意思を尊重せざるを得ないこと、第二に、国民が帝制の復活を求める理由は、多民族で構成される多様で広大な国土と教育のおくれた人民を擁する中国における、元首の交代による混乱への心配にあること、第三に、列国の懸念する国体の変更によって生じる秩序の動揺については、中国自身がより正確な調査を行っており、各地方から憂慮すべきような事態は何の報告もなされていないことであった。その後、一一月一一日に陸徴祥外交総長が小幡酉吉臨時代理公使に対して、国体変更の手続きに要する時間を理由として、事実上の実施延期を回答してきた[16]。

一方、上海で発行されていた同時期の『申報』は、外国語新聞の記事も活用しながら、どちらかといえば日本の動向を中心に報道していた。一一月二日付では『字林報』(North China Daily News) の社説によるものとして、日本政府の勧告に対して、次の三点の疑義を提示している。第一に、勧告のなかで懸念している中国国内の秩序の不安に関する情報は得ていない。第二に、もしそのような情報を日本政府が手に入れているのであれば、なぜもっとはやく勧告をしなかったのか。帝制の復活にすでに着手し、後退できないようになってから勧告したのであれば、異なことである。第三に、このような勧告が中国の「革党」を刺激することにならないだろうか。他の外国語新聞の社論を使った七日付の記事は、中国国内の秩序、日本政府の勧告の出し方について、二日付のものと同様な見解を述べ、このようなやり方は「袁総統およびその政府を困難な状態に陥らせ、辱めるものではなかろうか。もし日本の勧告に従えば、必ず国民に威信を失い、かつ中国の内政が日本によって操縦され、中国の内務部が東京に設置されていることを承認することになる」と、批判的言論を展開している。

(3)　勧告問題に関する第三七議会での質疑

一九一五年一二月一〇日付の『大公報』は、日本語新聞の『天津日報』の記事をもとに、七日に石井外相が議会で中国の帝制延期勧告問題について演説したことを報道していた。これは一日に召集された第三七議会でのものであり、演説のなかで石井外相は、勧告を行った理由と中国側からの回答について述べている。帝制の復活には、表面はともかく、「裏面ニ於ケル反対不安ノ気運ハ、意外ニ深ク且広キニ亘ルト信ズベキ理由」があり、もし擾乱が生じた場合、中国に利害関係を有する諸国、なかでも日本がこうむる損害は「計ルベカラザルモノ」があるために勧告したのであり、決して中国の内政に干渉する意図はないことを、石井外相は指摘している。中国政府からの回答については、その趣旨が不分明であったために、再度確認したところ、中国政府の意向で公にはできないが、要するに「多少延期ヲ免レズ」というものであったことを、明らかにした。この演説に対して、この日に質問に立ったのが国民党の関直彦である。

関は二一ヵ条交渉で、中国の政府および国民の対日感情が悪くなっていることを指摘したうえで、帝制の復活に対して延期の勧告を行った理由と、中国側からの回答に対する所感について答弁を求めた。ここで検討を要するのは前者のほうで、そもそも国体の変更は各国の自主に任すべきで、他国が干渉すべきことではないという原則を指摘し、そのうえで関は、「果シテ斯ル干渉ヲ為サネバナラヌ必要」があったのかを問うた。この質問に対する石井外相の答弁は、明確な根拠を有するものではなかった。石井は日本の対外貿易における中国市場の重要性を指摘したうえで、帝制の復活で「此四億ノ民心ニ動揺ヲ起シ、更ニ内乱デモ起ルト云フコトニナリマスレバ」、その重要な市場が混乱してしまうことを指摘している(17)。関の質問に正面から回答するためには、現状に基づく理由の提示が必要であったが、石井の答弁は、危惧される事態を予想したものに過ぎなかったのである。ただ単に中国社会の安定維持ということだけに理由があるとするのであれば、ずるずると延期させるほうが危険で、急いで帝制に移行させるほうが適当であるという考えも成り立つわけで、質問の一点として、このような批判をしたのが政友会の林毅陸《きろく》である。

林はこの点も含めて、帝制延期勧告に関する五点の質問をしているが、重要な内容は、延期勧告の時機、方法と責任、閣内での決定過程である。まず時機については、帝制復活の運動が進展して、もはや後退ができないという時点にいたって勧告したことを批判し、方法については、列国と共同して公に勧告したことを問題視し、これでは「袁世凱ノ面目ハ忽チ潰レル」ことになり、受け入れにくくすることになったのではないかと指摘している。林は直接的に言及しているわけではないが、ここまでの指摘は、政府の勧告の動機が、帝制の復活そのものではなく、袁世凱によるそれにあるのではないか、という疑念を示唆している。そのために「袁政府ニ反対スル者ニ対スル奨励トハナラナイカ」、「或ハ動乱ヲ思ヒ、或ハ革命ヲ思フト云フ者ニ向ッテノ間接ノ奨励ニハナラナイカ」と、勧告したことの責任を、林は問うているのである。最後の決定過程の問題も重要で、「外務省以外ノ或方面ヨリイロ〳〵ナ計画ガ出テ、外交機関タル外務省ヨリ離レテ、イロ〳〵ナ案ガ浮ンデ来テ、殆ド天降リ的ニ外務省ニ此案ヲ降ッタヤウニ私ハ承ッテ居ル」と指摘している。

順序は逆になるが、この点についてより踏み込んだ発言を、林は初めの頃にしていた。一〇月一四日の延期勧告の閣議決定は、前日の石井外相の就任以前にすでに固まっていたとし、閣内では高田文相の名前をあげながら、「兎ニ角外務省ナラザル方面ヨリ、此問題ニ付テ熱心ナル運動」があったことを指摘しているのである。(18)

この問題はのちにまた言及することになるが、林の質問のなかで、さしあたって重要な点は勧告の時機である。林に続いて質問に立った政友会の小久保喜七は、九月六日付の『報知新聞』に掲載された大隈首相（外相兼務）の談話をとりあげ、そのなかで中国は帝制がふさわしく、帝位につく人物は袁世凱以外にはいないと発言していると、指摘したのである。(19) 重要なことは、このような趣旨の大隈の発言が、新聞を通じて中国にも伝わっていたことである。九月六日の東京情報として、『申報』（一九一五年九月一四日）が報じた大隈の発言の趣旨は、次のようなものであった。「国体の問題」はまったく中国の内政に属し、「君主、民主」いずれでも日本は傍観の立場をとるが、これは列国いずれも同じことである。だが日本の利益に障害があれば、何らかの手段で干渉することは辞さない。大隈の発言に言及したのは『申報』だけではなく、『大公報』（一九一五年一〇月二二日、二三日）に連載された邵振清という人物からの東京情報でもとりあげられていた。

大隈の談話は、一九一五年九月六日付の『報知』に掲載されたものであり、『申報』はほぼ正確に内容を伝えていた。この談話のなかで大隈は、「革命以来の政治的状態に徴すれば今日の共和政治を以てしては将来に於て国内統一の実を挙げ国運の伸張を図るが如きは到底不可能」と、中国政治の現状への認識を示したうえで、君主制の復活を当然視し、「多少の反対ありと雖も今日の勢を以てせば竟に共和政廃れて君主政の復活を見るものと断じて不可なからん」としている。そのうえで袁世凱の政治上の実績を高く評価し、「今日の袁総統にして皇帝となるも総統にして国内統治の実力手腕を有するに於ては敢て国民の反対せざる所なりや明か也」と、大隈は袁世凱の皇帝即位への中国国民の信任を指摘している。日本の対応については、共和制か君主制かの選択はまったく中国の内政問題であって、「日本としては徐ろに形勢観望の地位に立つの外なし」としたうえで、最後に、日本の利益が侵害される事態が生じた場合の「何等かの手段」の行使を担保している。

ほぼ同じころ、駐日公使の陸宗輿は大隈首相と会見しており、その時にも大隈は、帝制を復活させるか否かは、日本の関知するところではないという意思を示していた。ただ『報知』での発言とは若干異なっており、やはり中国に混乱が生じ、日本の通商上の利益に障害が生じてはならないことを指摘したうえで、さらに、中国の政治は安定に向かいつつあり、現在あえて国体の変更に着手する必要はないのではないかという所感を述べていた[20]。

以上のような大隈の発言からすると、最初の勧告の実施は根拠の薄弱なものであったといわざるをない。というのは、この時点までに日本の利権や居留民に被害が生じるような混乱は出現していなかったからである。『大阪毎日』（一九一五年一一月八日）に掲載された「内外の形勢」という記事のなかの「日支交渉」の部分で、勧告をめぐる日中両政府の立場について、「我は支那に内乱の兆証ありとなし支那は其を否認すると云ふにあり」と的確に指摘されていたように、帝制の復活問題の焦点は中国社会に混乱を引き起こすか否かということにあった。最初の勧告までにはなかったとするならば、一五年末に雲南で護国軍の蜂起が始まるまでの間においてはどうであったろうか。一二月初旬に上海で起きた中華革命党の陳其美らによる軍艦の乗っ取り事件は、国会での議論で「オ茶番」といわれるようなものでしかなかった[21]。

（4） 護国軍蜂起後の日本の言論と政策

一二月一二日の袁世凱の皇帝推戴の受け入れに対して、日英露など五ヵ国は第二次の勧告を行ったが、それを率先したのは日本であった。一二月一五日の外交部での勧告の実行は、英露仏などの公使の推薦で、日置益公使が担当したのである。[22]また『大公報』（一九一五年一二月二四日）は、『大阪朝日』の北京電報をもとに、第二次勧告は日本の意によるもので、その他のイタリアも含む四ヵ国は署名しているとはいっても、公使の言動から、日本と意見が同一ではないことがわかる、と報じていた。実際にロシアとフランスは、帝制が実施されれば承認する意思を秘かに示していたし、イギリスも帝制はすでに既成の事実であると見なしていた。[23]こうした状態に大きな衝撃を与えたのが、年末に起きた雲南の独立宣言である。これは一〇月下旬の勧告の正当性を、結果として論証する事態の出現であった。

雲南で独立宣言が発せられると、北京の日置公使はさっそく中国の外交部を訪れて、陸徴祥国務卿に雲南の実状を問いただしたようである。[24]この時点では、中国政府も十分に回答できる準備がなかったようであるが、翌年一月早々には、列国への四点の回答内容をまとめた。それは、雲南の反乱は「国体」への誤解から生じたもので、鎮圧の方法はあるので外国は関与しないこと、交戦団体としての資格は有していないので、列国が資金や兵器を提供しないことを求めている。[25]しかしこの月には、昆明に中華民国護国軍政府が設立され、独立と袁世凱政権に反対する軍事行動は西南諸省に拡大していった。

こうした西南諸省での独立と袁世凱政権に反対する軍事行動の拡大に対して、日本政府は事実上それを支援するような政策を採用するようになった。吉野作造によれば、それは以下の三点に表れていた。[26]第一に、一九一六年二月に雲南に領事館を開設したこと、第二に、今井嘉幸が護国軍軍務院に法律顧問として招聘されるにあたって、「多大の好意的尽力」を行ったこと、第三に、山県初男、嘉悦敏という二人の軍人を派遣したことである。

他方、民間について見ると、第一次勧告以前に「支那帝政問題意見」を政府に出していた内田にとって、中国でのこのような情勢の出現は、その内容を実現する好機となった。内田の構想は南方の勢力と宗社党とで袁世凱政権を挟撃し、新政権を樹立するというものであった。[27]この内田らが創設した対支聯合会と国民外交同盟会などは連合して対支問題有志大会を開き、最初の勧告にも関わらず帝制の復活を進め、中国を擾乱の惨禍に陥れたことを非難し、袁世凱を排斥しなければならないとする決議を行った。[28]

日本の民間での言論が、帝制復活への批判から袁世凱の政権からの排除へと変化しつつあったそのころ、北京の日本人の間でも似たような動きがみられた。それは日本人の「北京有志団」による宣言の発表であり、[29]七項目からなっていた。

この宣言は、最初に、列国のなかでの日本の優越的発言権を拡大し、第三次の勧告を行うことを提唱しているが、帝制復活の延期そのものへの関心はうすい。それは雲南や貴州の独立を軽視できないとする現状認識にもよるが、なによりも袁世凱の政権からの排除が重視されていたからである。日本の政府や議会に対しては、中国に対する方針の確立と「国民の欲望と輿論の趨勢」に順応した挙国一致の実現を求めている。対中国政策の方針を決定するにあたって、日本の一部にあるように袁世凱へ「心酔」したり、「小利権」での駆け引きを求めたりしては、「国家永遠の大計」を誤らせることになるとする。したがって日中間の親善は袁世凱との間では実現せず、別に人物を選んで交渉する必要があることを主張している。

以上のような内容の七項目をあげたうえで、以下のような結論を提示している。ヨーロッパの戦乱で列国が中国を顧みる余裕がない現在は、「根本的に対華問題を解決する絶好の機会」である。第三次勧告を出せば、帝制は中止となって袁世凱の威信は失墜し、「南方独立軍」の勢いはより強くなる。その結果が、袁世凱政権崩壊、南北両政府分立、地方独立政府の乱立、そのいずれになるかは予想できないが、日本が立ち上がる好機であり、目先の利害にとらわれて「国家百年の大計」を忘れ、性格が氷炭相容れない袁世凱と「姑息な親善」を締結して、この千載一遇の好機を失ってはならない。

内外の日本人の言動がこのような展開を見せるなかで、日本の対中国政策は二月末には反袁世凱の方針へ収斂していった。陸海軍が、それまでの中国の内乱に対する中立方針を変更し、閣内では対外硬派の主張に沿う旧国民党系閣僚や共和制擁護の尾崎法相らの発言力が強まり、「護国軍援助方針」が確定していった。[30] このような結果として定まったのが、三月七日の閣議決定である。この閣議決定の要点は、次の四点である。第一に、「日支親善」の実現のためには袁世凱を政権から排除する必要がある。第二に、それを実現するのに日本自身が力を行使すると、袁世凱に活路を与えることになりかねないし、列国との協調に支障が生じる。したがって第三に、具体的な手段としては、「南軍」を適当な時機に「交戦団体」として承認する。最後に、袁世凱排斥を目的とする日本の民間の中国人に対する援助活動は黙認する。[31] このように日本政府は、中国の内政への関与を深めていったのであるが、不安材料も同時に存在していた。

よく知られているように、山県有朋や寺内正毅が袁世凱排斥政策に反対であったことに加えて、袁世凱自身も三月下旬になって、帝制の復活を取りやめるとともに、対日関係の修復を図ってきたからである。『大阪毎日』（一九一六年五月二六日）に掲載された「甘言を以て日本を誘はんとす」という北京特電には、「飽迄術策を弄せんとする袁世凱」という副題がついており、袁世凱が「在野党領袖及現内閣反対の有力家等」に対して援助を要請するとともに、見返りとして二一ヵ条要求のなかの第五号の復活などを示唆してきたことを伝え、「現に某代議士及び某実業家等は東京、北京間に気脈を通じ此目的を達する為め排袁政策を執れる大隈内閣を倒し親袁主義の新内閣を組織せしめんと運動最も力めつゝあり」と指摘していた。同じ『大阪毎日』は翌日の一面トップに、「日支交渉開始」というより詳細な記事を掲載し、「朝野共に袁派の為に翻弄せらるゝ勿れ」という副題をつけて、警告を発している。この記事のなかでは、「山県枢密院議長、寺内朝鮮総督、原総裁以下の政友会、犬養総理以下の国民党」自身がどのように考えているかはわからないが、袁世凱は彼らを「親袁派」と見なし、また前年の二一ヵ条交渉の経験から、元老会議を「政府以上の政府」と見なしている、と述べている。この記事は、「日支両国々民の間に灼熱せる新思想、新運動に逆行する」ことのないように、「政党、元老、実業家」を戒めるとともに、袁世凱の政権からの排除を日中交渉の前提とすべきであることを主張していた。

こうした日本国内の新聞報道は、中国の新聞によって中国国内にも伝えられていたが、袁世凱が死去する当日の『大公報』（一九一六年六月六日）が、大連で発行されていた『満州日日新聞』から転載した情報も重要なものであった。それは、山県らの元老、大島陸軍大臣、寺内朝鮮総督、野党の指導者、渋沢栄一らの実業家はともと「親袁主義」を抱くものであり、現在の袁世凱の状況と提案に配慮して、大隈内閣を倒して「親袁内閣」を組織する準備をしていたが、それが熟し「大隈内閣は風前の灯のようなもので持ちこたえることはできず」、北京の政府もこの情報に接したのち、南方に強硬な態度で臨んでいる、というものであった。これらの中国内外の新聞で伝えられたことの信憑性は、六月に袁世凱が死去してしまったこともあって明らかではないが、大隈内閣の対中国政策に対する不満が政界などにあったことは確かである。

ここではその一例として、中国駐在公使に任命された林権助の言動を示しておこう。林はイタリア駐在大使から転任することになったが、正式に任命されたのは袁世凱死後の七月初旬である。もちろん大隈首相から内意を伝えられたのは、それ以前のことであり、林が袁世凱の死去を知ったのは、帰国をするためにハルビンに到着したときであった。林はどのような心づもりで、公使就任を引き受けたのか。「その政策を逐一叩き潰さねばならん」と考えたと、彼は単純明快に回想している。林から見ると、大隈内閣の対中国政策は、「一途に袁世凱の遣り口が憎い」という理由で、まったく共通性のない「南方の革命派」と宗社党の双方に援助を与えて、北京の政府を追い込もうとしており、列国からの批判は予想されるし、袁世凱排斥後の中国の政権構想がまったく見通せないものであった。袁世凱の死去を知ると同時に寺内からの電報を受け取った林は、会談で寺内と意見の一致をみて、中国駐在公使に赴任することになるのである。[32]

第二節　帝制復活問題と国民外交同盟会

中国との関係において、「国民外交」という考えが、日本でいつ頃から出現するのか、さかのぼって追及するのは困難である。[33]私が知り得たかぎりでは、中華民国が誕生する過程での日本外交に対して、そのような要求が出されていた。辛亥革命の時に中国に渡っていた犬養が、その開会のために帰国した第二八議会において、国民党の佐々木安五郎は当時の内田康哉外相に対して、八項目の質問を行っていた。[34]それはすべて対中国外交に関するものであり、最初に、日本の対中国外交に統一性が欠如していることを批判したうえで、「セメテハ国民外交ト云フモノ位ハヤッテ見タイト思フ」と発言している。ここに「国民外交」という言葉が出てくるのであるが、その内容については、「国民ノ全体ガ外交ノ機関トナルノデアル、即チ輿論ノ声ヲ外交ノ後楯テトスルノガ始リデアル」と定義している。

この「国民外交」という主張は、外交を専門官僚まかせにはしないという意味では理解できるが、その積極的な意味づけとなると、容易なことではない。国民が外交機関となることは現実にはあり得ないのであり、佐々木の発言で検討が必要なのは後半の部分であろう。佐々木は、近年の歴史上に見られた世論の具体的な発露の事例として、「九月十五ノ焼討」をあげている。この日付は佐々木の記憶違いで、日露講和条約に反対する一九〇五年九月五日の日比谷公園での国民大会後に行われた焼き討ちの騒動を指しているのであろう。佐々木の国民外交論は、この事例に見られるような国民の意思を外交にいかせということであろう。

それでは当時まさに進展していた中華民国の誕生との関係で、佐々木は外交と国民の関係をどのように考えていたのであろうか。彼は、「役人唯独リ尊シ」とするのではなく、商人、書生、浪人などの「民間ノ士」を活用することを提言していた。結局、彼のいう「国民外交」は、こうした民間人の情報や意見をいかした外交の遂行ということになろう。佐々木の八項目の質問には、この「国民外交」の主張とともに、当時の内閣の日英同盟への依存を批判する内容が含まれていた点も重要であろう。彼は、日本が「此際十分東洋ノ主人公トシテ」活動することを求めていた。

すでに言及したように、国民外交同盟会が創設されたのは、二一ヵ条の要求が提出されようとしていた一九一四年一二月である。加藤外相時期の二一ヵ条交渉は、その目的や方法の面で、対支聯合会や国民外交同盟会の考えと一致するものではなかった。しかし改造大隈内閣の成立によって、それらの言動が内閣の政策決定に大きな影響を与える余地が生じた。なかでも中国での帝制復活の動きはそれらの活動を刺激し、国民外交同盟会は「反対の急先鋒となつて有志大会又は大演説会等を開いて遥かに支那に於ける袁の反対派に声援」を送った、といわれている。改造以前に袂を分かった国民義会も、これに同調した。国民外交同盟会などの活動の活性化には、中国にいた日本人からの働きかけもあり、順天時報社の社長をしていた亀井陸郎や、公使館付武官で従来から南方勢力を支援すべきだとしていた青木宣純の秘書官などをしていた小村俊三郎が北京から東京に来て、帝制反対を訴えていた。ここで留意しておく必要があるのは、反対の理由であり、「袁が宣統帝を措いて自ら皇帝たらんとする如きは道義上許すべからざることたるのみならず、再び支那を混乱に陥らしめる」ことにあった[35]。君主制という制度ではなく、袁世凱という人物が帝位につくことが問題視されているのである。

この点は、国民外交同盟会や国民義会などが「名分論と現実論の両面」から帝制復活に反対したといわれていることからもわかる。「名分論」といわれるものはすでに前記から判明するが、「現実論」とは、より詳しくいえば、袁世凱が帝位について中国を支配し、「その反日政策を意の儘に行ふこと、なつては日支の関係は益々疎隔し、東方の大局は乱れる」ことになるといった趣旨である[36]。しかしこれとても、帝制の復活そのものが日中関係を険悪にしたり、東アジアを混乱に陥れるといっているわけではなく、袁世凱が帝位について政策を遂行することを問題にしているのである。「名分論」にしろ「現実論」にしろ、非難の矛先は袁世凱という人物に向けられている。

国民外交同盟会の評議員の一人であった衆議院議員の長島隆二は、一九一五年一二月に開会した第三七議会での質問で、帝制延期勧告の問題をとりあげていた(37)。すでにふれたように、この問題をめぐる国会での議論は、勧告の時機、方法、目的などに及んでいたが、長島の発言で注目すべき一つの点は、英露両国と共同で行ったことへの批判である。彼は単独で勧告すべきであったとし、その理由として、日本はそれができる力を有していることと、「支那ノ治乱」に責任を負っていることをあげている。その責任は、列国とは異なる日本の中国との独自の関係によって生じていた。当然、列国も中国に利害関係があったが、日本はその程度が大きく異なるのであり、「支那ノ平和維持ト云フコトハ、我国ニ取リマシテハ絶対必要デアル、我国ノ生存安危ノ繋ル所」であると認識されているのである。

発言の順序は異なるが、帝制延期勧告に関する質問の冒頭で、帝制復活の目的に関するみずからの解釈を示している。長島は、中国政府が勧告を受け入れることに悲観的な見通しを示し、その理由について、「帝制ニスルト云フコトガ袁世凱氏ノ一身ヲ擁護スル為メ、其政権ヲ擁護スル為メ、又進ンデハ袁家一家——若シ露骨ナ言葉ヲ使ヒマスナラバ、袁氏ト云フ一ノ閥族ノ勢力ヲ維持スル為ニ絶対必要」だからだと指摘している。長島も、帝制復活問題を袁世凱という人物に引きつけて論じているのである。

国民外交同盟会の七人の幹事のうちの一人であった副島義一は、グッドナウの所論を批判した論文のなかで(38)、やはり帝制復活に反対していた。共和制の国の学者が公平な論者の如くに中国の帝制復活を提唱し、それがもとで運動を引き起こし、中国や東アジアの平和を攪乱することになった場合の責任は重大であると、グッドナウを批判した副島は、この論文の最後のところで、日本の対処の仕方について論じている。帝制の復活にともなって生じる中国の混乱は、必ず日本に影響を与えるだけでなく、東アジアの平和を乱すことになるのであり、日本は「黙視すべきものではない」とする。具体的な方法について言及しているわけではないが、「我国の自衛の為めに又東亜平和確保の天職の為めに速かに断然たる決心を以て我所意を支那に申告せねばならぬ」と、副島は対処が必要であることを、強い調子で指摘している。

中国の帝制復活への反対論を、副島がより具体的に提示しているのが、このあとに発表した論文である。(39)「袁氏は其全責任に付十分の制裁を受けねばならぬことは勿論であるが亜米利加の学者などが随分好い加減のことを言つて東亜を弄ぶ罪も甚だ軽くないのである」と、やはりグッドナウを批判するとともに、袁世凱の制裁にまで言及しているのは、護国軍の蜂起という新たな事態の情報も伝わってきたからであろう。「日本は支那目下の動乱を傍観すべきや」というこの論文の題目から当然予測されることであるが、前の論文とは異なって、中国の内政にまで踏み込むような具体論を提示している。中国は日本の「共同の利害関係者」「東亜平和の共同担保者」であるという認識から、副島は日本が中国の政体や政治指導者に無関心でいるわけにはいかないとする。「唯に支那の国制の如何が我国に利害の関係を有するのみではない、猶当局者の人如何も我国の対支関係に大なる影響を有する」としたうえで、袁世凱は「我国と親善の関係を結ぶには到底不適当なる経歴と性格」を持っているとして、排除することを副島は主張している。

このような踏み込んだ介入が可能であると副島が判断する根拠は、先のような日本と中国との「特種の密着の関係」であり、これと比べると、欧米諸国は「唯経済上通商上の利害を有するのみ」であった。このような立場にある日本は、副島からすれば、当然事態を傍観していてよいというわけにはいかないし、帝制復活に対して警告を発するだけでは不十分であった。というよりは、帝制の延期勧告は表面上のことであり、「其実は袁の治平攪乱行為に警告」を発したのであるという。

ここまで論述が進むと、日本にとって対処が必要なことは、帝制という国体ではなく、やはり袁世凱という人物であったことが判明する。「従て支那の治平を保持するが為めには袁を除却せねばならぬ論決」となり、「我日本は今は一層進んで排袁の行為に着手」しなければならないことになる。この袁世凱排除の行動のためには兵力も使用すべきであり、また列国との調整は必要ではないとする。ただ中国国内で提携すべき勢力を予定しており、「主張の正義に適ふ所に又見識あり忠誠なる人士に同情を寄せねばならぬ」としている。これ以上の詳しい説明はないが、副島が南方の勢力を念頭に置いていることは間違いないであろう。以上のような副島の議論は、当時の改造大隈内閣の対中国政策を、さらに一歩先に進ませようとするものであったといえよう。

国民外交同盟会の動きについては、中国の新聞でも報じられていた。すでにふれたことのある飄萍が『申報』に連載していた「東京外交界要聞」は、一九一六年三月一六日と二三日付の記事で、国民外交同盟会の問題をとりあげていた。まず三月一六日の連載第一三回で、日本政府の対中国外交をもっぱら強硬で協調が欠けていると指摘したうえで、南北間の戦闘が始まってから、新聞がことごとに強硬論を放ち、国民外交同盟会がこれに次いでいると、同会が国民を中国に対する強硬論に導くような役割を果たしていると、述べている。ただ政府の政策に対しては、昨年から開会するごとに、同会が代表を外務省に派遣して意見を陳述し、その採用を求めているが、外務大臣は明らかにできる意見の提示にとどめており、直接的な影響は与えることができないでいると、解説を加えている。

より注目すべき内容が含まれているのは、もう一つの第一四回であり、日本の「ある著名な新聞」の記事を参考に国民外交同盟会の活動を、以下のように紹介している。第三七議会の閉幕（一九一六年二月二八日）を迎えるにあたって、国民外交同盟会と与党の有志は各派の指導者や有志の議員の会合を発起したが、対中国政策に関する意見の調和は見ず、逆に感情の疎隔をもたらした。野党は現在の内閣の政策では挙国一致は困難であるとし、中国の事態が新たな進展を見せるなかで、与野党の意見はまとまりを見せていない。以上のように述べたあとで、国民外交同盟会そのものについて、二月下旬に開会したときには、中国政府に反対する意見が大勢を占めていたこと、与党員が国民義会などに移ったために同会は野党的性格を強めており、政府とは異なった対中国政策を主張していることを指摘している。それを帝制復活問題に即していえば、中国に対する勧告が発せられてから、政府は既定の方針にしたがっているが、野党的立場にある同会は袁世凱に反対して「革命党」に同情しており、政府の処置が主に帝制の延期にあるのとは異なっていると、政策の相違を具体的に示している。

新聞の発行月日は三月の中旬から下旬であるが、この記事に反映されている内容は三月七日の閣議決定以前のものと考えられる。すでに言及したように、この閣議決定で政府は袁世凱の政権からの排除へ方針を切り替えるのであるが、国民外交的発想にまで同調したわけではなく、民間の介入を認めず、政府と陸軍による政策遂行が意図された。寺内内閣が成立した頃に作成された国民外交同盟会の文書は[40]、この時期の日本政府の対中国政策を振り返り、外務大臣が加藤から石井に代わって、「袁世凱排斥ノ挙ニヨリ稍ヤ積極的行動ヲ取ラントスルノ傾向」が生じたが、その政策の「逆行ニヨリテ失望セザルヲ得ザルニ」いたったと指摘している。「逆行」の内容はこの部分では明らかでないが、同じ文書の他の部分を読むと、それは袁世凱の死後、政府が黎元洪援助の名のもとに段祺瑞内閣との妥協を図ったことを指している。

第三節　日本のジャーナリズムと帝制復活問題

（1）日本の新聞の論調

これまで述べてきたところからもわかるように、中国の新聞は外国語新聞の記事を一つの情報源としていた。

天津発行の『大公報』と上海発行の『申報』を比較すると、後者には英語新聞の記事の利用といった特徴も見られるが、日本で発行されていた新聞の記事が一つの情報源となっているという点では共通していた。帝制復活問題に関する日本の新聞の報道を伝えた中国の新聞記事として、一九一五年九月七日付の『申報』に掲載された「日人所謂国体変更之裏面」はかなりはやいものといえよう。執筆者は、これまでにも出てきた飄萍であり、肩書きは「東京通信社社員」となっている。記事の冒頭で、日本全国の新聞がこのところ我が国の「国体変更問題」に甚だ注目しているとし、『大阪朝日』『東京日日』『時事新報』などの新聞名をあげ、雑誌については『日本及日本人』の記事を紹介している。ただ紹介している記事の内容はまだあまり詳しくはなく、グッドナウが提唱し楊度らがこれに呼応したという、この問題の発端などを伝えているに過ぎない。

日本などによる最初の延期勧告が行われた頃になると、報道内容はより具体的で詳細なものとなっていく。その一例が、一一月一日付の『申報』のやはり飄萍による「日人論其政府之対我警告」である。この記事は、日本政府の勧告内容を全国の新聞がいっせいに報道したことを伝えるとともに、勧告に対する各新聞の反応は、「反対派」「政府派」「無党派」の三種に分類できるとしている。「政府派」についてはとくに解説の必要はないであろうが、「反対派」がかかげる理由として、勧告が受け入れられなかった時の備えがない、辛亥革命の時の失敗を繰り返す恐れがある、大隈首相は内政への批判をかわすために利用しているという三点を指摘している。「無党派」は政府の勧告を支持したうえで、その後の「大決心」にまで言及している点に特徴がある。それは勧告が受け入れられなかった場合、第二次の勧告を行い、それにも応じない時には、「自由行動」を声明する覚悟が必要だとするものである、としている。このように日本の新聞の論調を整理したうえで、記者は簡単な感想を述べているが、最も注目しているのが「無党派」であり、その代表は『大阪毎日』だとしている。

『大阪毎日』の記事で、飄萍が「無党派」を代表するものだとしているのが、「対支警告如何」（一九一五年一〇月二六日）である。この記事は、改造大隈内閣の勧告を「至当とし急務とする」と評価している。何の根拠も示していないが、この記事は帝制の復活を進めれば内乱が生じる恐れがあるとし、「内乱の朕兆既に顕著なり」とまで述べている。そして飄萍が指摘したように、警告や質問を繰り返して応答がなければ、「我は自由行動に出づべきを声言して之を後日に保留すべきのみ」と、大隈内閣に決心を求めている。このような強硬論の前提となっているのは、二一ヵ条交渉が失敗であったという認識である。この記事の筆者からすれば、交渉は「我の大敗退を以て辛うじて一段落を告げ」、「支那の我に対する侮蔑の念を高め、排日の思想を強く」してしまったのである。だが『大阪毎日』のこのような論調は、その後、継続されたわけではない。帝制復活問題に関する報道で注目すべきなのは、むしろ『大阪朝日』であった。

『大阪朝日』の論調の特徴は、帝制復活への批判が袁世凱の排斥や南方勢力支持へと収斂していったことにある[41]。その意味では、一九一六年三月七日の閣議決定を、ジャーナリズムの側から先導していったともいえるし、論調にうかがえる姿勢は改造大隈内閣以上に徹底していた。『大阪朝日』は政府の帝制延期勧告を歓迎したから、先の飄萍の分類からすれば、「政府派」ということになるかもしれない。しかし袁世凱の排斥のみならず、南方勢力への同情と支援への思いには深いものがあり、「袁の急死であわてふためき、たちまち南北妥協などといいだす末期の大隈内閣は、峻烈な批判の的」になったといわれている[42]。この『大阪朝日』も九月初旬には、中国の帝制復活問題をとりあげていた。「形式に囚はる、帝政論」（一九一五年九月二日）と題する記事は、帝制復活論を「独逸の強盛に眩惑」されたものだとし、「単に紛擾の機を造るの外、毫も益なからん」と、中国に混乱を招くだけだと非難している。当時、『大阪朝日』に掲載されていた末廣重雄の所論を意識して書いたと思われる「休止せる対支外交」（一九一五年一〇月六日）は、「支那の事は支那にて治むべし、内政には関すべからずなど、有り触れたる俗論」を排斥し、中国政府に警告を発するか、二一ヵ条の第五号を復活させて交渉にあたるべきだとしている。

一九一五年一〇月一八日付の『大阪朝日』の記事「帝政運動に対する警告」は、一四日の閣議で中国の帝制復活の動きに対して何らかの勧告を出すことが決定されたことを歓迎し、勧告が行われたのちに掲載された「不徹底なる対支外交」（『大阪朝日』一九一五年一二月八日）は、政府の姿勢が徹底的でない点を批判し、そのために「支那をして迷はしめ、増長せしめ、遂に亡滅に近づかしめんとするのみか、実に我国をも危うせんとせり」と、指摘している。この記事は、政府が徹底した態度でことにあたれば、中国政府が日本の意向を尊重するだけでなく、英仏露も中国の連合国側への引入れといった態度を示さず、国内の野党や元老にも乗じる機会を与えないと、改造大隈内閣を叱咤激励している。

中国の帝制復活問題をめぐって、日本の野党の言動を厳しく非難するとともに、袁世凱という人物に批判の眼を向け始めたのが「在野党の対支意見」（『大阪朝日』一九一五年一二月一五日）である。野党のなかの政友会については、その対中国政策は「袁氏を謳歌」することで一貫しており、したがって原総裁が勧告の提出を「杞憂」したのは当然であるとし、批判はむしろ国民党に向けられる。もともと政友会の対中国外交論を「軟弱」だと非難し、また党内には「反袁論者」がいるにもかかわらず、ただ政府に反対せんがために、政友会と同じ立場にたっていると国民党を批判している。この記事の筆者は、こうした野党が帝制延期勧告に対して無用だとか、失敗だとかいうのは、「袁政府を扶けんことを希望するに似たり」と論断しているのである。

第二次勧告が行われた直後には、「第二勧告に対する支那」（一九一五年一二月八日）で、その内容について、「如何にも辞令の婉曲を極め、殊に末尾に於て単に自衛上の権利を保留し、支那の動静に注意すとあるのみにて、何等峻烈の字句」がないことを批判しつつ、「若し夫れ効力なきに於ては、内は内閣の責任を問ひ、外は支那に向ひ、断然機宜の処置を取る」ことを主張していた『大阪朝日』は、中国の西南諸省の独立と軍事蜂起が明らかになると、袁世凱の排斥と南方勢力支援の姿勢を明確にしていった。一九一六年二月二〇日付の『大阪朝日』に掲載された「対支国論の帰一」は、辛亥革命以来、「旧時代の遺物にして腐敗の結晶体たる袁総統の勢力に膠着」するものなどがいて、日本の「対支国論」は分裂していたが、今や一致に向かいつつあるとする。それは帝制の復活が失敗し、中国国内では「反袁思想」が軍事的蜂起をともなって拡大したために、日本の「崇袁論者も漸く蟄息するに至り」、政府も国民から排撃されようとして、ようやく方向を決したからだとする。またこの記事の最後の部分では、日中両国民の親善・提携などには、「袁総統の如き手段と思想とを有するものは、国際的にも民族的にも有害なり」と、袁世凱排斥の主張を明確にしているのである。

こうした『大阪朝日』の袁世凱排斥の主張は、その死去まで止まることがなかった。「支那国民たるもの、先づ根本に手を触れ、袁氏の如き政治家を去るを要す」としたのに続いて（「袁総統の慣用手段」一九一六年三月一一日）、さらに「吾人が袁氏の政治に同情を有せざるは、決して帝政問題の為のみにあらず。実に其の政治全体を挙げて、之を抹殺せんと欲するものなり」（「南北妥協は不可」一九一六年三月二八日）と、政治指導者としての袁世凱そのものの排斥を中国国民に求める。翌四月になってからの記事を一つ紹介しておけば、「我国の対袁態度」は（『大阪朝日』一九一六年四月五日）、「我国の対支警告が東亜の和平の為ならば、袁氏を去らしむる事も、亦同一目的を達するに必須条件なり」と、帝制復活の取りやめだけではなく、袁世凱自身の政権からの排除が必要であることを指摘し、さらに「吾人は東亜平静の為に、又吾人国家の自衛の為に、袁氏の去らざるべからざるを痛切に感ず」と、東アジアと日本の平和のためには袁世凱の排除が必要であることを、繰り返し主張している。

先の『大阪朝日』の三月二八日付の記事は、中国の政界からの袁世凱の排斥を中国国民に求める一方で、「吾人は革命党が、飽まで支那新興階級たるの嘱望に負《そむ》かざらん事を希望す」と、南方勢力に「新興階級」としての期待をかけているのである。こうした記事の掲載は、三月七日の閣議決定に対するジャーナリズムの側からの応援になったであろうが、翌月の「南軍政府承認の時期」（『大阪朝日』一九一六年四月二日）になると、「南軍共和政府」の承認を、「他の列国に先んじても其の誤らざる時機」に行うことは、「自衛上、自存上寔に緊要の事なり」と、閣議決定のなかにあった承認問題をとりあげるようになるのである。この頃には、軍務院という名称での雲南、貴州、広西、広東四省の連合政府が樹立されようとしており、梁啓超が起草した四点の方針の最後で、「列国に承認を要求し、各国の承認を待って民国政府の成立を宣布する」ことがあげられていた。(43)『大阪朝日』の記事は、まさにこうした南方からの中華民国再建設を後押しするものだったのである。

（2）日本における多様な言論

以上のように、一九一六年に入ると、『大阪朝日』は急激に袁世凱排除と南方勢力支援の言論を展開するようになった。しかし日本のジャーナリズムのすべてが、このような論調だったわけではない。東亜同文会が発行していた『支那』の論説「帝制中止すべし」（第七巻第二号、一九一六年）は、中国政府が農工商総長の周自斉を即位礼の特使という名目で日本に派遣することを、経済的利権を見返りに帝制承認をとりつけようとする動きであると非難し、国内各地で内乱が発生している状態で帝制の復活を実行しようとするのであれば、これまでの勧告の「主動者」である日本は、「英仏露の態度如何に拘らず断然帝制実行の中止を袁政府に要求すべく若し之に聴従せざる場合には我邦は時局に対し適切なりと思惟する手段を断行すべきなり」と述べている。南方勢力の支援というところまでは踏み込んでいないが、この論説は『大阪朝日』と同様な主張を展開している。

ところがこれから二ヵ月後の論説である「厳正中立の必要」（『支那』第七巻第五号、一九一六年）では、「袁派非袁派に対し、中正なる態度を保ち、単に時局を注視する」に努めることを提言している。ただし両派の間に妥協が成立する余地はなく、「彼等の為す所に任せ根事的解決を待つより外の良策なかるべし」としているから、日本を含む列国が外から力を行使することをやめ、袁世凱政権と南方勢力との衝突の結果が判明するまで、新たな対中国政策への着手をひかえようとする考えであったろう。

『中央公論』などを舞台とする学者の言論はのちにとりあげるが、『日本及日本人』誌上のジャーナリストの言論も『大阪朝日』とは異なっていた。中国での「浪人」の活動とそれを取り締まることのできない日本政府を批判するのが、中野正剛である。日本は中国での警察権を得ようとしているが、「我が浪人中の劣等なる者」は、いたるところでその行使の対象となるような行動をとり、「当局者も亦反袁を主眼として其の手段」を顧みることがなく、欧米人が非難するような煽動はないにしても、「取締りに就て尽さざる所」が多いのは事実だと、中野は指摘する。そしてこのような「支那浪人の活動」は、「唯四億の蒼生をして容易に忘るゝ能はざるの深怨を抱かしめしのみ」と、(44)たとえ袁世凱を排除し、南方の勢力を支援することを動機としていたとしても、中国の人民の反感を買うことになると、彼は批判しているのである。

中国の帝制復活問題に関して、『日本及日本人』に一定の編集方針があったかどうかはわからないが、『大阪朝日』の特派員として北京にいた神田正雄も、同紙の先のような論調とは異なる意見を提示していた。神田は帝制の復活に賛成しているわけではないが、もしそれが不可避であるとすれば、「堅固なる支那帝国の確立、整頓せる立憲政治の出現を衷心より希望せねばならぬ」と、(45)立憲君主制の強固な国家が建設されることを望んでいた。『日本人』やその後継誌であるこの『日本及日本人』の主要な執筆者の一人であった稲垣伸太郎も、改造大隈内閣の対中国政策に対する批判者であった。彼の場合は中野や神田と異なって、改造大隈内閣の政策に反対する姿勢が明確であった。

彼の論文は、(46)雲南で袁世凱政権に反対する軍事行動が起きたからといって、「警告当初よりの外交の迂拙は、之が為めに毫も乗除せられず、失敗は依然として失敗を免れざるなり」と、改造大隈内閣に対して冒頭から手厳しい。稲垣は帝制延期勧告について、時機を誤ったこと、趣旨が不徹底であること、列国を引き入れたことの三点を理由に、失敗だと批判する。

しかしこの論文の発表時期からすれば、中国の事態はもっと先に進んでいた。稲垣は南方勢力の指導者と目される人物に批評を加えたうえで、「今の革命党は、外国の援助なき限り、彼等の力にては、到底袁世凱氏に打ち勝つべき実力なきものと論断するを憚らず」と評価を下す。そうであるが故に、外国のどこかが援助しないかぎり、南北が軍事衝突をすれば、勝利は袁世凱政権の側に帰すと判断する。したがって日本の一部にすでにあり、間もなく政府が採用する南方勢力支援の政策は、「断念するより外なきなり」ということになるのである。むしろ逆に、「恩義を施し、袁氏を窮地より救ふの策に出でば、日支の関係、之を動機に或は意外の新生面を開く無しと限らざるなり」と、帝制復活の承認と袁世凱政権との関係修復を提案するのである。そして改造大隈内閣に対しては、外交上の責任をとって総辞職することを求め、新たな内閣のもとで中国との交渉を行うことが「何よりの急務」だと、論文の最後を結んでいる。

即位礼へ派遣される予定であった周自斉の受け入れを、日本政府が拒絶すると、稲垣はこれを「第三警告の前提」だと見なし、「事実上に我邦が共和軍に声援せると同一の結果」を生じさせるものだと見なす。加えて彼が批判するのは、これが政府の「何等確乎たる政策上の発動」ではなく、「矯激なる一部民間人士の慫慂」によるものだといわれていることである。稲垣はあらためて政府に、「袁政府にして速に雲南共和軍の討伐に成功せば、之を一段落とし、東亜の平和を確保すべき条件の下に、袁氏の帝業を承認する」ように、政策の転換を求める。(47) この稲垣の論文と中野のそれを合わせて発見できる、一つの共通した改造大隈内閣の対中国政策に対する批判は、「浪人」などの民間人に振り回されているという点にあった。稲垣が袁世凱に期待する積極的な理由は明確でないし、神田のように注文を提示しているわけでもない。ただ南方勢力に対して、政権を掌握し中国の統一と安定を実現する能力を有していないと判断しており、その裏返しとしての期待であったのかもしれない。

第四節　帝制復活問題と日本の学者たち

(1) 学者たちの言論

副島義一の『太陽』誌上での言論については、すでに国民外交同盟会との関連でとりあげておいたが、ここでは『中央公論』と『外交時報』誌上での帝制復活問題に対する学者の言論を中心に検討する。日英露による最初の延期勧告の前後に、中国の帝制復活問題に関して発言した学者として、歴史学者の矢野仁一と吉野作造がいる。矢野は東京帝大を卒業したのち、一九一二年に京都帝大に助教授として赴任していた。矢野の論文は勧告実施以前のものと考えられるが[48]、彼は中国全体を市場とする日本の経済的利益を重視し、満蒙を特殊な状態に置くことを望まない。日本にとって必要な利益は、中国の「保全と平和と繁栄」のなかに求めるべきで、「騒乱を利用し」、中国人の「感情を害し」、各国の「嫉妬を顧みず」に、「一時の利益を図る様な短見陰険な政略は、真に日本の利益となるものではない」とする。彼は具体的に述べているわけではないが、ここで批判しているのは内田良平のような人々の言動であろう。

このような矢野の考えからすれば、中国の保全・平和・繁栄をどのように守るかが重要になってくるが、現在の「民主政治」――矢野は「君主制」の逆の概念として使っている――のままでは、やがて「大騒乱」に遭遇し、外国の干渉も引き起こしかねないと予測する。帝制復活論は、この予測される混乱を未然に防止するために提唱されたものであると、矢野はグッドナウの意見を高く評価する。だが矢野のグッドナウ理解は、一面的のように思える。というのは、中国に最も適していると矢野が推奨するのは「民意に依るか、民意に名を托する所の専制君主政体」だからである。実質をどこまでともなうかは現実の問題であるが、民意の委託に法制上の根拠を与えようとすれば、立憲制を導入しなければならない。すでに言及したように、グッドナウの考えはそこまでを予定していたし、神田正雄の注文もこの点にあったと考えられる。

一方、吉野作造の論文は延期勧告実施後のものである。(49)彼は「一個人の希望としては、支那に帝政の出現するを欲する者ではない」としつつも、この勧告には同意していない。その理由として、第一に、勧告の根拠が薄弱なこと、第二に、「支那政府を困憊」の状態に置き、恨みを受けかねないこと、第三に、勧告の実施がかえって中国に騒乱を引き起こすかもしれないこと、第四に、帝制復活の運動は根が深く、袁世凱が勧告を受け入れれば解消してしまうようなものではないことの四点をあげている。

このように吉野は勧告に賛成しないのであるが、帝制復活については、第一次大戦の終了まで延期させるべきだとしている。そもそも吉野は、帝制の延期勧告に熱心だったのは当面の中国の現状維持を期待している英仏露であると見なしており、日本はそれらの希望によって「勧告する発言者の地位」に立っただけではないかと観察していた。このような観察もあり、「無条件的、絶対的中止」を求めていると彼が判断する新聞などとは異なって、「此所までは吾人の干渉すべき限りではない」と、帝制復活の可否には不干渉の立場をとっている。

中国の帝制復活問題に関する学者たちの発言が増えるのは一九一六年に入ってからであり、論調も変化していった。まず、政治学者の末廣重雄の論文を見てみよう。(50)これは第二次勧告後に発表されたものであるが、末廣も吉野と同様に勧告を「失策」と見なす。ただその理由は若干異なっており、一つとして、「初めには帝政実行に対して幾分の好意」を示してきたという、それまでの日本政府の態度をあげている。もう一つの理由がより重要であり、勧告は日本以外の列国にも中国の内政への干渉に道を開くことになるし、日本が「独り支那に対して政治上特殊の地位を有する」という主張には、現在のように交通が発達した世界では、理由が乏しいと指摘する。日本では「排袁思想濃厚」なために、「袁氏を以て乱臣賊子として、大義名分の上より兵力に訴へても袁氏を倒すべしと云ふ極端論」があるが、それは「旧思想」にとらわれたものであるとして、末廣はまったく反対する。末廣が指摘している「極端論」は、副島義一も含めて当時の日本に広がっていた主張である。それでは、現実にはどう対処すべきなのか。末廣は、「警告は今次を以て最終とし、新に局面開展の策」を講じることを求めている。

この末廣の論文を意識して書いたのではないかと思われるものに、経済学者である小川郷太郎の論文がある。(51) 小川は、末廣も含めて勧告批判の一つの理由となっていた時機について、それは重要な問題ではなく、袁世凱の帝制復活を認めるか否かを議論する必要があるとする。小川の結論は、帝制復活反対である。その理由は末廣が指摘した「極端論」ほどに道義的ではないが、袁世凱に対する嫌悪にある。小川によれば、袁世凱は日本に「好感情」をもっておらず、他の強国に働きかけて日本の利益に反対する。帝制が復活した場合、この袁世凱の「専断は今日よりも尚甚しきを加ふる」ことになると、小川は判断するのである。この小川の帝制復活反対論に勢いを与えているのが、雲南などでの袁世凱政権に反対する軍事行動の勃発である。もはや現実は、「内治に干渉すべからずといふ議論丈ではやつて行けなくなつた」とし、「国際法上の論に囚はれて、外交の生命を奪ふ様な論をしてはならぬ」と、末廣のような議論を批判するとともに、現実論へと傾斜していく。

小川は、これ以上の勧告は無意味であるとする。中国政府に対して帝制中止の宣言をするように要求し、それが入れられなければ、日本単独でも「新政府不承認」を通告すべきであると主張する。このように小川は帝制復活に反対しているのであるが、副島の主張にあり、のちの閣議決定にも見られる南方勢力への支援という考えがあるわけではない。雲南などで起きている軍事蜂起を鎮圧する責任は袁世凱政権にあり、それができない場合には、日本が「出兵をなすことを宣言するより外あるまい」ということになる。小川は「東洋の平和を攪乱した」責任を「支那人」や「袁政府」に求め、それを回復する使命を負っているのは「日本人」であり「我政府」であると、東アジアの指導者としての日本・日本人論を露骨に表明している。

(2) 学者間の論争

『中央公論』の第三一年三月号(一九一六年)は、「対支国策統一論」という特集を組み、内藤湖南、吉野作造、末廣重雄が執筆している。末廣の「対支外交は寧ろ消極的なるべし」は、小川の所論を意識し、みずからをその反対論に位置づけているように思える。末廣は、日本の対中国外交には「積極的」と「消極的」の二つの政策があるとしたうえで、「消極政策」に賛成であるとしている。末廣の整理によれば、「積極政策」の論者は、中国において「政治上優越の地位」を占める必要があると考え、こうすることが「極東平和の支持者たる我が国」の権利であり義務であるとみなし、さらには中国を日本の「保護指導の下に置く」ことは、「極東平和の大目的を達する最大捷径」であると主張する。これに対して「消極政策」をとる末廣は、中国内部のことは「外部より干渉せず、専ら支那人をして自家の運命を開拓せしむることが我が国の利益」だと考える。

だが末廣の言論は揺れているようにも思える。そのように判断する一つの理由は、「消極政策」を時代遅れだとする「積極策」が盛んであることを認めている点である。もう一つは、「消極策」がすでに「陳腐」であるとするなら、それらしく中国で徹底した活動を行う必要があるが、「現内閣の行動は優柔不断頗る煮え切らない」と批判し、それくらいならば「寧ろ消極政策を守るの安全なるに若くはない」と述べている点である。この論旨にしたがえば、日本政府が確固とした意思のもとに「積極策」に着手した場合、末廣もそれに賛同する可能性が生じてくる。

この末廣の論調に変化が見られるのが、先の副島のものが掲載されたのと同じ『太陽』の論文である。[52] 末廣は、「嘗て警告を非なりとし、排袁に反対した」ことを認めつつ、「斯く迄我が国が深入りした上は、最早袁氏排斥は是非無い事で、我が国の利益の為には、袁氏の政治的生命を永久に絶たねばならぬ。如何なる手段に訴へても、速に此の目的を達せねばならぬと考へる」と、政権からの袁世凱排除の徹底した実行を求めるようになるのである。袁世凱を排除しなければならない理由は、「排日主義の袁氏のある限り、日支親善の望」が実現できないことにあったが、末廣によれば、「袁氏をして此の如くならしめたのは、半ば我が国の責である」と、日本の責任を指摘する。したがって副島などとは異なって、袁世凱一人を排除したからといって、問題が解決するわけではないのである。それでは袁世凱を排除したのち、中華民国の政権をどのように構成したらよいのか。この点についての解答は曖昧である。南北の対立に対して、「公平無私の態度を以て妥協の斡旋を為すも一策である」とはするが、それで「排日」という問題が解決するとも考えてはいなかった。

事態の変転のなかで、論調に揺れが生じることもあったが、末廣は第二次大隈内閣の対中国政策に批判的であった。したがって寺内内閣が成立すると、その当初の対中国政策の方針に賛意を表明していた[53]。彼の考えでは、日英同盟が成立して以来、日本の対中国外交の根本方針は、中国の独立、領土保全、経済に関する列国の機会均等で定まっており、日本の中国での発展方法は「政治的で無く、専ら経済的」でなければならない。ところが中国との間でしばしば摩擦が生じるのは、この根本方針を無視するような言動が生じるからであった。末廣は、その例として「支那併合論」や「支那分割論」=「満蒙併合論」をあげ、さらに「政治上優越の地位」を占めることを目的とした政策として、大隈内閣の時の二一ヵ条要求のうちの第五号の内容をとりあげ、「支那が極力之に反対したは当然」のことであるとしている。末廣の大隈内閣に対する批判は、これにとどまらない。中国の帝制復活に関して、改造後の大隈内閣が行った警告に対しても、「支那の独立を無視する」ものとして批判している。

末廣の見解によれば、大隈内閣は「日本嫌の袁世凱」のもとでは日中親善は困難だと考え、護国軍の蜂起を機として、「民党」を助けて帝制復活の計画を打破しようとした。しかし「民党」を助けるばかりか、一方で、「宗社党及蒙古軍を延て味方とするが如き非常識なる行動」をとったことで、日本への信頼や日中親善の目標は損なわれることになった。それに対して、後継の寺内内閣が、対中国政策として「不干渉、不偏不党の声明」を発表したことを、高く評価している。彼の言論には、袁世凱政権の評価に関して注目すべきものがあり、「我が国の袁世凱排斥論者」は、袁世凱がイギリスと共同して日本を排除し、「日支の提携和親」を妨げることを非難するけれども、彼をそのようにさせた「罪は半は我が国にある」と、ここでも指摘している。

『中央公論』の「対支国策統一論」という特集には、内藤湖南も執筆していた。内藤の所論の特徴は、集権的で統一された中華民国の建設に悲観的な点にあり、そうであるが故に帝制の復活に反対である。中国の国民は「学問とか商業とかの業務に、その秀れた能力を用ふることが遙かに得策」であり、政治機関は「外国人に開放すること」が適当であるとする。この内藤の所論に対して、同誌上に反対論が掲載された。無署名の「支那統治の前途を論ず」（第三一年五月号、一九一六年）が、そうである。「袁氏帝政を企画するの愚及ぶ可らずとするも、黄興孫文諸氏亦た大に政治の才幹を発揮し得たりと云ふ可らず」とすれば、内藤の所論に根拠がないわけではないように見えるが、現在の中国に「政治の能力、少なくとも其潜勢力」があることは疑いないとする。

それでは「支那統治の前途如何」と論者は自問し、単独であれ共同であれ、外国による中国の統治には反対し、「自由に支那人をして其統治問題を解決せしめざる可らず」とするが、現実には難題が多かった。筆者が「支那政界の一大弱点」として憂慮するのは、「中心勢力」の欠如である。これまで「袁世凱氏及一派を以て支那改造の中心」となるであろうと期待してきた筆者は、帝制復活の試みでそれらに失望したが、代わりの人物や勢力は発見できないでいる。その結果、「我邦の対支政策」に「秘策」を見出すことはできず、最後には、「偏せず党せず周到なる監視の下に支那人をして自由に其統治問題を解決せしむるの一事あらんのみ」と、一般論に回帰するしかなかった。

『中央公論』の翌月号に掲載された「支那益々混乱す」(第三一年六月号、一九一六年)も無署名であるが、筆者は先の論文と同一と思われる。「袁世凱氏に至りては閲歴才幹優に支那第一人たり」と、やはり中国を統一する有能な政治指導者として袁世凱を高く評価したうえで、帝制の復活を試みたことによって、「其反対党たる革命各派に好個の反対理由」を提供して中国を混乱させたことを、筆者は残念がる。改造大隈内閣も含めて、日本社会に広がった袁世凱排斥論に対しては、袁世凱が退位したからといって問題が解決するわけではなく、むしろ混乱を大きくするかもしれないと懸念し、「吾人は排袁を以て一大快挙なりと叫びし世間の浅慮を笑ふと共に、排袁運動の結果乍ち四百余州を挙げて乱痲の光景を呈せしめんとするを悲む」と、むしろ中国の統一が困難になってしまうことを予測するのである。

以上の学者の諸論文から、帝制復活問題や袁世凱排除後の中華民国の再統一をめぐって、すでに意見の対立があったことを発見できる。論争をより自覚して執筆されたのが、『外交時報』誌上の内藤湖南の「支那時局私見」(第二七七号、一九一六年)、吉野作造の「支那時局私見」(第二七八号、一九一六年)、矢野仁一の「支那時局に対する第三説」(第二七九号、一九一六年)である。三者の所論の内容を比較した詳しい検討は、のちの章で本格的に行うとして、ここではとりあえず概略を述べておくことにしよう。最初に発表されたのが内藤の論文であるが、その趣旨は、帝制復活をめぐって雲南などで袁世凱政権に反対する蜂起が起きた中国に対して、日本はどのように対処すべきなのかという点にあった。内藤の姿勢は、このような状態の中国を救済するために、日本が「何等かの手段を取ることは」、決して内政干渉にはあたらないというものであった。それは日本単独の、あるいは列国と共同した「助言」とも述べているのであるが、「助言」の内容として、内藤が指摘しているのは二点である。

この内藤の論文に遠慮がちな批判を加えたのが、吉野である。吉野の論文は長文であるが、矢野が「議論紛岐」し「簡明直截」を避け、「紆曲重複」していると指摘したように、論旨に明快さを欠いている。吉野の論文に明快さが欠けるのはこれだけではなく、概して煮え切らないところがあったようであるが[54]、内藤論文への批判に焦点をあてて読むと、重点は日本が行うべき「助言」の内容の一点である妥協促進にあり、それを吉野は干渉と見なす。それでは日本の対中国政策は、どのように進められるべきなのか。吉野の論文は、この点が曖昧である。矢野の論文は、吉野説への批判と自説の展開という二つの部分からなっている。矢野によれば、内藤と吉野の論文の違いは、中国の「大勢」をどこに発見するのかという点にある。内藤は「南北の妥協」に発見し、吉野は「南方の革命主義」に発見するとし、結局は両者ともに「大勢助長論」であり、吉野がみずからの「大勢」認識によって妥協促進を干渉だと批判するのは間違っていると指摘する。自説に関して、吉野のようには南方の勢力を評価しない矢野は、内藤と同様に、妥協による共和政府の再生が大勢であると認識する。しかし妥協後の中国政治の安定については、悲観的である。

小　結

第二次大隈内閣の成立に対して、吉野作造や浮田和民は日本の憲政の発展という観点から評価し、日本の社会でも歓迎する声が大きかった。一九一五年三月の総選挙での大勝は、その証であったかもしれない。日本の憲政史に基づいて、桂園体制とそれに代わる薩摩閥の山本内閣というそれまでの内閣と比較すると、このような評価や受けとめ方が生じる要素は確かにあった。だが一国の政治史の枠をこえて、中国という他国との関係、より具体的にいえば、当時の袁世凱政権との関係という視点から見ると、また異なった評価も可能である。

前章でふれたように、当時の中国の雑誌は日本国民の言動が感情的であり、選挙での与党の勝利も国民の確固とした政治意思に基づくものではないことを伝えていた。この頃の中国をジャーナリズムに焦点をあてて見ると、この例も含めて、日本の政界や社会の動向に強い関心を示すようになった点に特徴がある。当然のことではあが、なかでも当時の日本の政府や社会の対中国政策(論)には強い関心が見られた。『申報』についてみれば、飄萍という筆名による日本に関する報道が典型的な事例である。それだけに、漢語新聞を通じて進展する、日本に対する中国社会の世論形成という問題も重要性を帯びてくるのである。

漢語新聞を通しても伝えられた当時の日本の対中国政策(論)は、安定を欠くものであった。一九一五年八月の改造以前の大隈内閣は、加藤外相のもとで、袁世凱政権の存在を前提に対中国政策を進めた。ところが改造によって加藤が閣外に去ると、この基本的前提が変化するようになった。中国での帝制復活への反対から袁世凱の政権外への排斥という政策の展開は、「国民外交」への接近を一つの要因としていた。内田良平らの対中国政策論が外から浸透しただけでなく、『大阪朝日』を中心とするジャーナリズムも袁世凱排斥の論調を強めていった。もともと大衆的な人気を背景にして成立したが故に、大隈内閣はこうした社会のなかの言動の影響を受けやすかった。ジャーナリズムのなかには、『大阪朝日』のような論調に対する批判がなかったわけではないが、同紙の姿勢は徹底していた。

学者のなかでは、国民外交同盟会の役員の一人であった副島義一などは、袁世凱排斥の姿勢が明確であったが、内政不干渉の原則から慎重な意見も多かった。吉野作造もその一人であったが、より主張が明確であったのは末廣重雄である。だがこの末廣も、国民的風潮のなかで主張に変化が生じ、日本の側の責任を指摘しつつも、袁世凱排斥に傾かざるを得なくなっていったのである。しかし袁世凱を排斥したとして――死去することによって、結果として現実化するのであるが――、いかに中華民国の再統一を実現するのか、学者たちは次にこの難問に直面することになった。内藤、吉野、矢野の三人の間の論争は、袁世凱が死去する直前の時点でのこの問題をめぐるものであったが、やがて中華民国の政治的統合の可能性それ自体が議論の領域に入るようになった。

(1) 山田辰雄「袁世凱帝制論再考――フランク・J・グッドナウと楊度――」同編『歴史のなかの現代中国』勁草書房、一九九六年。
(2) 北岡伸一『日本陸軍と大陸政策　一九〇六―一九一八年』東京大学出版会、一九七八年、一八一～一八二頁。櫻井良樹『辛亥革命と日本政治の変動』岩波書店、二〇〇九年、二九二頁。
(3) アーネスト・P・ヤング著・藤岡喜久男訳『袁世凱総統――「開発独裁」の先駆』光風社出版、一九九四年、二八八頁。
(4) 井上久士「日本人の中華民国についての認識――吉野作造と石橋湛山の対比的検討を中心として――」『近きに在りて』第二九号、一九九六年。この論文では、具体的な例として石橋湛山の言論が引用されている。吉野も、他国の内政に干渉しない国際政治の原則に言及したうえで、帝制の復活が「日本の国益に重大な損害をあたえるものでない限り、干渉を避けるべきであると主張」し、「干渉せざるを得ない事態が生じた場合」には、列国と共同して行うべきであるとしていた（尾崎護『吉野作造と中国』（中公叢書）、中央公論新社、二〇〇八年、一八九頁）。
(5) アーネスト・P・ヤング著・藤岡喜久男訳前掲書、二七八頁、二八一頁。
(6) 櫻井良樹前掲書、三二四頁。
(7) 斉藤聖二「国防方針第一次改訂の背景――第二次大隈内閣下における陸海両軍関係――」『史学雑誌』第九五編第六号、一九八六年。
(8) 「中国帝制反対勧告に関する件」外務省『日本外交年表竝主要文書』上（明治百年史叢書第一巻）、原書房、一九六五年。
(9) 大津淳一郎『大日本憲政史』第七巻（明治百年史叢書第一〇八巻）、原書房、一九七〇年、六七四～六七九頁。内田良平「対支政策意見」内田良平文書研究会『内田良平関係文書』第四巻、芙蓉書房、一九九四年。
(10) 黒龍倶楽部『国士内田良平伝』（明治百年史叢書第一一巻）、原書房、一九七七年、五六五頁。
(11) 北岡伸一前掲書、一八七頁。
(12) 清藤幸七郎『尾崎行雄全集』第一〇巻、平凡社、一九二七年、一三八～一三九頁。当時、駐日公使であった陸宗輿は、石井が外務大臣に就任してから、帝制復活への日本の介入が具体化し始めたことを外交部に報告していた（王芸生『六十年来中国与日本』第七巻、生活・読書・新知三聯書店、一九八一年、四頁）。
(13) 黒龍会『東亜先覚志士記伝』中（明治百年史叢書第二三巻）、原書房、一九六六年、五九二～五九四頁。
(14) 大津淳一郎前掲書、六七九～六八四頁。
(15) 「支那帝政問題意見」前掲『内田良平関係文書』第四巻。
(16) 「曹外交次長来館シ我帝制延期勧告ニ対スル回答ヲ口頭陳述ノ件」「我帝制延期勧告ニ対スル中国側ノ回答全文電報ノ件」（一一月一日在中国小幡臨時代理公使ヨリ石井外務大臣宛電報）、「陸外交総長ヨリノ帝制延期通告全文電報ノ件」（一一月一一日在中国小幡臨時代理公使ヨリ石井外務大臣宛電報）外務省『日本外交文書』大正四年第二冊、外務省、一九六六年。
(17) 「官報」号外（大正四年一二月八日）『帝国議会衆議院議事速記録』三一（第三七回議会上）、東京大学出版会、一九八一年。
(18) 「官報」号外（大正四年一二月一〇日）前掲『帝国議会衆議院議事速記録』三一。
(19) 同右。
(20) 王芸生前掲書、二～三頁。一九一六年の六月から七月にかけての北京滞在期間中における陸宗輿との会談が根拠ではないかと思われるが、西原亀三によれば、大隈は陸宗輿に対してより明確なかたちで帝制復活への賛意を示していた。内意の打診に訪れた陸宗輿に対して、大隈は中国の歴史と国情から共和制は適していないことを述べ、これを聞いた袁世凱は帝制への準備を急いだとされている（北村敬直編『夢の七十余年　西原亀三自伝』（東洋文庫四〇）、平凡社、一九七一年、六四頁、七七～七八頁）。
帝制復活に対する延期勧告が実施される以前、中国側では内外の外国語新聞から、日本国内の反応を伝える記事の収集に努めていたようである。即位礼の準備のために京都に向かう車中でのインタビューで、大隈首相が帝制復活問題に関して行った発言を報道した『大阪朝日新聞』（一〇月一一日）の記事がその一つである。漢訳して記録されているところでは、大隈は、現在の外交は世論を背景として遂行されねばならず、「国民外交」でなければうまくいかないと述べるとともに、中国の帝制復活問題に言及している。中国が平和でありさえすれば、帝制、共和制いずれでも、日本には影響がないとしつつも、大隈は、帝制への移行が平穏に実現するかどうかを懸念している。英語新聞から漢訳して記録されているものが、二つある。その一つは、『大陸報』（China Press, 一〇月一九日）からのものであり、日本政府は石井菊次郎の外相就任を待って帝制復活への対処を検討し、閣議で定める方針であることを伝えるとともに、対処の選択肢は、袁世凱への支援、傍観、内乱の発生防止に向けて意見の提示の三つであることを指摘している。もう一つは、『英文北京日報』（Peking Daily News, 一〇月二五日）からのものであり、中国の帝制復活問題に、日本の経済界は無関心であることを伝えている（「訳報載新聞一則」「訳報載新聞一函」中央研究院近代史研究所『中日関係史料　一般交渉』（中華民国元年至五年、下）、中央研究院近代史研究所、一九八六年）。

(21)「官報」号外（大正四年一二月九日）前掲『帝国議会衆議院議事速記録』三一。

(22)「支那帝制問題」『支那』第七巻第一号、一九一六年。

(23)保羅・S・芮恩施著、李抱宏・盛震溯訳『一個美国外交官使華記——一九一三—一九一九年美国駐華公使回憶録』商務印書館、一九八二年、一四一頁。原文は、Paul S. Reinsch, *An American Diplomat in China*, Doubleday, Page & Company, 1922. ウッドハウス暎子『辛亥革命とG・E・モリソン』東洋経済新報社、二〇一〇年、三一五頁。

(24)『大公報』一九一五年一二月二九日。

(25)『大公報』一九一六年一月三日。

(26)「第三革命後の支那」『吉野作造選集』七（中国論一）、岩波書店、一九九五年。

(27)前掲『国士内田良平伝』、五六八頁。

(28)大津淳一郎前掲書、六八七～六八八頁。

(29)『申報』一九一六年二月一〇日。「北京有志団」の構成員などは不明だが、当時の北京で革命勢力を煽動していた人物のなかで、順天時報社長の亀井陸郎は最たるものであると、西原亀三は指摘している（北村敬直前掲書、一一八頁、一二八頁）。

(30)波多野勝『近代東アジアの政治変動と日本の外交』慶應通信、一九九五年、二二七頁。斉藤聖二前掲論文。

(31)「中国目下の時局に対し帝国の執るべき政策」前掲『日本外交年表竝主要文書』上。
(32)林権助述『わが七十年を語る』(日本外交史人物叢書第一三巻)、ゆまに書房、二〇〇二年、三〇四〜三〇八頁。
(33)一般的には、「国民外交」論は日露戦争後から出現したといわれている(酒井哲哉『近代日本の国際秩序論』岩波書店、二〇〇七年、九八頁)。
(34)「官報」号外(明治四五年三月二〇日)『帝国議会衆議院議事速記録』二六(第二八回議会)、東京大学出版会、一九八一年。日本における世論と外交の関係について、前者が後者に影響を与えるようになると、「国際協調の足枷になることがあった」といわれているが(酒井一臣『近代日本外交とアジア太平洋秩序』昭和堂、二〇〇九年、二二七頁)、「国民外交」を主張する佐々木にはアジア主義的な思考が見られた。
(35)前掲『東亜先覚志士記伝』中、五九三〜五九四頁。青木宣純は、第二革命の時から南方勢力の支援を主張しており、当時の山本首相は彼の召還さえ言い出したといわれている(戸部良一『日本陸軍と中国――「支那通」にみる夢と蹉跌』(講談社選書メチエ一七三)、講談社、一九九九年、五二頁)。
(36)前掲『東亜先覚志士記伝』中、六八四頁。
(37)「官報」号外(大正四年一二月九日〜一〇日)前掲『帝国議会衆議院議事速記録』三一。
(38)「支那の国体変更並に古徳諾氏の帝制論に就て」『太陽』第二一巻第一三号、一九一五年。
(39)『太陽』第二二巻第七号、一九一六年。
(40)国民外交同盟会「対支問題意見」前掲『内田良平関係文書』第四巻。
(41)後藤孝夫『辛亥革命から満州事変へ――大阪朝日新聞と近代中国――』みすず書房、一九八七年、一〇四〜一〇八頁。
(42)同右書、一一〇頁。
(43)『大公報』一九一六年四月二六日。
(44)「敢て対支同憂の士に質す」『日本及日本人』第六八七号、一九一六年。
(45)「支那帝政運動の反面」『日本及日本人』第六六七号、一九一五年。西原亀三は、帝制の復活反対に関して、神田は亀井に「次いで猛烈だった」と述べているが(北村敬直前掲書、一一八頁)、この論文からすれば、それほどの印象は受けない。

(46)「帝制警告と雲南の変乱」『日本及日本人』第六七二号、一九一六年。
(47)「疑問なる第三警告」『日本及日本人』第六七四号、一九一六年。
(48)「支那近時の帝政論」『中央公論』第三〇年一〇月号、一九一五年。
(49)「支那帝政問題」『外交時報』第二六六号、一九一五年。
(50)「対支政策の局面展開」『外交時報』第二六八号、一九一六年。
(51)「対支政策に就て」『外交時報』第二七〇号、一九一六年。
(52)「支那の現状と日本——袁氏排斥の意義」『太陽』第二二巻第七号、一九一六年。
(53)「対支政策に就きて」『外交時報』第二九八号、一九一七年。
(54)松尾尊兊『わが近代日本人物誌』岩波書店、二〇一〇年、一一二頁。

第五章　中国の参戦問題と日本の世論

中国における帝制の復活は、日英露などの反対と西南諸省の独立や袁世凱政権に反対する軍事行動の拡大によって困難に陥った。一九一六年の三月下旬には、江蘇の馮国璋ら五将軍連名の電報による要請を受け、袁世凱は帝制をとり消すとともに、洪憲年号を廃止した。この措置によって、北京の政府は西南諸省に対して独立のとり消しを求めたが、護国軍側は反対に袁世凱の大総統退位を要求した。袁世凱は四月下旬に政府組織令を公布し、国務卿兼陸軍総長に段祺瑞を任命することによって政権の維持を図った。袁世凱政権を支えてきた馮国璋ら各省の政治・軍事指導者たちは、南京会議を開いて袁世凱の退位問題を協議したが、合意を形成することはできなかった。この間にも四川や湖南の離反が続き、帝制取消後の政権構成が確定しないまま、袁世凱は病死してしまったのである。

袁世凱は死去する直前まで、日本に対する働きかけを行っていた。袁世凱は帝制のとり消しによって日本との関係修復を図ってきたが、政府はこれに応じなかった。しかし前章で言及したように、袁世凱はさらに一部の日本人を通じて、元老、野党の首脳および現内閣に反対する有力者らに対して、二一ヵ条要求にあった第五号の復活などを代償として援助を求めてきた。重要なことは、このような働きかけによって、袁世凱の排斥政策をとる大隈内閣を倒し、袁世凱の政権と協調できる新内閣を樹立する動きが、政界や実業界の一部に見られたことである。こうした動きがどこまで拡大したかはわからないが、袁世凱の病死は、これによる内閣交代を表面化させることなく終わらせた。

袁世凱の死後、黎元洪が大総統の職についた。黎元洪の大総統就任は、対南方関係、対日関係、いずれにおいても事実としては何ら問題を生じさせなかった。だが法制上から見たときには、旧約法、新約法いずれに基づく大総統職権の行使なのかという問題が生じた。段祺瑞は新約法に基づいて黎元洪の大総統代行を全国に打電したが、もとの国会議員や軍務院の撫軍副長岑春煊らは旧約法の正統性を主張した。しかし法的には双方ともに、難問を抱えていた。前者の場合は、新約法のもとで制定された大総統選挙法によって正式大総統の選出を至急行わねばならず、後者の場合は、国会開幕時点から単純に計算すれば、衆議院議員の任期がすでに満了しているという障害があった。

この問題は、最終的には馮国璋の意向の影響もあり、軍務院側の声明を段祺瑞が受け入れることで解決した。軍務院の声明というのは、黎元洪大総統が国会解散以前に公布されたものに準拠して基本法を宣布すること、以前の国会を召集して副総統を選出するとともに、国務員の任命に同意を与えて国務院を組織することなどを内容としていた。六月二九日に出された大総統申令は、正式憲法の制定までは、旧約法と一九一三年制定の大総統選挙法を有効とするものであった[1]。

黎元洪大総統は臨時約法の回復を宣布したのち、段祺瑞を国務総理に任命し、八月一日に国会を開会することを決定した。開会した国会は八月下旬に段祺瑞の国務総理案に同意し、九月初旬には他の国務員案にも同意を与えた。こうして国務院が成立したのであるが、この時にも中華民国成立当初と同様な状態が生じた。張勲らの地方の政治・軍事指導者たちの攻撃で唐紹儀外交総長が辞職すると、後任として提案された陸徴祥、汪大燮いずれも国会の同意が得られず、伍廷芳が国会の同意を得て外交総長に就任したのは一一月初旬であった。その後、他の総長の後任に対しても国会の不同意がしばしば生じ[2]、国務院は不安定な状態が続いた。

三月初旬の段階で、すでに袁世凱排除の方針をまとめていたとはいえ、彼の病死は日本政府に対して早急な対処を迫ることになった。必要とされた対処の一つは、袁世凱に代わる大総統の人選である。この点については、「各国に先んじての黎元洪に対する急速な接近は明白である」といわれるほどに、日本政府は黎元洪支持の方針を急いで打ち出したが、これは南方の勢力の意向にそうものでもあった。というのは四月下旬の段階で護国軍側は、袁世凱の内閣復活宣言に対して、あくまでも彼の退位を求め、一九一三年の大総統選挙法に基づく黎元洪の大総統就任を要求する考えを、広東駐在の領事を通じて各国公使に伝えていたからである。[3]

だが、黎元洪大総統のもとでの政権構成については、日本の政府や軍部のなかで意見の食い違いがあったようである。それは段祺瑞らの北方の政治・軍事指導者の扱いについてであり、参謀本部にはそれらを排除しようとする考えがあった。外務省の内部にも、小池張造政務局長のように南方勢力への支援を主張してきた官僚もいたが、石井菊次郎外相は南北妥協を優先させる考えを示した。[4]

袁世凱の病死という事態に対して改造大隈内閣は、南北妥協という政策で対処したわけであるが、南方勢力への支援に大きく傾いていた『大阪朝日』は、こうした「末期の大隈内閣」に対して「峻烈な批判」をあびせかけた。こうした『大阪朝日』の姿勢は、次の寺内内閣に対する批判のなかでいっそう明確に表れてくる。[5]

ひとまず南北の妥協によって成立した黎元洪大総統と段祺瑞国務総理を中心とする政権に大きな衝撃を与えたのが、第一次世界大戦への中国の参戦問題である。英仏露による中国の連合国側への引入れは、すでに一九一五年に試みられていたが、中国のドイツに対する断交と宣戦が大きな問題となったのは一九一七年である。一九一七年八月六日の臨時外交調査会では、「中国の参戦問題」が議題とされているが、[6]中国の参戦については、その条件として関税の引上げなどが提示されたこともあって、とりわけ日本で賛否の対立が生じた。

しかし参戦問題は、中国の内政により大きな衝撃を与えた。それはよく参戦に積極的な段祺瑞国務総理と慎重な黎元洪大総統との対立としてとりあげられるが、孫文もイギリスへの警戒から中国の参戦には反対であった。(7)だがさらに注意しておくべき点は、参戦の決定には、単に政治指導者間の対立だけではなく、復活した臨時約法のもとでの統治諸機関の権限とその行使という法制上の問題が関係していたことである。

第一節　袁世凱政権期の連合国加入問題

(1)　連合国加入問題と日本の反応

一九一五年一一月二一日付『申報』の「特約ロイター電」の欄に、英仏露が連合国側に参加するように、中国を勧誘しているとのニューヨークからの情報が掲載されている。英仏露による中国の参戦勧誘は同時に日本にも伝えられており、この日の『大阪朝日』に掲載された「帝政運動と独逸」という記事がとりあげていた。この記事は、袁世凱の帝制復活計画の背後にはドイツがいることを主張し、その根拠として、中国がドイツの帝政を模範としていること、袁世凱大総統の周囲に「独逸カブれ」のものが多数いること、中国でドイツ人が活躍していることの三点をあげている。そのうえで帝制延期勧告の趣旨を徹底させるとともに、ドイツの勢力を中国から駆逐する必要があることを指摘している。

この記事では、英仏露による中国の連合国側への引き入れ計画が、ドイツの勢力の中国からの駆逐に関連して論及されており、「全く吾人の見と符合するものにて、之が実現を期し、痛切の手段を取らん事を望む」と締めくくられている。この記事の執筆者は、中国の連合国側への引入れに賛同しているのである。

中国の連合国側への引入れをめぐる関係諸国の動向を詳しく報道しているのが、一一月二三日付の『大阪朝日』である。この日の第一面には、中国の引入れ問題に関する三つの同じ日付の「北京特電」(二二日発)が掲載されている。最初のものは、中国に対する引入れの行為について、イギリス公使が「絶対に之を否認」したとする一方で、本国からの訓令には接していないが、ドイツの東洋での活動を阻止するには、これが「最も妙策」であり、中国政府も受け入れるであろうとする、ロシアの意向を伝えていた。次のものは、中国側の態度に関する情報を伝えており、帝制復活の承認と引き換えにすれば、中国は受け入れるであろうとする某外国人の意見を示す一方で、政府内にはなお「親独派」が多数おり、ドイツ勝利の場合を予想して応じないであろうともしている。最後のものは、引入れの提唱者がイギリス公使であったことを伝えるとともに、中国は中立を維持するであろうとする見通しを示していた。

同日の『大阪朝日』には、「支那加盟勧誘の成否」という記事も掲載されていた。これまでにはなかった情報としては、中国引入れ勧誘は日中間の葛藤を防ぐためのもので、日本は協議に与っていないというワシントンからの電報が伝えられている。この記事の執筆者はそれを否定しているが、少なくとも日本が優先的な協議対象国でなかったことは、「聯合国の対支交渉」(『大阪朝日』一九一五年一一月二四日、二五日)という記事が認めている。

この記事ではまた、中国の引入れに対する評価に微妙な変化が生じており、「主義としては賛成」だが、「実際問題としては果して如何やと思はしむる節あり、又鮮なからず吾人を惑はしむる点も発見せらる」(二四日)、あるいは「支那をして協商側に加盟せしむべき理由は、協商側には此れありと雖も、支那側には此れを発見するに困《くるし》まん」(二五日)と、数日前の『大阪朝日』の姿勢は変化している。もっともこの点では、前日の「支那加盟勧誘の成否」のほうが態度は鮮明であり、日本は東洋の平和を維持する責務を負っており、そのために帝制復活に延期勧告をしたわけであるから、「支那を聯合国に加盟せしめ欧州戦乱の渦中に投ぜしむるが如きは殆ど問題とならざるなり」という姿勢を示していた。同一の論及は、同じ日の『東京朝日』の「支那加盟の提議」という記事にも見られる。

このように日本の新聞が中国の参戦問題を報道していたとき、駐日公使の陸宗輿と北京の外交部の間でも、電報での事実確認が行われていた(8)。一一月二一日に、新聞で報道されている中国の参戦問題の真偽を外交部に問い合わせた陸宗輿は、二三日の外交部宛の電報で、参戦への日本朝野の厳しい反応を伝えている。二五日の電報で曹汝霖外交次長は陸宗輿に、フランスを通じて間接的に、イギリスとロシアから中国の参戦への打診があったことを認めるとともに、翌日の電報で、日本の日置益公使からも事実確認の問い合わせがあったことを伝えている。そのうえで曹次長は、重大な問題なので、日本政府から照会があっても、回答をしないように注意を促している。駐日公使陸宗輿と中国の外交部との間での、参戦問題に関する電報のやり取りは、二八日のものを最後に終了するようである。

日本の新聞報道からやや遅れて、中国の新聞も連合国側への引入れ問題を報道するようになった。英仏露による中国の勧誘の経緯を、比較的詳しく報道していたのが一九一五年一二月二日付の『大公報』である。『大公報』にしては長文である「勧誘問題転為協商問題」という記事は、情報源は示していないが、中国の勧誘を最初に提案したのはイギリスの軍部であり、ヨーロッパの連合国の賛同を得られたので、日本との協議を終えたのちに中国に提議するはずであったが、その前にアメリカの新聞によって報道されてしまったことを指摘している。また中国の外交総長は勧誘に応じることに消極的であるが、英仏露三国は現在日本と折衝中で、イタリアにも参加の動きがあることも伝えている。

この記事はさらに、『満州日日』（一九一五年一一月二八日）の「支那方向に迷ふ」を情報源に、イギリス公使ジョーダンの働きかけと、それに対する中国政府の反応を伝えている。情報源となった『満州日日』の記事によれば、ジョーダン公使は「帝政問題」「財政問題」および「講和会議に出席の権利」を持ち出して、中国の連合国側への引入れを図ったが、袁世凱はドイツや日本との関係を懸念して躊躇し、「今や支那は方向に迷ひ居れり」という状態であった。

実際に中国政府は、連合国側に参加することに消極的であった。数日後には、中国政府内部の意向が伝えられており[9]、イギリスなどの勧誘に対する応諾について、国務卿の主宰する政事堂で最初の協議が行われたとき、賛成者は二、三割であった。その後の会議では賛成するものが増えたようであるが、意見の一致を見るにはほど遠かった。このことを報道した新聞記事は、北京の英語新聞の記事を参照しつつ、この問題に関する外交部の声明について論評している。それによれば、英仏露の三国と日本いずれも、この問題は複雑すぎて、協議は簡単にはまとまらず、とくに終結の方法もないので、しばらくそのまま放置することになったが、今後の時勢や各国間の関係の変化は予知しがたいとして、国民に注意を促している。この論評が正しいとすれば、中国の連合国側への引入れの動きは、一九一五年の一一月下旬から翌月の上旬までという短期間で終息していったことになる。

ほぼ同じころ、上海の『申報』もこの問題を報道していたが、『申報』の場合は、記者による意見が提示されていた。一九一五年一二月一日付の『申報』紙上に掲載された飄萍の「我国加盟風潮与日本言論」は、ニューヨークから東京に入ってきた英仏露による中国引入れ情報について、すでに伝えたことにふれたうえで、東京の言論界の受け止め方を紹介している。ここで指摘されているニューヨークからの情報というのは、『大公報』の記事のところでも出てきたものであり、日本と中国との軋轢を避け、極東の平和を維持するために、英仏露三国が中国の連合国側への参加を勧誘したという「国際通信社紐育電報」である[10]。

さて東京の言論界として『申報』で紹介されている新聞は、『東京朝日[11]』『時事新報』『東京日日』『国民』『萬朝報』であるが、注目すべきなのは、『東京朝日』の記事の紹介である。「財力および武力いずれも欧州戦争と東亜の平和に益することのない中国の加入勧誘を、どうして行うであろうか。僅かこれによって、中国に講和会議への参列権を得させ、東亜将来に煩雑な関係の基礎をつくるのは、吾人の賛同できない所である」といった、その記事の内容を紹介している。そのうえで記者は、引入れに応じるべきではないとする立場から、二点の注釈をつけている。一つは、中国は現在の中立の立場をあくまでも守り、山東問題については別の協議の方法を考えるべきであること、もう一つは英仏露の勧誘に応じても帝制復活は困難であり、はやくとり消して、一致して外交にあたるべきことである。

『申報』(一九一五年一二月五日)の「外交風雲中之日報論調」は、先の『大阪朝日』の「聯合国の対支交渉」についても紹介し、中国の引入れへの賛否そのものよりは、交渉の方法に関する内容に注目している。中国が「ドイツ化」することで影響をこうむるのはどこよりも日本であり、もしそれを防ぐために連合国側に中国を引き入れようとするのであれば、その提議は「主」の位置にある日本が先に行って、「従」の位置にある日本以外の連合国がそれに従うべきであり、もし他国が提唱するのであれば、先に日本に示したうえで中国に提議すべきであって、今回の交渉は「全然本末転倒している」という言論を紹介している。

このように紹介したうえで、やはり簡単な意見が付されているが、この『申報』の記事の記者は、英仏露の働きかけに反対ではない。『大阪朝日』の主張に対して、中国をめぐる日本と他の連合国との「関係」と「提議」は別の問題であり、「提議」の内容を見て判断すればよいとしている。

中国の連合国側への引入れ問題は、明確な結論の出ないままに短期間で終息したのであるが、最も緊迫したのは一一月下旬であった。この時には、東京、ロンドン、北京を舞台に日本、イギリス、中国の間で折衝が続いた。日本の石井外相は小田原に山県有朋を訪ねて協議し、イギリスの駐日大使グリーンは外務省で幣原喜重郎次官と会談し、また中国公使館の劉参賛官は小池政務局長と長時間の密議を行った。このころ、「機微に入ると共に本問題に対する帝国の方針確定は之を急ぐの要あり茲数日は大に注目に値ひす」といわれていたように、三国間の折衝は山場を迎えていたのである。

三国以外の北京の公使のなかには、中国の連合国側への加入は、最終的には日本の態度で決定されるのであり、自国からの訓令は日本の方針決定後になるであろうと予測し、中国については勧誘を受け入れるであろうと判断しているものもいた[12]。だが、この判断は決して正しいものではなかった。先に言及したように、政事堂での協議では、賛成意見は多くても半数程度であった。『満州日日』（一九一五年一一月三〇日）に掲載された「引入問題賛否」という北京からの電報情報によれば、賛成の理由は日本に対する牽制という点にあったが、他方には「日支間に感情の大衝突を惹起」することを懸念する「親日派」もおり、彼らは「親独派と相合して極力反対して勢力あり」といわれていた。しかもこのような状態のなかで、日本駐在の陸宗輿公使から、日本政府は反対の意向であるという情報が伝えられていた。

「幸ひ支那加盟問題も本月六日を以て一段落を告げた」と新聞で報道されていたように[13]、中国の連合国側への加入は実現しないままに終わった。しかしこの問題は、一一月下旬から一二月上旬にかけて突如浮上したわけではなかった。そうであるが故に、再燃する可能性も有していたのである。

中国政府の著名な外国人顧問の一人であったモリソンが関与した二つの大きな仕事は、外国からの借款と中国の第一次大戦への参戦に対する貢献であったといわれている[14]。モリソンは、一九一五年の一〇月下旬に帝制復活の延期勧告が行われてから間もなく、袁世凱に連合国側への参加を提案したようであるが、この時に、前年八月に青島のドイツ軍に対する攻撃に参加する意思を示して、ジョーダン公使から止められたという事実を知った。袁世凱はモリソンに対して、前回のような扱いを受けないことと将来の講和会議への参加に加えて、さらに三つの条件を提示した。それは、将来ドイツから報復を受けないことの保証、ドイツとオーストリアが天津や漢口に有している租界の返還、上海にいる政治犯の引き渡しであった[15]。モリソンは、同じ外国人顧問であった有賀長雄に助力を求め、有賀は日置公使を通して石井外相に英仏露の提案への賛成を勧めたようであるが、一二月六日には、日本政府は事実上反対の意思をイギリスに伝えてきた[16]。

（2）林権助の回顧

モリソンはこれで中国の第一次大戦への参加をあきらめたわけではなく、翌年七月には新しい大総統である黎元洪にこの問題を提案すると同時に、すでに改造大隈内閣が末期を迎えていた日本に出かけ、日本人のなかで外交について最も高く評価していた加藤高明と会見し、助力を求めた。中国に帰ったモリソンは、新たに赴任した林権助公使と会談し、話題は中国の参戦問題におよんだ。林がいうには、彼は中国の連合国側への加入に賛成であり、まだイタリア大使だった時に、このような意見を政府に具申したが、当時の加藤外相から伝えられた回答は、彼の意見は政府の方針に合致しない、というものであった。[17] このやりとりはのちに林権助も認めており、事実であった。

林の後任には、一九一八年一〇月に小幡酉吉が任命され、一二月になって北京の公使館に赴任した。この公使交代期間に、林が記者のインタビューを受けたり、談話を発表したりした内容が、『大阪毎日』から一九一八年一一月八日と二二日付の『大公報』に転載された。

最初のものは東京から北京に向かう途中でのインタビューであり、林は「最初に熱心に中国の参戦を希望したのは英仏露の三国であった。日本はこれを好まなかったが、その時の政府は大隈内閣であり、中国が参戦すれば、袁世凱をいやでも援助しなければならなかったからである。その後、袁世凱が死去し、大隈内閣も代わり、日本は中国の参戦を勧誘することを主張した。もし当初、大隈内閣がその主張を捨て、中国の参戦に賛成しておれば、袁世凱は必ず南方を圧倒することができ、今日の南北対立が収拾できないような状態を現出させなかったかもしれない」と述べている。

二回目のものは、二五日に帰国のために出発するにあたっての談話であり、自分の在任中、日本の国論に一致が見られず、政府は「間々ある特殊勢力（『大公報』の記者の解説では西原亀三を指す――筆者）の左右する所」となって、外交方針を貫徹できなかったことを遺憾とし、やや納得できるのは「中国を参戦させたことだけである」としたうえで、「これは自分がローマに駐在していた時からの宿案であった」と述べているのである。加えて林は、中国はすでに参戦したのであるから、講和会議に参加するのは当然であるという認識を示していた。

中国の連合国側への参加問題に対する林の意思は、在任中にも示されており、「聯合国は何故開戦の当時から支那を引入れなかつたのか、自分は寧ろ之を疑問とする、先に支那引入問題の際は、我国は列国を誤解したやうに聞いたが、夫れ《ママ》れは近視眼だ、外交は感情に駆られてはいかぬ」と、新聞記者のインタビューに答えている。[18]袁世凱には青島のドイツ軍攻撃の時点から参戦の意思があったし、その翌年には、英仏露が中国の連合国側への引入れを図った。しかし、これは日本の反対で実現しなかった。そのような改造大隈内閣の対中国政策を、林は批判しているのである。

第二節　参戦問題をめぐる中国国内の対立と日本

一九一五年の中国の連合国側への引入れは、中国政府が躊躇し、日本も反対の意向であったために、実現しなかった。しかしこの問題は、袁世凱が死去すると再度浮上した。一九一六年一〇月になると、段祺瑞国務総理がイギリス人と連合国側への加入問題を協議しているとのニュースが新聞に流れた。[19]これは東方通信社[20]の配信記事によるものであり、あわせて中国の対独参戦には正当な理由がないことも伝えていた。連合国側への中国の加入勧誘の動機は、中国での権益拡大と日本などの中国からの排除にあり、当該のイギリス人の背後には公使のジョーダンがいると、この記事は見なしていた。その後の報道によれば[21]、この記事に出てくるイギリス人は、総統府の顧問となっていたシンプソンだったようである。

この東方通信社の配信記事は、最近のイギリス人の行動には「排日の臭気」がすることをあげて、もはや日英同盟は「無用の長物」であるとみなし、日本外交の転換の時機であるとしている。このころ、日本の民間にも日英同盟に批判的な言動が生じていた。東方通信社の配信による『申報』の記事が掲載されてから、ややのちに明らかにされた黒龍会の文書は[22]、第一次大戦を機に「日英同盟の覊絆を脱し、国民的外交の方針を確立」すべきことを主張している。この主張を展開するにあたって、同会は日英間の利害対立を示す事例として、「聯合国引入運動」や「現在彼等（英国――筆者）が見て日本派とする国民党に対する圧迫手段」の行使などをあげている。

（1）中国参戦への働きかけ

ここに示したような『申報』での報道が流れる少しまえ、中国政府の顧問であったモリソンは日本を訪問していた。モリソンが日本に行ったのは、あらためて中国参戦の可能性を切り開くためであった。黎元洪が新しい大総統に就任すると、日本との関係にも好転のきざしが見られ、モリソンは袁世凱に渡したものと同様の参戦提案書を提出した。モリソンは日本国内の反対論を緩和するために、黎元洪の了解を得て訪日し、一九一六年八月一六日に加藤高明と会談したのである。

翌一九一七年二月初旬に、アメリカがドイツと断交し、中国に対して同一の行動をとるように勧めると、さっそくモリソンは黎元洪大総統と会見し、アメリカの要請に応えるように進言した。しかし彼によれば、黎元洪は軟弱で、肝が小さく、ドイツがやがて勝利するという考えで頭がいっぱいであった。モリソンはアメリカ公使と協力して中国政府に働きかけ、中国はひとまずドイツに対して警告を発することに同意した。その後の推移を、モリソンの理解に基づいてまず整理しておくと、ドイツが警告に応じなかったために、中国は三月一四日に国交を断絶し、さらに八月一四日になってドイツとオーストリアに対して宣戦した。その結果、中国は連合国側から三つの報酬を得た。第一に義和団賠償金の五年間支払延期、第二に関税の実質五分への引き上げ、第三に天津およびその付近への中国軍の進駐緩和である。[23]

シンプソンと見られるイギリス人による中国の連合国側への加入働きかけが終息したのち、あらためて中国の参戦問題に関する記事が中国の新聞の紙面をにぎわすようになるのは、一九一七年二月頃からである。一九一七年二月一三日付の『大公報』は、日本駐在の英仏露三国の大使が本野一郎外相と会談し、その後、日本の外務省が発した訓電をたずさえて芳沢謙吉代理公使が段祺瑞国務総理と会見して、ドイツに対する警告に賛成であるだけではなく、連合国側への参加も要求する意向を伝えたことを、大々的に報じた。段祺瑞はすぐに国務員全員と汪大燮、曹汝霖、それにモリソン、有賀、ウィロビーといった外国人顧問を集めて協議した。

このことを伝えた記者は、連合国側に参加するには、特別な代償と行動の自由に関する保証が必要であることを指摘していた。翌日の『大公報』は、以前、日本が中国の連合国側への加入に反対したのは袁世凱の帝制復活問題が関係していたからであり、今回はそのような懸念もなく、東アジアからドイツの勢力が駆逐されることは日本の経済的利益にもなり、今回は賛成であるという日本政府の姿勢を報じる一方で、民間には憂慮する声があるとし、その代表として内藤湖南の所論をあげていた。

(2) 参戦問題と臨時約法

このように、中国の今回の参戦については、日本の政府は賛成する意向であることが伝えられていたのであるが、中国の政権内部では、参戦の決定をめぐって深刻な亀裂と対立が生じた。また参戦の条件に対しては、日本の社会に強い反対論が出現した。中国政府は事の重大さを考慮し、梁啓超を会長、外交顧問の陸徴祥を主任とし、徐世昌、曹汝霖、王寵恵ら九人を委員とする外交特別委員会を設置し、そこでもこの問題を討議させた。この委員会は国交断絶後、連合国側への参加も行うべきであるとする結論を出すとともに、条件として関税引上げと義和団賠償金の支払い延期を希望すべきだとした㉔。

参戦問題をめぐる中国の政権内部の対立は、ドイツとの国交断絶をめぐって二月下旬から三月初旬に現出した。二月二六日には、黎元洪は馮国璋副総統、段祺瑞国務総理らを召集して国交断絶に関する協議を行ったが、三者の意見は異なり、黎元洪が慎重な姿勢を示したのに対して、段祺瑞は積極的であり、馮国璋は曖昧な態度で双方の意見の調整を図った。政策決定に一定の方針が見えたのは、この日の夜になってからであり、黎元洪が責任内閣制を尊重し、閣議決定とそれに対する国会の議決にしたがう意向を示した。この記事を掲載した『申報』（一九一七年三月四日）は、これを中国の参戦問題に関する最初の重要な会議と位置づけている。

翌日の『申報』に飄萍が執筆した記事は、次の段階に関する重要な問題を伝えていた。それは参戦を決定するまでの、臨時約法に基づく手続きに関する問題であった。臨時約法の第三五条によれば、他国に対する宣戦には議会の同意が必要であった。政府の方針はドイツとの国交断絶を宣戦の一歩と判断し、国交の断絶にあたって国会の同意を求めることで、政府に「将来の宣戦の権」を与えさせようとするものであった。というのは、国交を断絶すれば、すでに交戦状態に入ることになり、宣戦は適宜に行えると判断したからである。したがって国会のドイツに対する国交断絶への同意をもって、宣戦への同意と見なそうとしたのである。当時の国会のなかで、国交断絶に賛成する議員は多数であると予測されていたが、段祺瑞はなお一部の議員を国務院に招いて意見交換を行った。

だがこのような国務院の方針は、あらためて黎元洪大総統との軋轢を生むことになった。そこには二つの問題が関係していた。一つは国会に同意を求める提案権の所在であり、もう一つは提案の内容である。いずれも臨時約法の規定に関連していたが、前者について段祺瑞国務総理は、責任内閣制のもとでは国務院の議決に大総統が反対する権限はないという態度をとった。だが臨時約法の規定では提案権は大総統にあったのであり、形式上は段祺瑞の主張を押し通すわけにもいかなかった。後者について黎元洪は、国交断絶から参戦の段階にいたれば、あらためて国会の同意が必要であるとする立場をとっていた。ここに見られる軋轢発生の根本的な原因として注目すべきことは、人物の良し悪しや孫文らとの関係性ではなく、大総統制と内閣制をめぐる臨時約法の規定の曖昧さである。

この二つの問題をめぐる大総統と国務総理の衝突を、実際に生じさせるきっかけになったのが、『英文京報』の報道であった。それは段祺瑞国務総理が、ドイツとの国交断絶の決定と参戦の見通しをまず日本に通告するように、駐日公使に訓電を発したというものであった。このことに対する黎元洪の不満を知った段祺瑞は、辞意を示して天津に退去したのである。(25) 黎元洪が不満を抱いた一つの理由は、事前の協議がなかった点にあるが、これもやはり大総統制と内閣制との制度上の曖昧さに起因していた。

したがって両者の対立は、この時にはじめて生じたわけではなく、黎元洪が大総統に就任した直後からすでに見られた。一九一六年八月二五日、段祺瑞国務総理は病気を理由に三日間の休暇を大総統に申請し、国務会議に出席しなくなった。当時、段祺瑞はこのまま辞表を出すのではないかと見られていたが、このような事態が生じた原因は、大総統府と国務院の権限に関する意見の不一致にあった。段祺瑞が病気を理由として休暇を申請するといった事態を引き起こした具体的な問題は、大総統の国務会議への出席権にあった。黎元洪が法案などの作成にあたる国務会議へ出席しようとしたのに対して、段祺瑞は責任内閣制をとる以上、大総統の出席の必要はないと拒否した。このような考えに基づく権限区分案を国務院から提出したところ、黎元洪は承認することなく返してきたのである。段祺瑞の休暇申請は、これに対する抗議の意思を表明したものであった。

段祺瑞は総統府秘書長の徐樹錚による調停を受け入れて政務に復帰したが、この時に以下の三項目からなる府院協定がつくられた。第一に、臨時約法が掲げる大総統の権限は総統府で処理し、国務員が副署する。第二に、すべての行政事務は国務院が主宰し、大総統は拒否することなく裁可する。第三に、重要な国政や府院双方に関係のある案件は府院が協定し、専断をしない。そして国務会議に関しては、議事日程と議決結果を大総統府に報告することになった[26]。国務会議については、もともと国務院官制に規定があり、大総統の参加は想定されていなかった。この府院協定でも、黎元洪が求めた大総統の国務会議への出席は認められなかったのである。だがドイツに対する断交や宣戦の問題についていえば、第三の点が関係することになる。

さて駐日公使への訓電をめぐる衝突は、馮国璋副総統の説得に続いて、黎元洪が衆議院議長などを天津まで派遣して説得にあたらせた結果、大事にいたることなく段祺瑞が北京に帰り、解消した。この経緯のなかで守勢にまわった黎元洪は、以下の三点を受け入れざるを得なかった。第一に、国務院で決定した外交政策のすべてに賛成する。第二に、国務院で定めた命令はすべて承認する。第三に、国務院で決定した各省および在外外交官への訓令に異議をさしはさまない。一方で段祺瑞は、対独断交案に対する国会の同意をとりつけるために、議員に対する説得を行った。迎賓館で開かれた茶話会には約五〇〇人の両院議員が集まり、段祺瑞は対独外交方針とこれまでの列国との協議の経過について説明し、連合国側に加入した場合の義和団賠償金の支払延期や関税改正などの保証が得られたことを明らかにした[27]。このような段祺瑞の努力の結果であったかどうかはともかく、三月一〇日と一一日に開かれた国会で、対独断交案が承認されたのである。段祺瑞国務総理の側からすれば、これで参戦も時機を選んで実行できるはずであった。だが周知のように、このような判断に基づく国務院での参戦決定が、重大な政治的混乱を引き起こすことになった。

段祺瑞は引き続き国会議員に対する説得を試みながら、五月七日に宣戦案を国会に提出した。宣戦案に対しては、各省議会や各地の商会が反対で、督軍の一部にも反対論があったが、事前の議員に対する説得で、同案に対する国会の同意獲得は楽観視されていた。しかし実際には大きな党派の一つであった政学会が、張耀曾ら幹部の意向にもかかわらず反対に回るなど、予断を許さない状況が生まれた。また各種の「請願団」の議員に対する圧迫が反発を招き、与党的な立場にあった憲法研究会などの党派が消極的になり、宣戦案に対する審議は停滞状態に陥った。また国務員のなかには、谷鐘秀農商総長、張耀曾司法総長、程壁光海軍総長のように辞表を提出するものが出現し、総理以外に国務会議の出席者がいないといわれるような状態になった[28]。急いで宣戦案を審議するように求める段祺瑞国務総理に対して、国会はその前に内閣を再組織するように要求した。だが黎元洪は段祺瑞の改組案を承認せず、罷免の決定をくだしたのである。

周知のように、これをきっかけに黎元洪は張勲軍を北京に引入れた。ところが北京に入った張勲に強要された黎元洪は、臨時約法に何の規定もない国会の解散命令を出したのである。さらに張勲が溥儀の復辟を行おうとしたために、黎元洪は再び段祺瑞を国務総理に任命した。段祺瑞が討逆軍を組織して北京を制圧したのち、黎元洪は辞職し、副総統の馮国璋が大総統に昇任した。この過程で重要なことは、臨時約法が事実上効力を失ったことである。中国のドイツとオーストリアに対する宣戦は八月一四日に布告されたが、それは再組織された段祺瑞を国務総理とする国務院で定めた命令の第一号であった[29]。

(3) 参戦条件をめぐる動き

中国は三月一四日にドイツとの国交を断絶したのち、連合国から得る条件についての希望を正式に提示した。それは関税の七分五厘への引き上げ、義和団賠償金の一〇年間支払延期、天津付近二〇里以内への中国兵の進駐禁止の緩和の三点であった。しかし義和団賠償金に関しては、支払延期期間を半分に短縮することで合意が成立し、関税率の引き上げも、希望どおりには実現しなかった。イギリス政府はともかく、マンチェスターのような国内の紡績業地からは引き上げ反対の声があがり、現実五分の関税徴収を焦点に連合国の意見の集約が図られた。

この現実五分に対しても、日本には躊躇するところがあり、四月九日に日本の外務、大蔵、農商務三省の担当者が協議し、現実五分の徴収に「主義上」賛成する意向を列国に示したうえで、細目の調整を今後行っていくことで合意したとのニュースを、中国の新聞が伝えていた(30)。

『申報』は一九一七年四月六日から、心危という筆名による「東京通信」を連載し始めた。この『申報』の「東京通信」は、四月二四日に中国の参戦条件に関する日本の動向を伝えていた。四月二〇日には、第一三回衆議院議員選挙が行われており、中国の参戦条件承認は、その争点の一つにもなったのである。四月二四日の「東京通信」によれば、中国の関税改正に反対する「大阪の工商界」の声は日に高くなっているが、総選挙の日が迫るにつれて、関税改正問題が「政争の武器」ともなった。このように述べた「東京通信」は、日本の商工業者が関税改正に反対するのは無理からぬことだとして、理解を示している。しかし「政党は一定の政綱及び遠大な見解」をもって選挙に臨むべきであるとして、憲政会に批判的な眼を向けている。「東京通信」によれば、中国の関税改正問題が浮上してきた当初は、政党で反対するものはいなかった。ところが、総選挙での不利が予想されると、憲政会はあらゆる方法で国民の同情を得ようとし、寺内内閣を攻撃する材料として関税改正問題を利用したと、「東京通信」は批判している。

日本の政府も、中国の参戦条件が総選挙に影響を与えることを懸念していたようで、はやくから中国の参戦論者であった林公使は、中国の政府当局者に対して、総選挙のなかで関税問題がとりあげられては困るので、この問題の協議は総選挙の終了を待って開始し、選挙が終了すれば、中国の希望を受け入れるのに躊躇しないと伝えていたことが、日本の新聞で報道されていた(31)。今回の選挙結果は、野党で、立憲同志会に中正会などが合同して、前年に成立していた憲政会の敗北であり、前回の一五年の選挙で得た第一党の地位を政友会に譲った。『申報』の「東京通信」が伝えていたように、実質関税五分の実現という参戦条件に対して、日本の社会で最も強く反対したのは大阪の商工業界であった。そこには、いうまでもなく中国向け輸出品の産地という事情があった。また政党のなかでは、憲政会がこの問題で寺内内閣を攻撃して劣勢の挽回を図ったが、予期した成果はあげられなかったのである。

以上のようなことを伝えた『申報』の「東京通信」は、その後しばしば日本の選挙結果をとりあげた。四月二九日付の「東京通信」は、選挙が政友会の大勝利に終わったことを伝えるとともに、その原因を四点あげていた。そのなかの一点として、政友会は前の大隈内閣の失政を厳しく批判してきたが、この選挙では、その時に与党的な立場にあった憲政会を攻撃し、その点が国民から歓迎を受けたことをあげていた。選挙の結果と中国の関税問題の関係を伝えているのが五月八日付の「東京通信」であり、実質五分への改定に対する日本政府の承諾が決定的になったとしている。また関税問題で反対の先頭に立ってきた日本の紡績業者の内状についても論及しており、実質五分への改定で生じる彼らの税負担は過重なものではなく、真の反対理由はそのこと自体ではなく、そのことによって生じる中国国内紡績業の発達にあると指摘していた。

総選挙後も、中国の新聞は関税問題に関する憲政会の動向を報道しており(32)、同会が本部で臨時政務調査会を開いて、中国の関税問題に関する決議を行ったことを伝えていた。その決議の内容は、以下の二点であった。第一に、参戦と関税改定は別の問題であり、後者を前者の報酬のように扱ってはならない。第二に、中国の関税改定は多年の懸案であり、「主義上」は反対しないが、対中国貿易への影響が予想されるため、輸入品と中国国内産品との課税面での同一待遇などの措置を要求すべきである。翌年一月二一日付で、中国の参戦にともなう関税改定問題に対して、日本の政党で最も激しく反対したのが憲政会であったことをあらためて指摘した『申報』の「東京通信」は、一月三〇日付で、総選挙後の第三九回と第四〇回の議会の様子を伝えていた。また一月二四日付の『大公報』は、第四〇議会での本野外相の演説に対して厳しい質問があったことを伝え、尾崎行雄のものを具体的にとりあげていた。それによれば、尾崎は日本政府が中国に参戦を働きかけたことは内政への干渉であり、それによって今日の内乱が発生したと非難した。

一九一七年一二月二七日に開会された第四〇議会で、本野外相は、中国の参戦決定にともなう条件の承認を決定したこと、関税改定の実施に関する詳細については、現在、上海での関係列国の委員会で協議中であることを、演説のなかで明らかにした。この時に、中国の参戦問題をとりあげて質問をしたのが、尾崎行雄である。尾崎は質問のなかで、二つの重要な問題に言及していた。一つは中国の参戦にあたっての条件として、これまで言及してきたもの以外に、戦後の講和会議への出席権もあるのではないかという指摘である。尾崎は、中国の講和会議への出席そのものについて反対しているようではないが、このことに関連して言及している内容が重要である。

第一に、中国が講和会議に出席するにしても、事前に日本と調整し、欧米列国の介入を回避する必要があるとしている点である。尾崎の発言によれば、講和会議に出席するには、「東洋ノ大局ハ先ヅ支那日本ノ間ニ一致ノ成案」を得ておかねばならず、「亜細亜ノ問題ニ就テハ多ク欧米人ノ御世話ニナラズシテ、解決スルコト出来ルダケノ根柢」を築いておく必要があった。第二に、このことが可能になるためには、中国が統一されていなければならないと、尾崎は指摘する。尾崎は、統一されていた中国が南北に分裂することになった原因は参戦勧誘にあると、寺内内閣の対中国政策を批判する[33]。だが、中国の南北分裂的様相の出現はまったく寺内内閣の責任であって、尾崎も閣僚の一人であった改造大隈内閣の政策には何の非もなかったというわけにはいかない。この点については、またのちに論じることになるが、ここでとりあえず留意しておきたいのは、戦後の講和問題に関して、尾崎にはアジア主義的思考が見られることである。

アジア主義的な思考からの中国の参戦問題に対する批判は、他にも見られるのであり[34]、「亜細亜ハ亜細亜人自ラ治ムルノ天任資格アリ」という認識のもとに、中国の参戦への働きかけの進め方が批判されているのである。

具体的には、「現在ノ支那ガ戦団加入不加入ノ問題」について「不都合ナル点」があることが指摘されている。何が不都合かといえば、アメリカが中国をドイツとの国交断絶に誘導するにあたって、日本と事前に協議をしなかったことであり、「日本ニ相談シ日本ノ意向ヲ了シテ協商国ト商議ノ上可否ヲ決シタル後独逸ニ当ルベキ順序」が無視されたことを、批判しているのである。

第三節　中国の参戦問題と日本のジャーナリズム

(1)　参戦問題をめぐる報道

中国の『申報』や『大公報』は、アメリカがドイツと国交を断絶し、中国に対して同一の行動をとるように求めてきた一九一七年二月頃から、参戦問題をとりあげるようになった。そのなかには、この問題に関する日本の新聞による報道の紹介も含まれていた。たとえば二月一三日付、一八日付の『申報』、二月二二日付の『大公報』は、『大阪毎日』などの参戦問題に関する論評を伝えている。

なかでも二月二二日付の『申報』に掲載された「中徳問題之東邦輿論」は注目すべき記事であり、かなり概括的に日本の新聞の中国参戦問題に対する態度を伝えていた。この記事は、日本の世論は賛成、反対、懐疑の三種類に分かれているとし、そのなかで大勢を示しているものとして、『大阪朝日』の参戦反対論をとりあげ、一方、賛成論については、『時事新報』の記事を紹介している。この記事が伝えるところでは、『時事新報』の論評はドイツとの国交断絶を当然の措置としており、さらに中国が連合国側に参加してドイツの勢力を国内から一掃する必要があり、現在こそ、その最も適当な時機であるとする立場にたっていた。そして将来の講和会議の問題に対しては、日本にとって中国の出席は損得いずれでもなく、東アジアの平和にとっては、ドイツの勢力を駆逐することこそが重要であると主張していた。

『申報』が紹介している『時事新報』の記事を特定することはできないが、同紙の一三日付の「支那態度決す」は、中国がドイツに対する警告から国交断絶に進むことはもはや避けがたいとし、さらに参戦についても、「結局支那は最後の決心を為すの外なきに至るべし」と、当然のことと予想している。だが『申報』が伝えたように、日本の新聞は中国の参戦に反対する傾向が強かった。『大阪朝日』が中国の参戦問題に対して、比較的明瞭に態度を示したのは、一九一七年二月一一日付の「支那の態度決定」においてである。この記事は、『申報』が指摘するほどに無条件で反対しているわけではないが、中国が東洋における日本の地位を尊重し、山東問題などは事前に合意を形成しておくなど、中国が日本と同一の立場で提携して講和会議に臨むなどの条件を提示し、この条件のもとでなければ「支那引入れに反対」だとしている。

『申報』が報道したあとの『大阪朝日』の論評を見ると、参戦問題を中国の内政と関連づけた記事や、参戦条件に反対するそれが多くなる。三月三日付の「責我に在り」は、中国の参戦のために財政援助が行われるのであれば、それは「共和民党を死地に陥れ、支那をして再び騒乱に陥らしむるの虞れなきか」と懸念する。参戦問題をめぐって大総統府と国務院の対立が深まると、三月六日付の『大阪朝日』には、「黎総統を助くべし」という直接的な表現の記事が掲載された。三月一一日になると、「今更支独断交問題につき兎や角言ふべきにあらざるは勿論なり」と指摘しつつも、参戦に関する条件については、この記事の標題が「交換条件は非なり」となっているように、とくに関税改正について反対の意思を表明している。

この関税改正という条件が表面化してから、『大阪朝日』の記事は参戦そのものの可否を再び論じるようになる。四月一四日付の「所謂慎重審議の時に非ず」という記事は、そもそも「対独断交の口実も実力もなき支那の為には参戦其のものは百害ありて一得なきなり」と、中国の参戦そのものに反対している。したがって「名義も理由もなき支那戦団加入の交換条件」として関税を引き上げることは、中国との経済関係を欧米諸国と異にしている日本としては、認めるべきではないと主張している。実際に影響を最もこうむると考えられていた紡績業の団体である大日本紡績連合会は、この記事が発表される数日前に、中国の関税改正に反対する決議を行っていた。くわえて、ちょうどこの頃が第一三回衆議院議員の選挙期間にあたっていたことは、中国の内政にも微妙な影響を与えることになった。

中国の国会が、段祺瑞国務総理の働きかけで対独国交断絶を承認したにもかかわらず、参戦への同意をしぶった理由について、当時、次のようなことが指摘されていた。対独断交案の国会通過を実現するために、段祺瑞は西原亀三から伝えられた参戦の諸条件を持ち出して議員を説得したが、その後、総選挙にあたって「世間の攻撃を受け、選挙に悪影響を及ぼす恐れがあると考へ」、日本政府がその条件をひっこめたことに対して、中国の国会議員のなかに不信が広がった[35]。

日本では総選挙が政友会の勝利、憲政会の敗北に終わり、中国では国務会議で対独宣戦が決定されると、『大阪朝日』は参戦問題を日中両国の内政と関連させて論じるようになる。五月五日付の「謬れる対支政策と実業家の覚醒」は、参戦問題をもっぱら日本の内政と関連づけて論じている。参戦問題をめぐる日中両国政府の現在の状態を打開するには、「寺内内閣を辞職せしめ、新たなる内閣を造り、而して民意を代表する根本的の日支親善、両国の経済的接近策を要諦とする対支政策を樹立」する以外にはないとする。そしてそのためには、日本では選挙権を拡大するとともに、「大阪を中心として綿業者の団体が関税引上反対を標榜して蹶起」したような勇気を示し続け、「官僚政府謳歌の迷夢より覚醒」することが必要だと主張している。

参戦問題をめぐる『大阪朝日』の記事は、さらに中国の内政にも深入りしていったところに特徴がある。中国で、国務会議での決定ののち、参戦案の国会での同意とりつけが焦点となりつつあったころ、五月一三日付の『大阪朝日』に、「宣戦案は否決すべし」という記事が掲載された。この記事は、参戦を遂行する前に、日本、中国ともに行うべきことがあるとする。それは、日本では「立憲国としての素地を高める」ことであり、中国は「共和国としての実質を固め」ることである。それは、両国がともに軍人を総理としており、その人物は「官僚として軍国主義者」であり、「専制主義にして非立憲的」だからである。したがって中国では、参戦案そのものの可否を決する前に、「段内閣不信任の意義を以て宣戦案を否決」する必要があり、もしこのことで寺内内閣が段祺瑞内閣を擁護するようであれば、「日本国民は寺内内閣に対する或種の手段を取るべし」と、日中両国の内政を関連させた議論へと拡大させている。黎元洪大総統が段祺瑞国務総理を罷免する約一週間前に、『大阪朝日』（一九一七年五月一五日）に掲載された「寺内伯の責任」は、中国の国会で参戦案同意の見通しが立たなくなった事態を、「民本主義対官僚主義の争い」と表現していた。

黎元洪大総統に対する『大阪朝日』の肩入れは、すでに言及した三月六日付の記事の標題からもわかるが、段祺瑞が国務総理を罷免された直後の「支那政局の急変」（一九一七年五月二六日）も、姿勢は同じである。共和制が復活し、臨時約法が復活し、旧国会も復活した今日、督軍らは政治に介入し、国会を批判すべきではないとして、黎元洪大総統への援助を提唱してきたと、この記事の筆者は、これまでの主張を振り返り、段祺瑞の罷免で「民国は救助」されたと見なす。筆者はこの論説の最後で、あらためて黎元洪は「名総統」であると評価し、今後の事態の推移については、「黎総統の下に、鞏固なる内閣組織せられ、国政進捗し、民国も健全に、日支の関係も愈々親善に、而して国際政局に対して些の誤りなからん事」を信じている。しかしいうまでもなく、この予測はまったく誤っていた。

『大阪朝日』だけでなく、『大阪毎日』も中国参戦への反対の姿勢が強かった。二月八日付の『大阪毎日』の「支那参戦問題」という記事は、中国政府がアメリカの対独国交断絶を知って参戦問題の検討を開始し、外国人の顧問たちも参戦を促しているとの情報を伝えたあとで、「吾輩は曾て支那の聯合国の一員として交戦国内に引入れられんとするに対して不可を唱へたるもの。今尚依然として之を不可とするの意見を抛棄せざるものなり」と、参戦反対の考えを明言していた。この記事は反対する理由について、さしたる意味もない参戦によって、「講和会議に出席するの権能を獲得する」ことなど、五点をあげている。そうであるが故に、この記事の執筆者は寺内内閣の方針を懸念しており、「支那の欲する所、聯合国の望む所は、枉げても之に応じ」かねないと見なしていたのである。

参戦条件への反対も含めて、より具体的な論評を展開しているのが、三月一三日付の『大阪毎日』の「独支断交決定」という記事である。この記事は、ドイツとの国交断絶が明らかとなった時点で執筆されたものであり、参戦案への国会の同意が論述の焦点となっている。この記事は、参戦案が国会に提出された場合、国交の断絶を決定したとき以上の紛糾が生じると予測している。この点については、のちにとりあげるとして、まず参戦に関する条件への論評を検討しておこう。

中国の参戦条件として伝えられているもののうちで、義和団賠償金の支払い延期に関しては、この記事は異を唱えていない。しかし関税改定については、激しく反対している。発行地が大阪であったことの影響も大きかったであろうが、この記事は、実質五分へ関税が改定された場合、日本の対中国貿易は「多大の打撃」を受けると指摘し、「民間に激烈なる反対論」があることに留意するように、中国政府に促している。そして寺内内閣に対しては、この条件については交渉に応じる必要がそもそもなく、「断然之を拒絶」すべきであるとしている。

参戦条件について、四月一日と二日付の『大公報』は、日本の新聞の論評を概括的に報じており、「我が国が連合国に加わる代償条件に、日本の各新聞は反対するものが極めて多い」と冒頭で指摘したうえで、報道の内容を要約して紹介している。『大公報』が実際に紹介しているのは『萬朝報』と『大阪毎日』の記事であるが、ここで注目したいのは前者である。『萬朝報』(一九一七年三月二五日夕刊)の「言論」の欄に掲載された「国民は反対也」は、「支那は日本の超然内閣と親善せんと欲するか、又は国民と親善せんと欲するか」という、いかめしい問いかけで始まる。この記事は、中国が要求しているとする参戦条件を提示したうえで、このような負担をともなう参戦を連合国は認めるべきではないし、「日本国民の賛成し能はざる所」であるとしている。

(2)　津村秀松の関税改正論

『萬朝報』は国民的な反対の根拠を示してはいないが、関税の実質五分への改正に積極的に賛成する意見がなかったわけではない。そのような意見を代表する学者が、東京高等商業学校の教授であった津村秀松である。もっとも、彼は関税改正を参戦の条件とすることには反対している。しかし参戦条件としての関税改正に紡績連合会などが盛んに反対運動を展開しているなかで、彼の賛成論が提示されたことは事実であった。

津村の賛成論は、『大阪毎日』に一九一七年四月一三日から連載された。「支那関税問題批判」という題目のこの論文の㈢（一九一七年四月一五日）で、一八九七年から三ヵ年間の平均相場を基準として五分で徴収されている中国の輸入税は、その後の相場上昇を勘案して平均すると、三分五厘程度に過ぎないと現状を分析している。したがって、実質五分への関税改正それ自体が、「不当なる要求として一概に排斥すべきものではない」とする。さらに、そのような関税徴収の現状に基づく議論をこえて、中国の統一を援助しようとするのが列国および日本の方針であるとするならば、「此際支那に対して這般の財政的援助を辞すべきではない」と、政治的意味においても関税改正を認めるべきだとする。

論文の㈣から㈥（一九一七年四月一七日～一九日）では、紡績連合会などの産業界を念頭において批判を展開している。まず実質五分への関税改正でも、欧米諸国と日本では受ける影響が異なることを認めている。欧米諸国の場合は、輸出品に精製品が多いために、中国国内に競争品が少なく、また巨額の中国公債を所有しているために、関税の改正は影響が少ないだけでなく、利点がある。一方、日本はその逆で、しかも輸出貿易全体に占める対中国輸出の比率が高い分、紡績・織布といった繊維品やマッチ・石鹸といった生活雑貨の生産が、関税改正によって打撃を受けることは間違いないとする。だが、そうだからといって、関税改正に反対することには同調しない。それは関税の改正を実施するか否かにかかわらず、「支那の工業も漸次発達すべきは自然の運命」だからである。したがって中国を無理に農業国に押しとどめておこうとするのは「不正」であって、日本の工業をより高度化させる以外に選択の道はないのである。津村は、むしろ中国の関税改正を日本の工業高度化の一つの契機と見なしており、「苦痛を伴はざる快楽はないが如くに、刺戟によらざる進歩は少いのである、支那に於ける棉工業の発達といふことや、又は今回のやうな関税の増徴などいふことが起らないと、日本の同種企業の上に今一段の発展を認めないのである」と指摘している。

論文の(七)[36]（一九一七年四月二〇日）では、関税改正を参戦の条件として扱うべきではないとしたうえで、広く日中関係の視角からこの問題を論じている。津村は、中国が参戦しようとしまいと、関税の改正は行うべきで、しかも「支那と特別の関係を有する我国」は列国に先んじて改正を承認すべきであるとし、そうでなくては、「何程口に日支親善を唱へても、英支親善又は米支親善以上の日支親善の実あるを期せられないのである」と、口先だけの日中親善論を批判している。そして、この回の最後において、政界に広がっている「大亜細亜主義」の論調をとりあげ、「それ丈けの抱負を懐き、それ丈けの権利を自覚する日本である以上、又同時にそれに伴ふそれ丈けの義務あることをも覚悟せねばならぬ。支那を窮境に救ひ、之が正当なる利益を保護増進する上に於て、常に欧米に先んぜらるゝやうでは、決して東亜の覇者たる義務を尽するものではない」と、日本が率先して果たすべき義務として関税改正問題を位置づけている。

（３）　中国の内政に関する報道

すでに述べてきたところからわかるように、参戦問題は中国の国内政治の紛糾ももたらすことになった。日本の新聞のなかには、このような理由からも中国の参戦に反対するものがあった。先にとりあげた二月八日付の『大阪毎日』の「支那参戦問題」という記事は、中国の参戦に反対する理由を五点あげていたが、そのなかの第二点において、参戦が「南北新旧の思想」などの対立を刺激し、「第四革命」を引き起こすかもしれないということをあげていた。この記事は、無意味な参戦によってそのような事態が生じれば、「聯合国側国民の生命財産に危害」がおよびかねず、その結果、「日本の助力を煩はす」という、日本にとって「迷惑至極の事」が発生するのを懸念していた。さらに三月一三日付の『大阪毎日』の「独支断交決定」という記事は、参戦案が国会に提出された場合、国交の断絶を決定したとき以上の紛糾が生じると予測している。その国内的な要因としては、国会議員の動向のみならず、「孫逸仙氏の如きも院外より反対運動」を試みることをあげている。

すでにふれたように、この記事は関税改定などの参戦条件を批判して、寺内内閣に交渉の拒否を要求していたが、そのうえで「孫逸仙氏が支那の加入後、必ず内乱の起るべきを予想せるは、決して一場の杞憂」ではないと指摘している。確かに当時孫文は、第一次大戦への参加に絶対反対の立場をとっており[37]、この記事は孫文の意向に沿うようなかたちで、参戦反対論を展開しているのである。

『申報』の五月二九日付と六月三日付の「東京通信」は、参戦問題とそれをめぐる中国国内の政変に関する『東京朝日』『東京日日』『時事新報』『国民』『読売』などの論評をとりあげている。「東京通信」がとりあげているると思える二二日付の『東京朝日』の「政界益々暗澹」という記事は、「請願団」による威圧行為ののち、「民党」は参戦案の討議に入らず、内閣の改組を優先し、他方、督軍側は臨時約法を改正するのでなければ国会を解散して、新たな憲法を制定することを要求している、と伝えていた。ここで重要なことは、参戦案の議決をめぐって、臨時約法の問題が浮上してきたことである。南京に臨時政府が樹立されたとき、法制顧問の一員として、法制院による臨時組織法案の起草に関与した寺尾亨は、『大阪毎日』が予測したような内乱を、「南方派」が起こすことには反対しているが、彼はその「南方派」こそが「日支親善提携を主義」としていると見なしていた。参戦案決定の法的手続きについては、「今日の憲法の解釈上より言ふも、先づ議会に諮つて協賛を得、然る上大総統の職権を以て之を決する外」はないのであると、内閣ではなく大総統を議会に対峙させて臨時約法を理解し、その遵守を求めていたのである。(38)

第四節　中国の参戦問題と日本の学者たち

津村秀松は経済学者として関税改正問題をとりあげ、結果として、中国の参戦反対を抑える側にたった。他方、法学者の寺尾亨は臨時約法を擁護する立場から、国務院による参戦決定の強行に反対した。このように日本の学者のなかからも、中国の第一次大戦への参戦問題に関する発言が見られたのであるが、一九一七年二月一四日付の『大公報』が、中国の参戦を日本の民間で憂慮している代表者として内藤湖南をあげていたことを、先に指摘した。

『大公報』が根拠としているのは、同年二月九日付の『大阪毎日』に掲載された内藤談の「支那の参戦は不可」である。このなかで内藤は、ドイツが劣勢であることに乗じて、中国がこれまでの中立を放棄し、英仏米の勧誘に応じて参戦するのは、「無主義無定見」であると批判する。一方、連合国の参戦働きかけについては、総統府顧問シンプソンの言動を事例として、単にドイツの中国における経済的権益の一掃にとどまらない「真の目的」があることへの注意を促す。最後に日本の対応については、「此際支那にして苟くも日支親善の大義に反し両国関係の乖離を来すが如き行動に出づるに於ては我帝国は蹶然として反対せねばならぬ」と、中国の参戦に対する徹底した反対を主張しているのである。

寺尾と同様に「民党」の立場から、参戦問題が生じた時期の中国の政界を分析したのが、吉野作造である。(39) 吉野は、参戦問題が生じた時期の「軍閥」と「国会」の対立の根本にあるのは、「現状維持派」と「現状打破派」という二大勢力の抗争であるとする。現実の政治に照らし合わせると、前者は旧進歩党系の政治家と官僚・督軍、後者は国会を地盤とする「民党」であり、争点は専制か立憲かではなく、いかなる憲政を実現するかにあるとする。現実の勢力の強弱からすれば、明らかに後者が劣勢であったが、後者のよりどころとなっていたのは臨時約法が国会に付与した権限であり、吉野によれば、国会がこの権限を「利用して若くは濫用して、一から十まで政府に反抗するに至つては、段は最も手古摺つた」のである。参戦問題についていえば、「民党」こそが「反対運動の中堅であつた」のであり、彼らは臨時約法を根拠に、国会の議決権をふるうことによって対抗した。

吉野によれば、「民党」の目的は参戦への反対そのものではなく、参戦に反対することによって「段政府の顚覆」を図ることにあった。したがって段祺瑞国務総理がいかに国会議員に参戦の意義を説いても、「国会の同意を得難きは、始めから明白」だったのである。このために参戦案への国会の不同意は避けられず、段祺瑞にとっては、「非常手段に出でざる限り、彼の内閣は到底倒壊を免れざる勢となつた」と、吉野は指摘している。吉野は脱稿後の事態として、復辟問題を「追記」で述べているが、その前のところで、「支那の将来は結局民党の天下になるであらう」と予測している。この予測の根拠は不確かであるが、「現状維持派」による、非合法な手段による国会弾圧に対する非難の意味を込めていたのかもしれない。

吉野は、中国政界における競合や政権の争奪が「立憲的に若くは合法的に」行われることを求めているが、「民党」がよりどころとしている臨時約法が、それを困難にしていることには気づいていない。臨時約法には、国会の解散に関する規定がないのである。したがって参戦案に同意が得られないことが明らかでも、国会を解散して国民の意思を確認するという合法的手段は、行使のしようがなかったのである。

臨時約法は、各国務員の任命に対する議会の同意権の設定や議会解散規定の欠如によって、権力の均衡を著しく欠くという欠陥を有していたのであるが、そもそも同法が大総統に就任する袁世凱の権力抑制を意図して制定されたことに、こうした欠陥が生じた一因があった。「現状維持派」と「現状打破派」の基本的対立軸を憲政の内容においたのは、吉野の慧眼によるが、憲政の成熟と安定にとって、臨時約法は必ずしも適当な基本法であったわけではないことへの理解はない。吉野がのちに加藤繁と共著で出版した書物では、臨時約法には、「袁世凱を大総統に迎へるに就いての用意」に基づく条文があることが指摘されている[40]。この発見が、吉野、加藤いずれによるものであるかは確定しがたいが、一九一七年の時点では、吉野は臨時約法のこうした欠陥に思いがおよんでいないのである。

のちに東北大学の教授となる歴史学者の岡崎文夫は、この問題に関して示唆に富む梁啓超の文章を紹介していた[41]。この文章は、南北分立状態が生じたのちに書かれたものであるが、参戦問題をめぐるそれまでの経過について、「民党」を厳しく批判している。まず「請願団」による国会議員に対する脅迫的行為について段祺瑞を批判したうえで、国会が参戦案に反対である以上、その同意を獲得しようとすれば、解散するという対抗手段しかないが、臨時約法には国会解散の条文がなく、政府は国会の意思に従属する以外にはないと、同法の不備を指摘している。南北分立状態が生じてからの「民党」の「護法」の主張は、「権利と意気」を争うに過ぎず、「国会の多数党が其権力を濫用する」のは、督軍たちがその兵力を濫用するのと同じことであると、批判している。そして中国の現状を「羣愚」の政治であると批判し、これを改善するには、「約法を改めて万国現行の憲法の如くし議会の弾劾権と政府の解散権とをして対立せしむべし」、としている。第二章で、すでに言及したように、これは梁啓超を含めて、臨時約法が制定された当初から多くの人が提示していた修正意見であった。

寺尾は南方の勢力こそが日中親善の立場にたっているとし、吉野はその南方を地盤とする「民党」こそが将来の政権を掌握すると予測していた。だが他方で、そのように北方、南方と勢力を二分させて対中国政策を立論すること自体を批判する論者もいた。(42)『太陽』誌上で西湖漁郎と名乗るこの論者は、次のように述べる。日本からすれば、中国全体を対象に政策を立案すべきであり、そのためには、まず中央政府としての形式を有している北京の政府を相手とする以外にはない。その中央政府を掌握している大総統や国務総理が、たまたま北方派と称される勢力に属しているだけのことで、北方が「官僚派、軍閥派」で、南方が「民本主義」であるからという理由で、統一のための援助の可否を決定してはならない。

このような考えを基礎に、この論者は日本の寺内内閣に対しては、躊躇することなく「支那の実権者たる馮段一派と固く結合」して、中国統一の実現を援助するように求める。また中国の内政に関しては、「好意の忠言を与へて、実際的なもの」となるように、臨時約法を改正する必要があることを説いている。

これは改造大隈内閣を批判して提示された、成立当初の寺内内閣の対中国政策論に近いものであった。実際の寺内内閣の対中国政策はともかく、これは一般的に正当に評価されるべき政策論であり、それまで中国の政界の内部にまで立ち入って政策や政策論を打ち出しがちであった日本の政府や社会に対する、有効な批判であったといえよう。臨時約法に関しては、内容の具体的な分析をともなっているわけではないが、このころ、日本社会に姿を見せ始めた臨時約法批判の一例である。

これとほぼ同じころ、やはり臨時約法について若干具体的な批判を提示していたのが、歴史学者の稲葉君山（岩吉）である。(43)稲葉は、臨時約法を行政府と立法府の関係ではなく、中央と省の関係という視角から論じている。「民党」は各省の権限を憲法で保障し、できるだけ中央の権力を縮小させたい考えがあるが、その点で、臨時約法は「民党」の側に利点があるために、政治が混乱するたびに「約法尊重の声」をあげている、と指摘している。

これは、清朝の統治から離脱した各省の代表者の会議によって制定された臨時政府組織大綱を起源とする臨時約法の一面をついた批判であるといえよう。

吉野作造の中国論は、全般的に政局の推移に関する詳細な叙述が中心で、みずからの意見は必ずしも明確ではない。中国の参戦問題に関する論文も例外ではないが、『東方時論』に掲載された「戦争参加問題を中心として観たる支那最近の政局」と、「動揺常なき支那政局の前途」という二つの論文は[44]、読みようによっては、たいへん興味深い問題を引き出すことができる。前の論文で吉野は、対独断交に賛成した国会がなぜ参戦に反対するのかと設問し、その解答は簡単であるとする。彼によれば、国会で多数を占めている「民党」にとって、「絶対的平和の継続」こそが「自党の利益」だからである。言いかえれば、開戦ともなれば、「官僚派」がさまざまな口実を設けて「民党圧迫の手段」を講じるからだとしている。このような吉野の見解にたてば、国会議員の参戦反対の理由は、参戦の可否そのものにあったのではなく、みずからの勢力維持にあったことになる。

より重要な問題を提示しているのが、あとの論文である。この論文の冒頭において、吉野は、参戦問題が現在の中国の政局の中心に位置しているとし、それは単に第一次大戦に参加するか否かというだけのことではなく、現在の中国の「二大勢力の消長盛衰」が関わっているからであると、その理由を指摘している。

吉野は、次のように簡潔明瞭に述べる。中国にとって、「参戦其のものは畢竟どうでもよい」のであり、「参戦問題は畢竟内争の問題に外ならない」。参戦決定に、国会の同意が得られないことに苦慮した段祺瑞国務総理が講じた二つの対策として、吉野がとりあげているのが、督軍会議開催の計画と「外国の勢力」への依頼であった。後者について、吉野が具体的にあげている例は三つある。第一に、段祺瑞と林権助公使との会談、第二に、林公使による督軍たちへの働きかけ、第三に、督軍たちの列国公使館の訪問と公使相互の頻繁な往来であり、これらは「民党派の参戦反対論者」の姿勢に、多大の影響を与えたとする。

国会議員のなかの反対に対して、段祺瑞はこのような圧力を加えながら、参戦案の国会通過を図るのであるが、その後の推移を吉野の叙述にそって示すと、次のようになる。段祺瑞国務総理は五月一日の国務院の会議で参戦案を決定し、八日に国会に提出した。しかし国会内の参戦反対派の勢力は強く、段祺瑞は「挙国一致の国防内閣」をつくることを条件に、参戦案の通過を求めた。ところが反対派は、参戦案の審議に入る前に、内閣を改造することを求めた。

この事態に対して、吉野は、「潔く辞職るすか《(ママ)》」、「武力に訴へて民党を圧するか」の選択に、段祺瑞は迫られたとする。一〇日の「請願団」の行為は、段祺瑞がどこまで関わっていたかはともかく、選択としては後者であった。だが、このような事態に対する通常の政府の対抗措置は、議会の解散だったはずである。しかしすでに論及してきたように、この時点で復活していた臨時約法は、政府の議会解散権を認めていなかったのである。となると、政府提案に対して議会が頑強に反対した場合、政府は辞職するか不法手段をとるかしかないことになってしまう。

「請願団」による参戦案通過の強制は、政府をいっそうの苦境に追い込んだ。農商総長の谷鐘秀、司法総長の張耀曾、教育総長の范源濂、外交総長の伍廷芳、海軍総長の程璧光が辞職を表明したからである。これ以前に免職や辞職で未就任や欠員のままになっている国務員職が二つあり、この五人は何としてもひきとめなければならなかった。なぜなら、各国務員の任命に対する同意権を議会に認めている臨時約法のもとでは、後任の補充は容易なことではなかったからである。こうしてみると、臨時約法のもとでは、国務員の辞職という政府の側の合法的な対応も、政治の安定を考えれば、安易に実行できる手段ではなかったということになる。

小結

中国の第一次大戦への参戦問題が顕在化するのは、一九一七年に入ってからであるが、潜在的には、日本が山東半島に軍隊を派遣して以来、常に存在していた。中国の参戦を一貫して後押ししていたのが、外国人顧問のモリソンであった。袁世凱政権時期の中国の参戦に対しては、帝制復活問題との関連もあり、日本の政府が消極的で、ジャーナリズムにも反対論が多かった。それだけではなく、中国政府自身が第一次大戦の帰趨の見極めに迷い、あまり積極的ではなかった。

袁世凱政権が倒壊したあとは、臨時約法が復活したこともあり、参戦の是非そのものよりは、ドイツとの国交断絶から宣戦までの決定手続きが問題化し、そうであるが故に、日本の中国内政への関与の度合いも強くなった。大総統と国務総理の権限をめぐる摩擦は、臨時約法が復活し、国会が再開された直後から生じていた。それは臨時約法の規定の曖昧さを考えれば、当然のことであったが、参戦問題はこの摩擦を頂点にいたらせた。摩擦の原因は二つあり、一つは、国会への提案の決定過程への大総統の関与であり、もう一つは提案に対する国会の同意である。

臨時約法の復活当初に、大総統黎元洪と国務総理段祺瑞との間に対立が生じた原因は、国会への提案作成過程への大総統の関与、具体的には国務会議と大総統との関係であった。一九一二年に定められた国務院官制では、国務会議の審議事項のなかに宣戦や講和に関することが含まれていた。同官制には、この国務会議の構成員に関する明確な規定はないが、大総統は含まれないと考えるべきであろう。

だが臨時約法では、全般的に法案の議会への提出権は大総統にあり、宣戦や講和も大総統の提案に対して同意することになっている。そうであれば、国務会議の決定に対するまったくの形式的提案者に甘んじないかぎり、提案作成過程に関与しようとする意思が大総統に生まれたとしても不思議ではない。実際に、袁世凱政権時期には、国務会議が大総統府で開かれることもあったのである。

だが駐日公使への訓電に対する不満に端を発する段祺瑞の辞意圧力のもとで、黎元洪は外交政策の策定を国務院にゆだねることを受け入れざるを得なくなった。このために、黎元洪は臨時約法の規定する議会の同意権を盾に段祺瑞に対抗するしか、方策はなくなったのである。

当時の日本のジャーナリズムは概して中国の参戦に反対であったが、異常なまでに黎元洪に肩入れをしたのが『大阪朝日』である。そのような論調は、日中両国の内閣を重ね合わせるような思考によって生じていたのかもしれないが、中国で展開している事態の根本にある法制上の問題には、眼がおよんでいない。

ジャーナリズムとは異なって、当時の日本の歴史学者や政治学者たちは、さすがに中国の法制上の問題にも目配りしていた。吉野作造は、国会を基盤とする中国の「民党」に高い期待を示していた。吉野の中国論は、これまでこうした点がもっぱら注目されてきた。しかしそのことよりは、「民党」と政府の対立を、立憲制の枠内でとらえようとしていたことのほうが、より重要性を有しているように思える。吉野はそのような視点にたって、対立の解消が合法的に行われることを期待していたが、臨時約法自体がそれを困難にしていることには思いがおよんでいなかった。

（1）李剣農『中国近百年政治史』下、台湾商務印書館、一九七一年、四七五～四八〇頁。
（2）教育部主編『中華民国建国史』第二篇（民初時期一）、国立編訳館、一九八七年、四七四～四七六頁。
（3）『大公報』一九一六年四月二六日。
（4）波多野勝『近代東アジアの政治変動と日本の外交』慶應通信、一九九五年、二五一～二五二頁。
（5）後藤孝夫『辛亥革命から満州事変へ——大阪朝日新聞と近代中国——』みすず書房、一九八七年、一一〇頁。

(6) 波多野勝前掲書、二八一頁。
(7) 藤井昇三「孫文の「アジア主義」」辛亥革命研究会編『中国近現代史論集』(菊池貴晴先生追悼論集)、汲古書院、一九八五年。
(8) 王芸生『六十年来中国与日本』第七巻、生活・読書・新知三聯書店、一九八一年、一六～一九頁。
(9) 『大公報』一九一五年一二月五日。
(10) 「帝制問題と支那」『支那』第七巻第一号、一九一六年。
(11) 『申報』の記事の原文は『朝日新聞』となっているが、東京での言論としてとりあげられていること、他の新聞もすべて東京発行のものであることから、『東京朝日新聞』であると判断した。
(12) 『満州日日新聞』一九一五年一一月二九日。
(13) 『大阪朝日新聞』一九一五年一二月一五日。
(14) ウッドハウス暎子『辛亥革命とG・E・モリソン』東洋経済新報社、二〇一〇年、二七八頁。
(15) 駱恵敏著・劉桂梁等訳『清末民初政情内幕――《泰晤士報》駐北京記者袁世凱政治顧問喬・厄・莫理循書信集』下(一九一二―一九二〇)知識出版社、一九八六年、六〇五頁。原文は、Lo Hui-min ed., *The Correspondence of G. E. Morrison II 1912-1920*, Cambridge University Press, 1978.
(16) ウッドハウス暎子前掲書、三二〇頁。
(17) 駱恵敏著・劉桂梁等訳前掲書、六〇七頁。
(18) 『時事新報』一九一七年二月一三日。
(19) 『申報』一九一六年一〇月一九日。
(20) 東方通信社は、宗方小太郎が創設したものである。宗方は一八九〇年に、当時の海軍大臣西郷従道から依頼を受けたことを機に、海軍軍令部に中国の調査報告を送るようになった。こうした調査の報告は、一九二三年まで続いた(市古宙三「解説」神谷正男編『宗方小太郎文書』(明治百年史叢書第二四一巻)、原書房、一九七五年)。一九一八年末の調査である、外務省の『支那ニ於ケル新聞及通信ニ関スル調査』(外務省政務局、一九一九年発行)によると、東方通信社は上海に本社を置き、北京、漢口、奉天、広東、東京に支社があった。上海では、すべての漢語新聞と日本語新聞二社、英語新聞のタイムズとマーキュリーに、漢口では、すべての漢語新聞と日本語新聞一社に、北京では一四の漢語新聞などにニュースを提供していた。

(21)『申報』一九一六年一〇月二九日。

(22)「日英国交の危殆　支那解決論」内田良平文書研究会編『内田良平関係文書』第四巻、芙蓉書房、一九九四年。

(23)駱恵敏編・劉桂梁等訳前掲書、七二〇～七二二頁。

(24)「支那の協商国加入問題」『外交時報』第二九七号、一九一七年。

(25)『申報』一九一七年三月七日。もとの記事を掲載した『英文京報』という新聞は、先に記載した『支那ニ於ケル新聞及通信ニ関スル調査』には見あたらない。漢字での名称から判断して、その調査のなかの北京の「外字新聞ノ現状」の節であげられている Peking Daily News ではないかと考えられる。その後の『支那（附香港）ニ於ケル新聞及通信ニ関スル調査』（外務省情報部、一九二五年）によれば、この英語新聞の漢語名称は『英文北京日報』となっている。

(26)「府院の権限問題」『外交時報』第二八六号、一九一六年。

(27)『申報』一九一七年三月一二日。

(28)浅井虎夫「騒擾後の善後」『外交時報』第三〇三号、一九一七年。

(29)曹汝霖著・曹汝霖回想録刊行会編訳『一生之回憶』鹿島研究所出版会、一九六七年、一一四頁。中国が参戦を決定したのち、義和団賠償金の支払い停止やその後の使途について、日中両国の間で意見がかわされるようになった。当事者は、日本側は西原亀三や寺内内閣の内務大臣（のちに外務大臣）であった後藤新平であり、中国側は交通総長の曹汝霖や駐日公使の章宗祥であった。章宗祥が得た感触では、日本政府のなかでもかなりの協議が進められていたが、寺内内閣の辞職によって、しばらく具体化することはなかった。またこの時点でも、日本側の西原と後藤の間には使途をめぐって意見の違いがあり、前者が主に中国の実業振興にあてようとしたのに対して、後者は大学教育などの文化事業を重視する考えをもっていた（章宗祥「東京之三年」『近代史資料』総三八号、一九七九年第一期）。

(30)『大公報』一九一七年四月一六日。

(31)『大阪毎日新聞』一九一七年四月一六日。
(32)『大公報』一九一七年九月二〇日。
(33)「官報」号外（大正七年一月二三日）『帝国議会衆議院議事速記録』三四（第四〇回議会）、東京大学出版会、一九八一年。
(34)「対支策之（本部十八省）根本義」前掲『内田良平関係文書』第四巻。
(35)安岡秀夫「支那と寺内内閣」『太陽』第二三巻第一四号、一九一七年。
(36)原文では（六）となっており、一九日付の番号と重複している。次の二一日付が（八）となっているから、明らかに（七）の誤植であろう。
(37)藤井昇三「孫文と日本」三輪公忠編『総合講座　日本の社会文化史』七（世界の中の日本）、講談社、一九七四年。
(38)「支那の連盟加入と南方派の態度」『太陽』第二三巻第四号、一九一七年。
(39)「最近支那政界の二大勢力」『外交時報』第三〇三号、第三〇五号、一九一七年。
(40)『支那革命史』内外出版、一九二二年、四三九頁。
(41)「支那参戦事情と内乱責任問題」『外交時報』第三四四号、一九一九年。
(42)西湖漁郎「段祺瑞と日支関係」『太陽』第二三巻第一四号、一九一七年。
(43)「支那政弊の根本的批判」『太陽』第二四巻第七号、一九一八年。
(44)『東方時論』第二巻第五号、第六号、一九一七年。

第六章　南北問題をめぐる日本の政策と中国の新聞報道

清朝の倒壊と中華民国の誕生によって国体に変化が生じただけでなく、中国問題として日本から注視される新たな事態も生じた。その一つは、モンゴルやチベットの分離に見られる版図の変更という事態であり、もう一つは、中国本土における南北間の分立・対立である。南北間の分立状態は、まず辛亥革命の過程で生じ、第一次大戦の末期から戦後にかけて、より顕著なかたちで現れた。この七年ばかりの間には、南北間の分立が軍事的対立へと激化したことが、何度かあった。

辛亥革命以後の、その最初の例が第二革命であり、宋教仁の暗殺、改革借款の調印、南方の国民党系都督の罷免を原因として起きた。次は、袁世凱の帝制復活に反対する西南諸省の独立と軍事蜂起である。南方の反袁勢力が、蜂起の理由の一つとして掲げたのは、袁世凱による臨時約法の破壊であった。帝制復活計画が放棄されたあとの南北の妥協・統一にあたっては、袁世凱の大総統退位のみならず、臨時約法の復活という主張も掲げられた(1)。したがって、すでに言及したように、袁世凱が死去したのち、臨時約法と新約法のいずれに基づいて中華民国の再建を行うかが、当然、大きな問題となった。

これに次いで起きた南北間の分立・対立が、いうまでもなく一九一七年八月から九月にかけての、広州に集結した国会議員による非常会議の開催、中華民国軍政府組織大綱の議決、広東軍政府の成立からあとの事態である。ここでは広東の政府をとくに研究の対象としているわけではないが、のちの論述との関わりがあるので、その推移を簡単に整理しておくことにしよう。

視点のおき方で、表現に違いは生じてくるかもしれないが、広東に生まれた政府の変遷は、次の三つの時期に区分できる。最初は、「孫文派革命エリートの単独政権」である「初期軍政府」、次は、一九一八年五月の中華民国軍政府組織大綱の修正に基づく、「西南諸省を実効統治する軍事エリートの参加」した「改組軍政府」、そして最後に、一九二〇年末の孫文の広州復帰によって成立した「継続軍政府」である。[2] この広東軍政府が実質的に統治できた地域は西南諸省に限定されていたが、中華民国軍政府組織大綱という名称からわかるように、形式上は中華民国の中央政府を自認しており、その根拠は臨時約法と旧国会にあった。したがって、軍政府は西南諸省の統治機関であると同時に、護法運動の主体としての性格も有していたのである。

南北の分立状態を引き起こすきっかけとなった参戦問題に対する広東軍政府の姿勢を見ると、その成立から約一ヵ月後には、非常会議での決議に基づいて対独宣戦を行っている。参戦問題に対する旧国会議員たちの関心は、参戦の可否自体ではなく、臨時約法の諸規定を段祺瑞内閣に厳守させることにあったのである。参戦問題が政略的に扱われたことは、日本に派遣された広東軍政府の代表の言動からも明らかである。少しあとにも述べるように、広東軍政府は支援を引き出すために日本に代表を派遣したが、その一人であった張継は本野一郎外相と会見した時に、参戦問題に関して「民党」の真意は賛成であり、段祺瑞内閣との対抗上、反対したに過ぎないと釈明していた。[3] もっとも臨時約法擁護への熱意は軍政府内部でも差違があり、孫文や国民党系の議員は護法に熱心であったが、陸栄廷などの軍人や政学会系の勢力はそうではなかった。[4]

こうした南北間の分立・対立の状態は、南京国民政府のもとで中国の統一化が進むまでの「特徴的政治構造」とされる。[5] 南北問題の出現は、北京の中央政府を批判し、時にはそれと分立・対立しようとする政治・軍事勢力が南方を地盤として存在していることに、一つの要因があった。ここまで参考にしてきた研究成果も、南北問題をもっぱら中国の国内政治の視角から分析している。しかしすでに述べてきたところからわかるように、南北問題も含めて、中国の国内政治は列国の対中国政策、とりわけ日本のそれや対中国言論に大きな影響を受けていた。

辛亥革命以後、日本には南北「両派を応援する政治勢力」があり、第二次大隈内閣の時には南方援助政策がとられ、そのあとに誕生した寺内内閣は、その政策を批判して不干渉政策を掲げながら、実質的には、段祺瑞国務総理のもとにある北京の中央政府を支援した。[6] この寺内内閣の対中国政策は「援段政策」とも称されるが、その意図は、強い行政府を樹立し、それとの間で密接な政治的経済的関係を確立することにあったといわれている。[7] しかし一方で、袁世凱死後の黎元洪大総統、段祺瑞国務総理のもとでの中国の統一に対して、陸軍では「南方派支援」を意図していたといわれるように、[8] 日本の政府・軍部のなかで、中国の南北問題に対する姿勢に相違があった。寺内内閣の支援を受けた段祺瑞の武力統一政策は、一九一八年の九月頃には行詰りを見せ始め、一二月初旬には、日本政府は他の列国と共同で南北和平統一の勧告を行った。[9]

中国の南北問題は、日本政府の政策の対象であっただけでなく、民間からも強い関心が向けられた。「護法運動期」とも称されるこの広東政府の時期に、孫文は戴季陶や張継らを日本に派遣し、政府や軍部の要人に対して支援を求めた。戴季陶らの受け入れや支援要請の仲介には、寺尾亨や犬養毅といった学者や政治家が関与していた。一九一七年六月に来日した戴季陶を、政友会総裁の原敬に紹介した犬養は、紹介状のなかで彼を「南方派の人」と称し、南北問題を意識した表現を用いている。また原に会見した戴は、中国の現状を説明したうえで、「南方革命派」の支持を求める孫文の意見を伝えたといわれているが、[10] 広東軍政府やそれを支える勢力が「南方派」と総称され、それに「革命派」さらには「民党」といった政治的性格が付与されて日本に伝えられていったのである。だが、たとえば護法という一点をとっても、軍政府を支える勢力の間で意見の相違があったことは、すでに指摘したとおりである。

このように南北問題を焦点とする中国政治の推移には、日本の政府・軍部、それに政党政治家が密接に関与していたのであり、中国の新聞も活発な報道をくり広げていた。ここでは天津発行の『大公報』と上海発行の『申報』の報道を中心にとりあげるが、それは独自取材によるものもあるとはいえ、かなりのものが中国内外の日本語を含む外国語新聞を情報源としていた。だが情報収集の方法と能力には違いがあり、『申報』が日本駐在の記者からの記事のほか、国内では英語新聞からの情報も含めて紙面を構成していたのに対して、『大公報』は日本語新聞に依存する傾向が強かった。

第一節　寺内内閣の成立と中国の新聞報道

改造大隈内閣後の寺内内閣の対中国政策は、およそ以下のようにまとめられている[11]。寺内内閣は第二次大隈内閣、とくに改造後のそれの対中国政策への批判をともなって成立した。したがって対中国外交をめぐる政党との関係では、政友会の協力を得ることとなり、その分、同党総裁である原敬の発言力が強まった。寺内内閣は大隈内閣の対中国政策への批判のうえに立ち、中国の内政への不干渉という原則を打ち出しはしたが、内実は「北方に対する好意的中立」であり、張勲による復辟失敗後、「北方支援＝援段政策」が明確になった。この政策を政府内で積極的に推進したのが、本野外相と北京駐在の林権助公使らであったが、原はそれに不満であり、「南北妥協」の姿勢を示した。こうした寺内内閣当時からの原の姿勢が、彼を首班とする内閣の成立とともに政策に表れることになるわけであるが、中国の側から見た場合、その妥協が成立するか否かの法制面での焦点が、臨時約法と旧国会の扱いであった。

（1）　寺内内閣の成立と対中国政策

袁世凱が死去したあとの改造大隈内閣の動きを、中国で比較的詳細に伝えていたのが、天津の『大公報』であった。袁世凱が死去してから二週間後の『大公報』（一九一六年六月二〇日）は、日本語新聞である『天津日報』や『新支那』（北京）のニュースをもとに、南北妥協という日本の対中国政策の方針を報道していた。前者による記事のなかでは、大総統に就任した黎元洪が「南方の意見」を尊重し、「東洋の平和」のために時局を収拾するのであれば、援助を惜しまないことを、日本政府が閣議で決定したと述べている。次いで、大隈の辞意と次期内閣の首班が話題になり始めた七月に入ると、林権助公使の赴任が報じられるようになる。『大公報』の七月一二日付の記事は、東京の通信社からの電報ニュースとして大隈の辞意と後継内閣をめぐる議論を伝えるとともに、林権助が中国駐在公使として選任されたことからも、現内閣辞職の理由が判明するとしている。林の対中国政策に関する意見は大隈内閣と大いに異なっており、大隈に辞職の意思がなければ、林は公使就任を引き受けなかったであろうと指摘し、新たな内閣のもとでは、これまでの政策が一掃され、「東洋の永遠の平和」を目的とした国際協調の方針による穏健な政策が実行されると予測している。

翌日の『大公報』は、中国の大局と日本の対中国政策の方針に関する、林自身の新聞紙上での発言を伝えている。林は、袁世凱による帝制復活は中国に紛糾をもたらしただけであるとする一方で、日本などが行った延期勧告も批判している。林の談話は、日露戦争に関することや国会での議論など多岐にわたっているが、この勧告に関しては、中国のことを日本の国内問題であるかのように見なす姿勢を批判している。もう一つ重要と思われるのは、中国問題に日本人は焦慮し過ぎてはならないとしている点である。林は、日本が現在の状態に達するには長い期間を要したことをまず指摘しており、中国の政府や政治の改良には時間が必要で、「徒手で収穫しようとしても成果はあがらない」と述べたと伝えられている。寺内内閣が成立すると、上海の『申報』も含めて、中国の新聞による日本政界の報道が盛んに行われるようになる。

寺内内閣が成立して約一ヵ月後の『申報』（一九一六年一一月二五日）は、北京の英語新聞の記事をもとに、中国問題をめぐる日本の政党の動向を伝えていた。成立したばかりの寺内内閣の方針を憲政会が非難したのに対して、政友会は前大隈内閣の対中国政策を批判したことを報じ、原総裁の地方大会での演説を紹介している。『申報』が伝える演説の要旨は、中国の現在の反日の風潮は、前内閣が革命軍や宗社党を援助したことによって生じたのであり、今後は対中国外交の方針を変更し、中国との親善によって「東洋の平和」を維持しなければならない、というものであった。掲載年月日はこれよりあとになるが、『大阪毎日』が一九一七年一月一日から掲載した「戦後は何うなるか」という特集の第二回（一月二日）に寄せた談話で、原は同じような趣旨のことを語っていた。原は戦後に向けて懸念される問題として「対支関係」をあげ、前内閣が中国政府を圧迫する一方で、宗社党や革命党を煽動したことで、両国国民の感情はいよいよ疎隔したと指摘し、これは「専ら威圧によりて日本に依頼せしめんとする大隈内閣の失敗」だったと、批判している。

一九一七年一月一七日付の『申報』は、寺内内閣の使命に関する日本の『時事新報』の記事を紹介し、前内閣が対中国政策の失敗で倒れたために、日本の国民の現内閣に対する評価は「対中政策の改善が出来るか否か」で異なることを報じていた。寺内内閣の外交方針などの提示と、それをめぐる質疑を行う第三八議会が開会されたのは、前年の一二月二七日である。この議会での本野外相の外交演説を、『大公報』と『申報』はともに一九一七年一月二八日付で報道した。本野外相の演説は、『時事新報』や『申報』が指摘したことを意識したものであり、対中国政策の方針を明示することは「義務デアルト信ジテ居ル次第デアリマス」と述べている。[12]

本野は中国に反日的な感情があることを指摘し、その最大の原因を、日本が「支那ノ内部政争ノ渦中ニ投ゼントスルノ傾向」があったことに求め、さらに具体的に論及している。中華民国の誕生とともに出現した多くの政党に対して、日本の「或者ハ一方ノ党派ニ同情ヲ表シ、或者ハ他方ノ党派ニ同情ヲ表シ、各々其ノ政見若クハ個人的関係ニヨリ、其ノ好ム所ノ政党ニ援助ヲ与ヘテ、政権ヲ掌握セシメントシタ」ことが、中国の反感や列国の猜疑を生んだとし、このような政策を「断然之ヲ執ラヌコトニ決定」したと、寺内内閣の対中国政策の方針を示した。ほぼ同じことの繰り返しであるが、特定の党派に対する支援は行わないとしたうえで、「帝国政府ハ支那其者ト親善ノ関係ヲ有セント欲スル者」であるとも述べている。

この本野外相の外交演説に対して、与党的な立場から小川平吉が、野党から憲政会の尾崎行雄が質問に立った。小川は、「対支警告以来前内閣ガ執ラレタ所ノ処置ハ、実ニ一面ニ於テハ支那ノ反感ヲ買ヒ、他面ニ於テ列国ノ猜疑ヲ買ヒ、帝国ノ位地ヲシテ非常ナル困難ニ陥レタ」と、前大隈内閣の帝制延期勧告を批判し、非公開の会議を開いてでも、前内閣の処置の詳細を明らかにするように求めた。

小川が風聞として言及しているところでは、帝制の延期勧告が受け入れられなかったために、当時の内閣は「革命党ニ援助ヲ与ヘ、革命党ニ援助ヲ与ヘタルノミナラズ、更ニ北方ノ宗社党ヲ助ケ、宗社党ヲ援助シ、而シテ此対支警告ニ対スル政府ノ面目ヲ立テント欲シタ」のである。これは、原敬と同じような認識である。さらに袁世凱の死去によって、このような活動もにわかに中止したために、日本の中国に対する信用は地に落ちてしまい、「前内閣ノ対支外交ハ絶体絶命、行詰リニナッタト云フ事実」は否定できないと、大隈内閣の対中国政策を批判している。

現在では野党の立場で寺内内閣に対峙し、改造後の前内閣では、その一員として強い発言力を有していた尾崎行雄は、こうした現内閣や政友会からの批判を認めるわけにはいかなかった。彼は大隈内閣の対中国政策を擁護し、「支那ト親善ヲスルト云フノハ誰ト親善ヲスルノデアルカ、前内閣ガシタトコロハ即チ支那国民ノ大多数ヲ代表シテ居ルモノト親善ヲ図ッタ」のである、と述べた。だが、このような発言に見られる姿勢こそが、本野外務大臣が批判するところであった。「国民ノ大多数ヲ代表」しているというのは尾崎の思い込みであり、たとえそうであったとしても、その政治勢力に外国が支援を与えることが、当然のごとくに容認されるわけでもなかった。

日本で第三八議会が開かれていたとき、北京では『大公報』の記者が林公使に対してインタビューを行った[13]。林は、中国が当面する要務は強力な政府の樹立にあるとし、国会に対しては、「一党一人の私利」よりは「国家の利益」に重きを置き、事あるごとに政府に反対するといったことのないように求めている。ここには林の辛亥革命観が関係しており、清朝が倒れたのは袁世凱の力によるもので、「革命党人」の功績ではないのに、この点への認識の間違いが、これまでの政治の混乱の原因だと述べている。日本については、これまで袁世凱という人物に対して誤解があったために、政府や国民の中国に対する感情にはよくないものがあったが、今は状況がまったく異なっているとして、中国の人民が「自立自強の道」を自覚するように促している。

これから約四ヵ月後、参戦問題をめぐって内閣と国会の対立が深まるなか、一九一七年六月一日付の『申報』紙上に、また林へのインタビュー記事が掲載された。林はここでも、辛亥革命には「北方派」の貢献があったことを指摘するとともに、参戦問題をめぐる「南方派」の言動を批判している。参戦への「南方派」の反対は主義に基づくものではなく、政権の掌握に動機があるが、実際には政権が掌握できる見通しはなく、ただ「北方派」を苦しめているだけであると、指摘している。

林は整理したかたちで話しているわけではないが、公使として赴任する時点からここまでの発言には、一定の意味が含まれており、それは次のようにまとめることができるのではなかろうか。中華民国の近代国家としての成熟は、一朝一夕で実現できるわけではなく、日本と同様に長い期間を要し、現在、必要とされている課題は強固で安定した行政府の樹立である。中華民国の誕生に「北方派」は貢献するところがあったのであり、国会はその政府に反対を繰り返すのではなく、むしろ協力すべきである。しかし、林はとくに言及しているわけではないが、復活した臨時約法は議会に強い権限を付与していた。

（２）日本の総選挙と中国の新聞報道

第三八議会の開会中、憲政会と国民党は内閣不信任案を提出した。犬養の不信任案賛成演説は、条件付き賛成の立場で演説にたった政友会の林毅陸が簡潔に整理したように、特定の問題に対する失政への非難ではなく、議会や政党に基礎を置かない超然内閣には政治を託せないとする原則論的なものであった[14]。この不信任案提出に対抗して、寺内内閣は議会を解散し、総選挙が行われることになった。四月に行われた選挙の結果は、憲政会の敗北であり、立憲同志会の時期の議席を減らし、反対に政友会は議席を大幅に増やした。これ以降、憲政会は一九二四年の護憲三派内閣成立までの低迷期に入ることになる。

この日本での総選挙には、中国の新聞も関心を示しており、四月二四日付の『大公報』は二三日の東京からの特約電に基づいて、憲政会の敗北と政友会の勝利を予測し、この結果は寺内内閣の対中国政策が継続するか否かという点で、中国にも深い関わりがあるとしていた。さらに総選挙後の同紙の「日本寺内内閣之成功与中国」という論説は（一九一七年四月二九日）、寺内内閣の対中国政策は前内閣のそれの失敗に懲り、政治上の紛糾を生じさせることなく、もっぱら経済的提携を模索するものであり、「東亜の大局にとって幸い」であると論評し、総選挙での勝利に好感を示している。

そのうえで中国の国民に対して、本野外相が以前の議会で演説した対中国政策の「三大政綱」についてあらためて解説をくわえ、そのなかの一つである「中国内政への不干渉」は、南北を区別しない不偏不党の考えであり、それは大隈が「南方の民党に肩入れし、袁氏を圧迫して」利権を追求し、それに失敗したことに懲りたために採用したと、大隈内閣を批判し、寺内内閣を支持する姿勢を明確に示している。さらに寺内内閣の対中国政策が、

「段内閣を偏重し、民党を軽視する嫌いがある」とする日本国内での批判に対しては、一国の内政に介入しないことは当然の主義であり、寺内内閣がこの方針を堅持するように求めている。

中国の新聞は一九一六年一〇月初旬の寺内内閣の成立、対中国政策の基本方針が示される年末の第三八議会に強い関心をもって報道していた。大隈内閣から寺内内閣への交代の原因となったのは対中国政策であり、したがって寺内内閣の評価もそれによって定まると、『申報』などは報道していた。成立当初の寺内内閣は、前内閣が中国国内の政争に深入りしたことを批判し、中国の政府のみを相手として政策を遂行するという方針を示した。それは当然のことといえるのであるが、尾崎行雄などからすれば、中国の国民の意思の所在までを確かめたうえで相手を定め、政策を遂行しなければならないことになる。寺内内閣がその方針に基づいて対中国政策を遂行するためには、林権助公使が明言していたように、中国の政府が強化され、安定する必要があった。林は辛亥革命成功の原因まで振りかえりつつ、政府への協力を議会に要求した。だが、この要求は議員個人の言動への期待としては意味をもち得たとしても、議会そのものに対する有効性は希薄であった。なぜなら、議会は臨時約法によって強い権限が保障されていたからである。

第二節　寺内内閣の対中国政策をめぐる論戦と中国の新聞報道

すでに言及したように、参戦問題をめぐる段祺瑞国務総理と黎元洪大総統および国会との対立によって、張勲軍の北京進駐と国会の解散という事態が生じた。張勲による復辟が失敗し、国務総理に復帰した段祺瑞が、国会を開会することなくドイツ・オーストリアに対する宣戦を強行したことに反発して、旧国会議員が広東に南下して非常会議を開き、軍政府を成立させた。こうして中国では南北対立が顕在化することになったわけであるが、こうした中国の政治情勢の推移のなかで、日本の政府と政友会の意見の食い違いも中国に伝えられていた。

（１）援段政策の開始と中国の新聞報道

一九一七年九月二〇日付の『大公報』は、「本月一二日」に開かれた日本の臨時外交調査会で、中国問題をめぐって大論争が起きたことを報道している。それによれば、中国の南北対立に関して、政府側委員が説明した内閣の方針は、以下のようなものであった。

孫文を大元帥とする広東軍政府は、北京の政府を敵国のように見なしているが、内実はまったく統一を欠いており、西南諸省をまとめることもできておらず、将来、中国を統治できる実力は有していない。このような局面に対して、日本政府が拱手傍観していたのでは、紛乱を長引かせるだけでなく、段祺瑞政権自体が倒壊する恐れがある。したがってこのさい、これまでの不干渉の方針を変更し、実力のある段祺瑞内閣を援助して内紛を終息させることが肝要である。

文字どおりの援段政策の実施が、政府側委員から提起されたことを伝えているのであるが、これに異論を唱えたのが政友会の原敬である。原の発言は、単なる援段政策批判にとどまらない重要性を有していた。これまで日本の国民と中国の党人は、伍して「南方派」とか「北方派」と称して得意になっており、日本の政府は「袁政府」だとか「段内閣」だとか、「対人策」を講じて対中国政策の妙案だとしてきた。しかしこれらのことが、日本の対中国外交が振るわない真の原因であると、原は批判した。そして、これまで主張してきた不干渉主義、公平主義の真意が、内外でようやく理解されるようになったこの時点で、「段内閣」援助の方針を打ち出すことに反対した。原の批判は、単に政府の方針のみに向けられているわけではない。日本の眼中には、いささかも南北の区別や、段祺瑞、孫文といった人物での区別があってはならず、これまでの「偏狭な対人本位」を捨て去り、中国の民衆に対して大局上から中華民国の改善方法を研究し、徹底した一般的な対中国政策を樹立することが最も重要であると、原は指摘した。

以上のように『大公報』は伝えており、これは援段政策採用時点での臨時外交調査会の議論のようにも読める。しかし寺内内閣は七月二〇日に援段政策を閣議決定しており、すでに二七日の臨時外交調査会で原がこれを厳しく批判して、「最善策として対支傍観策の継続」を勧めていた。援段政策が実施されるようになってからは、原の関心は傍観策から南北妥協勧告に傾き、しばしばその採用を寺内内閣に求めていたといわれている[15]。会議の日付だけでなく、広東軍政府の存在への言及から判断して、すでに援段政策が実行に移されるようになってからの、臨時外交調査会における寺内内閣と原の意見の衝突を、『大公報』は中国社会に伝えていたのである。

(2) 第四〇議会と中国の新聞報道

中国で南北対立が顕在化したあとの寺内内閣の対中国政策をめぐって論戦が交わされるのが、一九一七年一二月下旬に召集される第四〇議会である。その約二ヵ月前の『申報』(一九一七年一〇月二九日)に掲載された「日本政局之推測」は、開会前の政府や各政党の様子を伝えていた。まず総選挙で敗北した憲政会の第四〇議会にかける意気込みに言及し、同党幹部の発言として、政府攻撃の論点がもっぱら中国問題にあることを報じていた。その中国問題とは、不干渉主義を方針としている政府の対中国政策が、実際は借款や兵器供給などの「北方」に対する援助となっており、他方、「南方」に対する態度は極めて冷淡で、両国の親善にとって大きな障害を生じさせていることである。

この幹部は、特使として派遣された石井菊次郎前外務大臣のアメリカでの発言も政府攻撃の材料としてあげたようであるが、記者の憲政会に向ける眼は厳しい。憲政会はすでに少数政党で議会での成功は見込めず、国民党は本来の主義を犠牲にしている、といった解説を加えている。

一九一八年一月二四日付の『大公報』、一月三〇日付の『申報』は日本の議会での論戦の模様を報道した。前者の「日本国会開幕中之反対声」は、本野外相の演説後、相次いで反対の質問があり、なかでも尾崎行雄のそれが最も激しかったことを伝えた。後者の「東京通信」は二段以上にわたる長文であり、貴族院では杉田定一、衆議院では床次《とこなみ》竹二郎、尾崎行雄、坂本金彌、今井嘉幸の質問と本野外相の答弁の概要を記し、最後に「当日の質問はこれで終わった。質問に立とうとするものはまだいたが、すでに時刻が遅く、ある人の動議で散会となった。質問中で、尾崎氏の雄弁で滔々たること、日本一流の政治家であることに恥じない。その他の議員の質問の多くは内政上の関係で政府に反対であったが、その言はことごとくが彼の国の民意を代表しているとは信じられない」という注釈をつけ、やはり尾崎の外交に関する質問に注目している。

『申報』紙上での第四〇議会の報道は、その後も心危という筆名での二月一日の「日本両相講演東邦政府」、四日と二六日の「東京通信」と続く。二月一日付では寺内首相と本野外相の演説を、四日付では無所属の押川方義と憲政会の望月小太郎、島田三郎の質問を伝えている。また二六日付では、貴族院での高橋作衛の兵器供給問題に関する質問をとりあげている。このように中国の新聞は、日本の第四〇議会に注視して報道していたのである。

さらに当時の政界分析を行っているのが、『申報』の一六日付の「日本政局観」と二月二〇日付の「東京通信」であり、執筆者はいずれも心危である。前者では、議会開会後、質問が比較的厳しいのは憲政会だけで、政友会は是々非々で臨み、国民党は主義を犠牲にしており、いずれも政府に対して正面から衝突する意思がなく、寺内内閣には動揺するところがない、と分析している。このために唯一の野党といえる憲政会は「目下孤立の状態」であり、そうであるが故に、なお政府に肉薄せざるを得ないと、その苦境を伝えている。このような状態にいたった外交上の問題に関して、「国民が大隈時代の失敗に鑑み、寺内内閣に対して一時的に安堵の態度を示している」ことをあげているのは、鋭い観察といえよう。

この記事は、憲政会の院外での政府攻撃や不信任案提出の動きに対して、「けだし反対党の地位にあっては、無声無臭で終わるわけにはいかない」と、やはり同党の追い詰められた状況を示唆していた。この憲政会による不信任案提出を報道したのが、後者である。この記事は、憲政会が不信任案を提出したこと、その理由としている点は、現内閣が「憲政の常道に反している」こと、対中国政策をめぐって帝国の威信を失墜させたことであると指摘している。しかし不信任案の通過については、憲政会自体が不可能と考えており、ただこれによって「その態度を強く見せかけようとしているだけである」と、厳しい眼を向けている。この記事でも、政友会と国民党の対応が分析されている。両党ともに不信任案に反対であるが、興味深いのは国民党が反対する理由である。国民党は、憲政会が対中国外交で政府を弾劾できる資格はないと見なしており、その理由は、「憲政会が大隈内閣の外交の失敗に加担した」ことにあった。大隈内閣の帝制延期の勧告以降の対中国政策は、なお大きな傷跡を残していたのである。

（3）第四〇議会での論戦

さてそれでは、第四〇議会での実際の論戦はどのようなものであったのだろうか。次に、この点を検討してみよう。この議会で本野外務大臣は、対中国政策に関して、次のような原則をあらためて提示した。第一に、中国内部の政争には干渉しない。第二に、現に中華民国の政権を掌握している政府に対しては、それがいかなる党派であれ、常に交渉すると同時に、日本の利益に反しないかぎりで必要な援助を行う。本野自身が言及しているように、これは寺内内閣成立以来の対中国政策の原則であった。この政府の原則と実際の政策をめぐって、『申報』が報道したように、床次竹二郎、尾崎行雄、今井嘉幸、望月小太郎などが質問に立った。床次は政友会の議員であったが、日本政府が「北方ヲ援助シテ、南方ニ圧迫ヲ加ヘルノデハナイカト云フコトヲ疑フ者ガ、世ノ中ニハ尠クナイ」ことを指摘し、この点は「日支両国ノ国交上甚ダ吾々ハ遺憾ニ思フ」と指摘している。

床次に次いで立った尾崎の質問は、『申報』が注目したように、長時間にわたって政府を攻撃する激しいものであった。質問の内容は、北京の政府と広東の軍政府に対する評価をともなったものであった。質問の流れとは若干順序が逆になるが、尾崎は寺内内閣が成立してから中国に分裂が生じたとし、その原因をもっぱら参戦勧誘に求める。その参戦勧誘の相手である段祺瑞について、「其為ス所ノ事柄ハ武断政治ノ方針ヲ執ッテ居リ、憲法ヲ蹂躙シ、国会ヲ解散シ、武力ヲ以テ事ヲ解決シヤウト云フ外ニハ別ニ為ス所ナキ者」と、臨時約法や旧国会を無視し、武力によって中国の統一を図っている人物として批判の眼を向けている。尾崎の批判は直接的には、もちろん政府の段祺瑞政権支援に向けられているのであるが、この第四〇議会が開かれる少し前まで国務総理であった段祺瑞という人物や、その政策にまで深入りしている点に特徴がある。

尾崎は以前の議会での寺内首相に対する質問を、次のように振り返っている。現在の世界には「二大潮流」があり、一つは「輿論民意ヲ主トシテ政治ヲシテ行カウト云フ潮流」であり、それを欧米の政治家は民主主義と称し、自分たちは「輿論主義若クハ公論主義」と称している。もう一つは「武断武力ヲ恃ミニシテ、武断専制デ行カウト云フ主義」であり、この二つの主義が中国政治にも現れている。尾崎の質問は、寺内内閣はこの二つの潮流のうち、「輿論民意ヲ基礎トスルト云フ方ニ反抗シテ居ル」ことになるのではないか、ということであった。ここには、中国の南北両政府の内政にまで立ち入った尾崎の評価が示されているのである。以前の議会での質問で示したこの評価を前提に、尾崎は、「要スルニ是迄ノ現内閣ノヤリ方ハ、口ニ正直ニ明言セラル、ガ如ク、政府ヲ見テ国民ヲ見ナイ、政府デアリサヘスレバ、其政府ハ明日倒ルベキ政府デモ、国民ノ大多数ノ反対ヲ受ケテ居ル政府デモ、何デモ之ヲ相手ニスル、政府デナケレバ、如何ナル大多数ノ代表者デモ之ヲ相手ニハ致サヌ」と、政府を批判する。

本野外務大臣は、政府としては段祺瑞という人物を相手に政策を進めているわけではないと、もっぱら質問の前半部分に関して答弁を行っている。本野外務大臣がどのように判断したかはわからないが、後半部分は外交問題に関する質問とは言い難いものであった。尾崎の質問内容を、当時の中国の現実の政治に照らし合わせれば、北京の政府は国民の大多数が反対しており、広東の軍政府は大多数の代表者で、世論・民意を基礎としていることになる。しかしそれは尾崎の思い込みかもしれず、客観的に判断できる材料があったわけではない。そればかりか、そもそもこのような批判は中国の国民にゆだねるべきで、尾崎が代弁すべきものではなかった。尾崎のあとの坂本金彌に続いて質問に立ったのが、今井嘉幸である。今井の質問に対して、本野外務大臣は、「私ハ唯今今井君ガ言ハレタ南方ヲ援ケル為メニ断然干渉ヲセロト云フ御議論ニハ、全然反対デアリマス」と、明確に反論した。それだけ、今井の質問は南方勢力の支援に傾いていたのである。

まず今井は、「南北ト云フ問題」の定義を行っている。それによれば、「自覚シタル支那ト、ソレカラ自覚シナイ所ノ旧制度ヲ維持セント欲スルモノ」とに分かれており、当然、前者が南方、後者が北方ということになる。このように双方の勢力を評価したうえで、南方の勢力は現に「実際ノ根柢ヲ備ヘテ」おり、「最後ノ勝利ハ南ノ方ガ制スルコトニナルノデアル」と、将来を見通している。それでは、日本政府はどのような政策を選択したらよいのか。当然、「ドウシテモ南ノ方ノ人間ト親善ヲ結ンデ、東亜ノ将来ヲ完全ニ発達セシムルヤウニ図ラナケレバナラヌ」、ということになる。本野外務大臣が直接的に反論した質問の内容は、この部分である。今井はさらに日本の国民の意向も分析し、「人民一般ノ希望トシテハ、南方ニ対シテ同情ヲ表シ、北方ニ対シテ同情ヲ表シナイ」としている。

以上から、今井は南北の両政府や勢力に対する評価、それに日本の対中国政策論を尾崎と共有していたことがわかる。そうであれば当然、尾崎が閣僚の一人であった前内閣の対中国政策への評価は高くなる。「憲政会内閣ニ就テハ、此南北問題ニ対シテハ、吾々ノ大ニ意ヲ得タ所ノモノデアル、即チ南方ノ覚醒シタル人民共ニ対シテ同情ヲ表シ、北方ノ堕落シタル者ニ対シテ打撃ヲ与ヘル、斯ウ云フ政策ヲ執ッタノデアル」と、彼は質問のなかで述べている。ここには進歩的な南方勢力への支援、反動的な北方勢力への打撃という観点からの、大隈内閣の対中国政策への評価が見られるのであり、したがって袁世凱死去後の同内閣の南北妥協策には、「遺憾ヲ表スル」ことになるのである(16)。

第四〇議会で、尾崎と同じ憲政会所属の議員でありながら、若干異なった考えで質問をしていたのが望月小太郎である。望月は、「南北調停説ニ断然対支政策ヲ御改メアラムコト」を求めた。やはり野党の立場にたっていた樋口秀雄も、南北調停論を展開している。樋口は、「南方派」の実力、「南方ノ勢力」は北方を圧していると、尾崎や今井と同様な認識を示している。しかしそうだからといって、広東軍政府や南方の勢力を支援するように主張しているわけではない。次に言及する内閣不信任案が否決されたあとの質問であるためか、近頃、「南北ノ調停、四百州ノ統一ト云フコトヲ以テ、日本ノ対支方針ノ根本ニシナケレバナラヌト云フコトヲ論ゼラレル御方ガアルノハ、甚ダ慶ブベキ傾向」であるとし、政府がこれまでの政策に拘泥することなく、方針を変更することを求めている。だがこの時点では、本野外相に方針を変更する意思は見られず、望月の質問に答えて、南北の妥協も含めて中国の政治家に一任する意向を示していた(17)。

さて寺内内閣に対する不信任案は、前内閣の閣僚の一人で、憲政会の議員であった武富時敏ら八人によって提出された。賛成演説は、この武富らによって行われたが、ここでは中国問題が一つの理由であったことを示しておけば、その内容はおよそ推察してもらえるものと思う。むしろここで検討しておきたいのは、これまで見てきた尾崎や今井らの政府批判に対して、どのような内容の不信任案反対論が展開されたのかという点である。反対論のなかで注目したいのは、神谷《かみや》卓男《たくお》という議員のものである。神谷は、そもそも日本の議会で中国問題を南北対立という視角から議論することに不快感を示している。もともと中国の政界の争点であった南北問題が日本に波及し、議会のなかに、「南人気取ノ人モアレバ北人気取ノ人モアル」というような状態が生じたことを、神谷は批判する。

神谷が不信任案反対論者であったことからしても、議会でのこのような争点化により大きな責任を負っていると彼が考えているのは、野党の議員であろう。彼が、このような争点化が無意味であると判断した理由は、南北双方に共通して見られる勢力としての一体性の欠如である。北方にも「随分新知識ニ触レ」た人がいるという指摘は、ここではあまり重要ではない。むしろ問題は南方にあり、「馬賊出身ノ陸栄廷」「清朝ノ遺臣岑春煊」「米国仕立ノ唐紹儀」「日本アタリト終始往来スル張継一派、孫逸仙一派」の間に、「主義主張ノ一致スル所」があるとは、神谷には考えられないのである。[18] こうした南方の勢力の不統一に対する認識は林権助公使にもあったが、[19] 最初に言及した広東軍政府の変遷を考えれば、これは的を射た発言であった。

第三節　内閣交代期の対中国政策と中国の新聞報道

日本の支援を得た段祺瑞の南北武力統一策は、軍事的には湖南省と四川省を中心に進められた。それは、湖南省をおさえることで両広に圧迫を加え、四川省をおさえることで雲貴両省を制圧しようとする作戦に基づいていた。しかし傅良佐の湖南督軍への任命と北軍の派遣に対して湘軍が抵抗し、一九一七年の一〇月初旬から湖南南部で始まった戦闘は、広西軍が介入したことによって、北軍側の失敗に終わった。四川省に対しては、傅良佐の湖南督軍任命と同時に、岳州から軍隊を派遣し、この軍隊の圧力のもとに、四川軍を雲貴両省に対する作戦の先頭に立たせようとする方策を、段祺瑞は立てた。しかし湖南での作戦の失敗が明らかになると、それまで恭順の意を示していた四川軍が反抗し、四川省での計画も失敗に終わった。このために、派遣された北軍の司令官が停戦の通電を発したほか、曹錕らの北京政府を支える政治・軍事指導者も、南北間の平和的解決を主張するようになった。このような事態を受けて、一一月下旬に、段祺瑞は馮国璋大総統に対して、国務総理辞任の意思を表明した。

（1）寺内内閣の政策変更

この中国の南北間での戦闘の帰趨が明らかになってから、日本の新聞では、たとえば「妥協風は支那の南北を問はず、日本にまで吹荒び、事の真諦を極めず、表面を糊塗して苟安を貪らんとするものは、皆妥協を言ふ」といった報道がなされていたように[20]、南北間の妥協論が中国で広がっただけでなく、日本にもおよんでくるようになったのである。このことを報じた『大阪朝日』は、一二月二二日付の「対支政策の変更」という記事で、「寺内内閣は一切輿論に耳を傾けずと思ひきや、対支策に就ては意外にも従来の政策を改め、幾分輿論に傾聴し来るもの丶如く、林公使召還の如き其証拠の一なり」と、寺内内閣が対中国政策の変更に着手し、林公使を一時帰国させたことを伝えていた。

だが『大阪朝日』は、単純な南北間の妥協に賛成していたわけではない。馮国璋大総統が二六日に停戦命令を発したことを報じた『大阪朝日』の「馮総統の停戦命令」（一九一七年一二月二九日）は、中国での事態は「南方の優勢」を示していると判断している。この記事の内容は、南北問題をめぐる中国の政治・軍事指導者の動向分析が中心で、主張はあまり明確ではないが、馮国璋大総統の停戦命令は「一時の姑息策」であると見なしていた。この評価の背景には、南北間の「実状は、幾んど両立せざる点に達す。故に一方を揚げ、一方を抑ゆるも、決して真の和平にあらず。必ず徹底的に之が解決を見ざれば、統一を期し難し」、という現状認識があった。南方の勢力が優勢であるという評価のもとで徹底した解決を求めているのであり、この『大阪朝日』の記事は南方を中心とした統一論に傾いているといってよかろう。

翌年に入ると、次のように、寺内内閣の対中国政策の変更が報道されるようになる。「寺内内閣は従来の援段方針を一変し、幾分南方にも好意を表し、辺防急を告ぐるの理由を以て南北妥協を図り、以て日支の協同動作に移らんとすと」。このように寺内内閣の対中国政策の変化を伝えた『大阪朝日』(一九一八年三月二〇日)の「変更せる対支政策」は、「唯妥協の声に耳を傾け、妥協の気分十分なりと信ずるも、国会回復の四字に注意を払はざるは、恐らく我当局者ならん」と、中国の南北間の妥協に政策を傾斜させつつも、南方側の主張の一つの要点である旧国会の回復問題を軽視している寺内内閣を批判する。のちにまた詳しく述べることになるが、吉野作造が『大阪毎日』に「支那南北妥協論」を連載するのは、この頃からである。

第四〇議会が閉会したのは一九一八年三月二六日であるが、それから約一ヵ月後の『申報』も、日本政府の対中国政策の変更を報道するようになる。四月二四日付の「東京通信」は、その冒頭で、林公使の帰国後、寺内内閣が「援段」を「南北調停」に一変させたことを指摘している。ただ実現の可能性については疑問視しており、その理由として、政策変更の動機が日本の内政上の事情にある点をあげている。この「東京通信」は南北調停の動きが生じるようになった背景として、元老の山県有朋の「援段」反対と臨時外交調査会の意見、それに田中義一参謀次長の活動をあげている。中国の南方側では、調停の条件に関わる旧国会の回復が蹉跌に終わらざるを得ず、田中の働きかけで来日した唐紹儀も、三月下旬に段祺瑞が国務総理に復帰したために、会見した寺内首相の態度が冷淡なものに変わっていた。

この間の事情は、日本の雑誌上で、次のように伝えられていた[21]。この南北調停の動きは元老や政党の側から生じたものであり、南方からは唐紹儀が三月一八日に来日し、すでに日本に滞在している張継とともに代表者としての役割を担い、北方側としては、湯化龍と林長民が四月二日に来日し、これら南北各二人の代表者に対して、日本政府の側から調停案が内示されたとしている。それは、第一に、徐世昌を大総統、馮国璋を副総統に選出することを条件に旧国会を回復する、第二に、岑春煊か唐紹儀を国務総理に選出して、南北連合の政府を組織する、といった内容のものであった。

このように伝えられている事態が生じ始めた頃の、二九日付の「東京通信」も日本政府の南北調停方針に言及し、それは臨時外交調査会の犬養毅の発案であり、彼は孫文の来日を促していることを伝えている。しかし実現の可能性はやはり疑問視しており、「日本は双方の重要人物を東京に招聘しようとしており、意はもとより自らが調停者になることにあるが、多くの人は効果がないことを予測している」と述べている。『大公報』（一九一八年五月一六日）の「日本政界前途与中国」も、調停に対する日本の態度が冷め始めていることを指摘している。ただ、「要するに、日本政府は大勢の支配を受け、対中国方針も今後はいささか変更することを免れないようである」と、これまでのような北京の政府一辺倒の政策が困難になりつつあると指摘していることは、次の原内閣の対中国政策との関連で注目に値する。

（2）内閣の交代と対中国政策の変化を伝える中国の新聞

米価の暴騰による米騒動の全国的波及をめぐって、寺内内閣に対する非難が強まるのは八月中旬頃からである。日本の米騒動に強い関心を示した『申報』は、八月一四日、一六日、一七日と、その拡大について報道している。また八月一九日の「東京通信」は、米価高騰の現状や政府の対策について報道すると同時に、政友会が警告を発して、政府に緊急の救済を促したこと、憲政会は農相を弾該して引責辞任を求めたこと、国民党は紙幣の膨張にその原因があるとしたことなど、政界への影響にも言及している。さらに八月二三日の「東京通信」は、米騒動は沈静化しても、政界の変動がその後に生じるであろうことを予測し、報道の自由を制約された大阪の新聞各社が、内閣の弾劾と倒閣を決議したことを伝えている。寺内内閣の総辞職は避けられないであろうことを指摘した九月五日の「東京通信」は、後継の首相として西園寺の名前があがっていることにまで言及している。

日本で寺内内閣が退陣しようとしているその時期、中国の政権にも変動が生じようとしていた。段祺瑞は一九一七年一一月に国務総理の座を降りたものの、なお「参戦督弁」として日本の支援を受けていた。湖北省を中心に南北の間の軍事的摩擦が再び激しくなると、張作霖は軍隊を直隷に進駐させて馮国璋大総統に圧力を加え、段祺瑞を国務総理に復帰させた。一九一八年三月下旬に国務総理に復帰した段祺瑞は、中華民国建国の当初にたちかえって、省ごとに選出された各四名の代表者からなる臨時参議院を召集した。この臨時参議院で、国務院の構成や対独参戦の決定を承認させるとともに、国会組織法の修正を協議させた。その結果成立した修正国会組織法によって、新たに衆参両院の議員が選出され、新国会が誕生した。八月中旬に開会した新国会は、九月四日に大総統選挙会を開き、徐世昌を新大総統に選出した。

一方、日本の新内閣については、九月二六日の「東京通信」が、なお西園寺を後継首相として有力視しつつも、当人が固辞して原敬を推薦する場合も想定するようになっていた。さらに両者の対中国政策にも予測の眼を向け、いずれが首相に就任しても政策には大差がないこと、これまでの「援北挫南」の政策には変化が生まれるかもしれないことを指摘している。

西園寺が辞退し、原敬を総理とする内閣が誕生したことを伝えた「東京通信」(『申報』一九一八年一〇月三日)は、それを「日本憲政史上の奇観」であると表現していた。爵位がなく、政党の領袖である原のような人物が首相に就任するのは、これまでになかったことであるとし、「日本に政党が生まれてから、いまだ直接に内閣を組織したことはなかったが、今後この趨勢が一変することは、日本民政発達の顕著なあかしである」と、原内閣の成立を、日本憲政の質的変化の契機として高く評価している。また対中国政策に関しては、原が臨時外交調査会に所属していたため、寺内内閣のそれと大きな違いはないとしつつも、「なお内政への不干渉を方針とし、南北に対しては偏重することなく、経済借款は双方いずれにも好意的な援助を与えるであろう」という、政友会内での見通しを伝えている。なおこの記事で興味深いのは、「もともと憲政会よりであった朝日、日日などの新聞が、いずれも政党内閣を歓迎する意を表明している」と述べている点である。とくに『大阪朝日』の論調の特色については、のちに本格的にとりあげる。

誕生した原内閣の対中国政策を、政友会幹部からの情報をもとに、より詳細に予測しているのが一〇月八日の「東京通信」である。原は臨時外交調査会でも、寺内首相の「極端な段内閣援助の政策」には意見を述べたことがあり、したがって「必ずその面目を一新させると断言できる」と指摘している。政策変化の内容については、「原内閣は北方との距離を次第に遠くし、一方では、南方と接近する」というものであり、具体的には三つの可能性が予測されている。第一は広東軍政府の承認、第二は南北調停、第三は傍観の態度である。このなかで第二の政策を採用した場合には、原は成果をあげられるであろうとし、その理由として、南北双方ともに調停に応じる意思があることを指摘している。ただ問題は、内政不干渉という方針との調整にあり、この方針を重視した場合には、傍観政策に傾く可能性もあると伝えている。

原内閣の外務大臣に就任した内田康哉の対中国政策の方針を伝えているのが、一〇月一八日の「東京通信」である。内田が発表した方針の趣旨を、南北対立による混乱が日本の中国貿易に与えている被害を重視し、中国の統一を希望したものであると伝え、積極、消極いずれであろうとも、日本の「北方政府との距離が比較的遠くなることは断言できる」としている。この方針に基づく内田外相の具体的な対中国政策として、四点を報道しているのが一〇月二五日の「東京通信」である。この四点のなかで注目すべき内容は、まず第三にあげられている、南北両派を偏重せず、以前の「援北」の手段を放棄し、公明正大を方針とすることである。次に、第四にあげられている、南北両派すなわち中国全国民の福利を図ることである。

『大公報』も、日本の新内閣の顔ぶれを伝えた一〇月一日の記事をはじめ、原内閣の対中国政策をとりあげているが、『申報』ほどには前内閣との違いを示してはいない。だがこの『大公報』も、中国の南北間の対立を助長するような援助の中止が閣議で決定されてからは、政策の変化に注目するようになる。たとえば一九一八年一一月四日付の『大公報』は、『大阪毎日』の記事をもとに、原内閣の対中国政策の方針は、内政不干渉などの点で前内閣との違いはないが、この主義のもとに、前内閣が実質的には「援段抑南政策」をとって、種々の策略を弄したことが中国国内に反発を生んだだけでなく、列国の猜疑も招いたことを遺憾とし、今後は四国借款団と協調し、姑息な単独借款を実施しないこととしたという情報を伝えている。

さて、以上のように中国の新聞が伝えた新しい対中国政策を掲げて、原内閣は第四一議会に臨んだ。この議会での外交演説で、内田外相は列国と協調して、昨年一二月二日に中国に対し平和的統一の回復を勧告したことを表明するとともに、今後は中国の政治の紛糾につながるような借款などの援助は行わないことにしたとの決定を明らかにした。そのうえで、中国の「南北雙方共ニ干戈ヲ戢メ、速ニ和平会議ヲ開催スルノ議、漸ク熟スルニ至リマシタノハ、洵ニ祝スベキ傾向デゴザリマス」と、上海で始まる南北和平会議に対する期待を表明した。さらにこの会議で、中国の平和的統一が実現するように、各勢力が「区々タル感情ノ見地」を捨てること、「法律論ノ末節ニ拘泥」しないことを求めている。

この内田演説に対する質問で注目すべきものは、憲政会の望月小太郎によるそれであろう。望月は、中国の平和的統一に向けた勧告を結構なことだとしつつも、その目的は達成できないであろうと、政府が楽観的な見方に立っている点を批判している。問題は、望月が「南北ノ争ハ、申スマデモナク北方軍閥主義ト南方民本主義ノ争ニテ」と見なしていることである。[22] 確かに、このように「主義」で対立があるとするならば、南北の政府や勢力の平和的統一はあり得ないであろう。しかしこのように二項に単純化された対立軸の設定の仕方そのものが、すでに言及したように、神谷卓男という議員によって批判されていたのである。

第四節　中国における日本の新聞批評

これまでの論述からもすでに推察できるが、中華民国初期の中国の新聞は、外国の新聞記事や通信社の配信を重要な情報源としていた。『申報』の「東京通信」の執筆者である心危のように、日本に派遣されて取材している記者もいたが、彼らにとっても、日本で発行されている新聞の記事は重要な情報源であった。もちろん、中国で発行されていた日本語も含む外国語新聞の記事が参考にされたことは、いうまでもない。だが留意しておくべきことは、ただ掲載記事が参考にされただけでなく、時には日本の新聞そのもの、あるいは掲載されている記事に対する批評も見られたことである。たとえば、参戦問題をめぐって黎元洪大総統が段祺瑞国務総理を罷免した頃の日本の新聞の報道に対して、「東京通信」（『申報』一九一七年六月三日）は、日本の新聞が「民党と官僚」「南派と北派」「軍閥と非軍閥」「直隷派と安徽派」というように、単純な対立関係を設定して政争を描き、それらの間の勝ち負けを報道する姿勢を批判している。

このような新聞の報道姿勢には、当時の日本の言論界でも批判の眼を向ける人がいた。そのような人たちによれば、当時の日本の国民のなかには、「官僚派」といえば、その内容の如何に関わらず毛嫌いし、「南方派」や「民党派」といえば、やはりその実質の如何に関わらず、声援を送るという一般的な風潮があった。しかも、それは自国の「官僚派を嫌悪する気分」が中国にまでおよんだものであるとし、日本の国民のなかで、自国の政治と中国のそれとが安易に重ね合わされていることを指摘している。そして新聞については、中国に関する報道の「材料は殆ど其の全部を民党側、南方派から得、南方派の言に同情し、官僚派の心事の如きも殆んど南方派の説明に信頼して疑はぬ」と、単純な対立関係を設定するばかりか、南方側の材料に基づき、それに傾斜した報道を展開しているのと、批判しているのである。[23]

日本の新聞の中国報道を批判した先ほどの「東京通信」は、『朝日新聞』『時事新報』『国民新聞』の中国の政局に関する報道を紹介し、その他の各新聞にも「過激な言論」があるとしたうえで、『読売新聞』に対しては、「中正・温厚な態度を保ち、国民を戒める語の多くは的を射ている」と、好意的な評価をくだしている。そして同紙の温厚な態度を示す記事の一例を、次のように翻訳して、中国の国民に紹介している。「他国の政変に対しては、冷静な頭脳と公平な態度で臨むべきであり、もし自分の好悪に任せてみだりに論評をすれば、自ら政治知識の浅薄を暴露するだけではなく、外交上に無用な障碍を設ける」と、自国の態度を戒め、日本の国民に対しては、「日本人は神経の過敏な心で、隣国の改革に対し、これを評するに見識の浅薄な文章でみだりに毀誉褒貶を加えて、他国民の感情を顧みないが、これはたいへんに良くない。日本人が尚侠・扶弱・抑強を好むのは本性であり、このために中国の政争に対して、その一方に偏って助けるのは好侠の精神の表現であり、少しも他意はなく、私も無情にこれを非難しようとは思わないが、ことは外交に関係しており、やや感情を抑制しなければならない[24]」。「東京通信」が紹介しているこの『読売』の記事の原文を確認することはできないが、内容から推察して、中国の南方を支援する論調を批判しているものと思われる。

中華民国の誕生以来、日本の新聞は、概して中国の南方の勢力に対する好意的な記事が多かった。『大公報』は一九一六年の一二月六日と七日に、「我亦賛成中日親善」という論評を掲載しているが、この論評は、袁世凱政権に対する日本の新聞の悪意に満ちた報道を批判している。「以前、袁政府の時代、日本人は袁氏個人を不満に思い、我が全体の国民に対してもまた加えて悪感情を抱くものがおり、侮辱の言辞、嘲笑の論調が時に有力な新聞に見られた。故に、我が国民の悪い対日感情を生みだすのに、新聞の力は最も大きかった。今、日本と中国の国民の親善を欲するのであれば、日本の新聞は中国に対する評論人としての態度を刷新すべきである」と、この論評は、袁世凱政権に対する日本の新聞の攻撃が、中国人の対日感情悪化の一つの大きな要因であったことを指摘している。

中国の南北問題に関する日本の新聞の報道姿勢を、『大公報』以上にとりあげていたのが、『申報』である。とくに対独参戦をめぐって、南北対立の様相が明らかになって以降、顕著に見られるようになる。一九一七年八月二九日の「東京通信」は、張継と戴季陶が二〇日に東京に到着し、寺尾亨、宮崎滔天らの日本人が出迎えたこと、「民党」が対独参戦案に反対するのは、そのこと自体に理由があるのではなく、臨時約法に基づく国会の議決を経ていないためであると、張継らが発言したことを伝えていた。あわせて、こうした中国の南北間の対立に関する日本の新聞の論調にも言及しており、「日本は中国に対して、政府と民党を分けず、また所謂南北を分けることなく、ただ一体としてこれを見、これと相親しくし、相善くするだけである」といった内容を紹介している。

この「東京通信」は具体的な新聞名に言及していないが、これが日本の新聞の全体的な報道姿勢だったというわけではない。これより前の「東京通信」（『申報』一九一七年六月一六日）は、参戦問題をきっかけに起きた、張勲軍などによる北京での政変に対して、日本の新聞の多くは寺内内閣が黙認していることを非難し、中国にいる日本人だけでなく、中国人の幸福のためにも、道理に基づいてこれに対処すべきであると、中国政治に対する介入を主張していることを指摘し、「このような論調は、大隈派の報知新聞が最も力を込めているが、その他の寺内に不満な新聞は、たいへんこれに付和している」と、わざわざ注釈をつけている。

張勲軍の威圧のもとに黎元洪大総統が国会を解散すると、東京の各新聞はいずれも批判の論陣を張ったことを伝えた六月二二日の「東京通信」は、その具体的な例として『東京日日』をとりあげている。同紙は、この行為によって臨時約法は廃止され、民国は転覆し、黎総統は無為になると結論づけているとしている。「東京通信」の紹介では、『東京日日』は黎元洪には必ずしも強い調子での非難を加えていないが、「国務総理の任免は大総統のできることではなく、ほしいままに両院を解散することは、とりわけ権限のおよぶところではない」と、国会解散の行為を批判し、「約法が誠に一日存在しておれば、決して大総統のこの越権行為を許すことはなかった」としている。事実に照らし合わせると、「東京通信」が伝える『東京日日』の論述には不合理な点がある。だが『東京日日』によれば、臨時約法は「北洋の武断派が破壊するところとなった」のであり、「約法によって成立した民国は、約法の破壊で滅亡し、黎総統はついに髑髏となり、その民主国代表の精神を失った」のである。この「東京通信」が伝える『東京日日』の報道の特徴は、臨時約法を高く評価し、その破壊の責任をもっぱら北方の勢力に求めている点にある。

『申報』紙上で、より多く論評の対象としてとりあげられたのが東京と大阪の朝日新聞である。一九一七年六月一〇日付の『申報』に掲載された「美日対於我時局之告書」は、黎元洪大総統が段祺瑞国務総理を罷免し、張勲軍が北京に入城しようとしている状況のなかで、大阪朝日新聞社が黎元洪に対して電報を打ったというニュースを掲載している。『申報』が伝えるその電報は、今回の政変を起こした人物の、「元首に反対する挙動に大いに賛成してはいない」と、「日本の輿論」が黎元洪大総統の側に立っていることを伝えている。国会解散の情報があることについては、まったく根拠のないことで、「共和の元首は絶対にこのようなことは行わない」と、黎元洪に対する支援と憲政の維持を同義に解釈する意思を示している。さらにこの電報は、「共和精神の高尚な主義を努めて保持し、反逆する督軍に対しては堅固な態度を堅持すべきである」と、黎元洪に求めている。この電報で注目すべき点は、大阪朝日新聞社が、中国の参戦問題をめぐって明らかに黎元洪の側に立っていたことであろう。

段祺瑞が国務総理に復帰し、馮国璋大総統のもとで対独宣戦を行って南北の分立と対立が顕在化し、続いて南北間の調停・妥協の動きが始まる頃の『東京朝日』の報道を伝えているのが、一九一七年一二月二六日付の『申報』に掲載された「東報論馮段外交政策」である。この記事は、冒頭で「東京朝日新聞は馮段の外交政策を論じ、寺内内閣の援段政策の失敗を責めている」と、『東京朝日』の記事が日中両国政府の外交政策を関連させたものだとし、その要点を紹介している。まずこれまでの段祺瑞内閣の外交政策について、「元来、段氏の第一次内閣が成立して以来、一面では中日親善主義と寺内内閣との提携を標榜し、一面では参戦への加入と連合各国との結託を主張し、この二重の外交政策を基本として南方を圧迫し、全国武力統一の方針を採用した。寺内内閣は段氏を一方的に信用し、北方を本位とし、段氏を中心とし、ひとえに段氏を援助することを中国に対する唯一の政策としてきた」と、『東京朝日』の報道を整理している。ここから、『東京朝日』の報道が北京の段祺瑞内閣に対して批判的であることは明瞭に読みとれるが、一方で南方に対して同情的であることも推測できる。

一二月三一日付の『申報』に掲載された「日本与南北調停」は、これまで「東京通信」を送り続けてきた心危による記事である。この記事は南北調停の動きが出てきたことに関し、日本の政界、新聞、学者の言動を紹介している。日本政府が調停に傾いた理由については、臨時外交調査会での牧野伸顕、伊東巳代治、犬養毅の意見によるものだと指摘し、学者については、寺尾亨から意見を聴取している。寺尾はもともと「民党」に接近していることを紹介したうえで、「南北が武力で解決しようとしても、その勢いは何れも成就することが出来ず、陸・李両氏の態度は漸く緩和に向かっている。接近の点は、双方ともに急いで国会を召集することを欲していることにあり、絶対に旧国会の回復を主張しているのは、ただ孫文・孫洪伊一派だけであり、その他は極端に走っておらず、故に今日は誠に調停の最もよい時機である」と語ったことを伝えている。

日本の新聞のなかの『東京朝日』(25)については、南北の和平調停に方針を改変したことに対して、日本政府を攻撃し責任を追及したとし、報道の要点を三点に整理している。第一点では、中華民国の誕生以来、さまざまな局面で提示された調停は成功したことがないとし、「今、政府が南北の調停を決意したのであれば、永遠の和平の方策を謀らなければならない。さらにいえば、南方を満足させる条件がなければならない。しかし政府にこの決心があるかどうか、疑問である」としている。第二点では、林公使の責任を指摘し、辞職を求めている。第三点では、林公使の辞職だけでは不十分だとし、内閣そのものが責任をとって辞職すべきであるとしている。南北調停に関して、『申報』が伝える『東京朝日』の報道は、中国の南方勢力に対する肩入れと、寺内内閣に対する批判が明らかである。

『東京朝日』の論調が、中国の南方勢力、とりわけ孫文への同情に傾いていることを示しているのが、一九一八年六月二五日付の『申報』の「東京通信」である。この「東京通信」は、孫文が来日したが、東京によらず、まず箱根に向かったこと、同行者は胡漢民と戴季陶、それに日本人の宮崎滔天と今井嘉幸であり、神奈川の国府津に着いた時に、寺尾亨と頭山満が出迎えたことを伝えるとともに、今回の孫文の来日は苦衷のなかで行われたことを指摘している。そのために日本の新聞記者に対して、孫文は不平の気持ちを表し、南方の重要人物にも言外に不満な感情を示し、「偽共和、偽民国は事を誤る」と述べたとしている。

これらの発言を聞いた多くの日本の新聞は、孫文に対してとくに人物的な評価を示さなかった。しかし『東京朝日』だけは、中国の在野党の重鎮で、その人となりは高尚であると、孫文をほめたたえ、彼は「その抱くところの主義・精神に対して、いたって忠実であり、故に外には北方の武断派がいて正面の敵となり、内には西南の諸将と融合せず、ついに連合統一の議は失敗にいたり、分裂の機を開いた。しかし孫氏は一身をもって主義・精神に殉じようとしており、共和民国の文天祥になぞらえてもおかしくない」と述べたと、伝えている。

こうしてみると、『申報』を通して、南方派、とくに孫文たちの勢力に対して肩入れをする傾向の強い新聞として、東京や大阪の朝日新聞は中国社会に伝えられていったことがわかる。それでは、実際の論調はどうであったのか。章をあらためて、『東京朝日』よりは、『大阪朝日』の記事を中心に分析することによって、検討してみよう。

二〇世紀に入ってから、『大阪朝日』は通信員を中国だけで一五ヵ所に配置しただけでなく、朝鮮や東南アジアにも置き、アジアの情報の収集と報道に力を入れるようになった。(26) 日本において、新聞社間の競争は日露戦争後から激しくなるが、それまで大衆的な人気を得ていた『萬朝報』などは、個人的経営であるが故に、この競争に打ち勝てず、不振に陥った。一方、企業的新聞としての姿をいち早く整えた『大阪朝日』や『東京朝日』を所有する朝日新聞社は、大新聞社として台頭していった。(27)

小結

寺内内閣の成立と対中国政策、それにその政策をめぐって議論が展開される議会の様子に、中国の新聞は注目して報道していた。短期で閉会した第三九議会はともかく、寺内内閣の対中国政策の方針が提示された第三八議会や、中国での南北対立が顕在化したあとの第四〇議会などでの議論を詳しく報道し、第三八議会での不信任案提出とそれを受けた議会解散後の総選挙への注目度も高かった。それは、大隈内閣の辞職と寺内内閣の成立という内閣交代の要因、寺内内閣のもとで与党的な立場にあった政友会と野党の憲政会との対立軸、このいずれについても中国問題が重要な位置を占めていたからである。

大隈内閣が辞職せざるを得なかった理由の一つは、改造後のそれがあまりに中国政治の内争に深入りしたことにあった。それだけに、中国駐在公使に着任した林権助が『大公報』のインタビューに対して、期待を込めて述べていたように、中国には国論をまとめられるような強力な政府が必要であった。このインタビューのなかで、林は彼の辛亥革命観や日本での袁世凱に対する誤解にも言及していたが、次の章で述べるように、日本の新聞紙上で非難を受けることになった翌年の談話のなかでは、中華民国の統一を困難にしている一つの要因を、「対人憲法」という性格をもつ臨時約法に求めていた。

『大公報』のインタビューに対する林公使の発言は、第三八議会での本野外相の外交演説とほぼ同趣旨のことと考えられるが、改造大隈内閣のあとを受けた寺内内閣の成立当初の対中国政策の基本方針は、決して正当性がなかったわけではない。しかしその基本方針にある、強力で安定した中国政府の確立への期待が、段祺瑞への期待と同義化していったことに問題があった。この点をよく示しているのが、『大公報』が伝えた日本の臨時外交調査会での議論の様子である。臨時外交調査会の委員の一人であった政友会の原敬から見れば、寺内内閣の対中国政策自体が「対人本位」に映るようになっていったのである。のちに原内閣の誕生を迎える頃の中国の新聞は、それを日本憲政の質的転換として評価するとともに、対中国政策に関しては、成立当初の寺内内閣のそれが徹底して実施に移されるであろうと予測していた。

他方、野党の憲政会などから見れば、寺内内閣の対中国政策は、南方の勢力を無視している点で問題があった。第四〇議会での憲政会などの野党の寺内内閣批判を詳しく伝えていたのが、『申報』の「東京通信」などでの一連の報道である。この議会で尾崎行雄や今井嘉幸は、南方の勢力への高い評価と政権掌握への将来的見通しをもって、寺内内閣の政策を批判していた。日本のジャーナリズムに対しては、『読売』のように中立性が評価されていたものがなかったわけではないが、概して中国の南方の勢力に好意的で、国内政治では憲政会などの野党よりであると、中国の新聞は判断していた。とくに東京と大阪の朝日新聞が、そのように見なされていた。

（1）謝本書等『護国運動史』貴州人民出版社、一九八四年、一五六～一五七頁、二八八～二八九頁、二九六頁。

（2）深町英夫「広東政府論――民国前期における「中央政府」――」中央大学人文科学研究所編『民国前期中国と東アジアの変動』中央大学出版部、一九九九年。

（3）『大公報』一九一七年九月一〇日。
（4）李雲漢「政学会与護法運動」、王樹槐「国会問題与南北和会」中央研究院近代史研究所編『中華民国初期歴史研討会論文集』一九一二—一九二七（上冊）、中央研究院近代史研究所、一九八四年。
（5）味岡徹「南北対立と連省自治運動」中央大学人文科学研究所編『五・四運動史像の再検討』中央大学出版部、一九八六年。
（6）櫻井良樹『辛亥革命と日本政治の変動』岩波書店、二〇〇九年、一八頁、二〇三頁。
（7）北岡伸一『日本陸軍と大陸政策　一九〇六—一九一八年』東京大学出版会、一九七八年、二二七頁。
（8）高橋秀直「寺内内閣成立期の政治状況」『日本歴史』第四三四号、一九八四年。
（9）味岡徹前掲論文。
（10）張玉萍「護法運動期における戴季陶の日本観」『歴史学研究』第八一一号、二〇〇六年。
（11）波多野勝『近代東アジアの政治変動と日本の外交』慶應通信、一九九五年、二八四頁。成立当初の寺内内閣の「外交政策上最大の懸案」は、二一ヵ条要求のために悪化しきった対中国関係の修復にあったともいわれているが（酒井一臣『近代日本外交とアジア太平洋秩序』昭和堂、二〇〇九年、一九六頁）、直接的という意味においては、改造大隈内閣の対中国政策の見直しが重要な課題であったと考えられる。
（12）「官報」号外（大正六年一月二四日）『帝国議会衆議院議事速記録』三三（第三八・三九回議会）、東京大学出版会、一九八一年。
（13）『大公報』一九一七年一月二九日。
（14）「官報」号外（大正六年一月二六日）前掲『帝国議会衆議院議事速記録』三三。
（15）関静雄『大正外交——人物に見る外交戦略論——』ミネルヴァ書房、二〇〇一年、一五三～一五五頁。七月二七日の臨時外交調査会では、「援段政策」の実施にふみ込もうとする本野外相の説明に対して、各委員から厳しい質問があびせかけられた。まず牧野伸顕が、中国のその時の政府を尊重した交渉は、西園寺内閣、山本内閣でも行ったが、その時に世間で生じた「袁を助るもの」といった批判と同じようなものが生じる懸念はないかと質した。

原が最初に発した質問は、外交調査会の根本にかかわる内容のものであったが、この調査会の賛同が得られなくても、政府の責任で政策を実行するという本野の発言を寺内首相がとり消したために、原は政策の内容に関する発言に移った。原の意見は、単なる外交交渉を行うというのではなく、借款や兵器の供給ということになると、内閣の「内政不干渉の説」に抵触することになり、中国統一の見通しがまだたっていない現在は、その時機ではないとするものであった。その後の原の日記は、しばらく本野外相への不満が続いている。八月一日には、本野外相が外交調査会での失言を陳謝する一方で、馮国璋の大総統就任への見通しを伝えるとともに、あらためて「援段政策」への理解を求めた。これに対して原は、少なくともアメリカとの意思疎通には配慮するように注意した。政府の方針が、いくつもの条件をつけたうえで、外交調査会の了承が得られたのは八月六日である。この日の外交調査会では、中国の参戦に関する条件も了承されている（原奎一郎編『原敬日記』四、福村出版、一九八一年、三〇五〜三〇九頁）。

『大公報』の報道をそのまま信用すれば、一九一七年九月一二日に外交調査会が開かれ、中国問題について委員の間で大論争が起きたことになる。しかし『原敬日記』を見ると、この日に外交調査会が開かれた形跡はない。ただ前日の午前には外交調査会が開かれており、戦時船舶管理令の問題をめぐって論争が起きていた（前掲『原敬日記』四、三一四〜三一五頁）。『大公報』の報道は、すでに以前に生じていた「援段政策」に関する外交調査会での論争と、九月一一日の論争を混同している可能性もある。

(16)「官報」号外（大正七年一月二三日）『帝国議会衆議院議事速記録』三四（第四〇回議会）、東京大学出版会、一九八一年。

(17)「官報」号外（大正七年一月二四日、二月二〇日）前掲『帝国議会衆議院議事速記録』三四。

(18)「官報」号外（大正七年二月一五日）前掲『帝国議会衆議院議事速記録』三四。西原亀三の自伝によれば、一九一七年四月の総選挙でも、彼は寺内首相に協力したようである。資金のことはともかく、ここで注目すべきことは立候補者の人選である。前月の中国での活動を終えて帰国した西原が、郷里の選挙区から立候補させたのが、この神谷卓男である。この選挙で当選した無所属議員は、神谷やすでに言及したことのある小川郷太郎ら六〇名近くいたが、神谷はこれらの議員を準与党としてまとめることが期待されていた（北村敬直編『夢の七十余年　西原亀三自伝』（東洋文庫四〇）、平凡社、一九七一年、一五〇～一五一頁)。
(19)『申報』一九一八年二月二五日。
(20)『大阪朝日新聞』一九一七年一二月一八日。
(21)老沙場客「南北妥協論の胚胎・成長――当面の支那政局――」『東方時論』第三巻第五号、一九一八年。
(22)「官報」号外(大正八年一月二二日、二三日)『帝国議会衆議院議事速記録』三五(第四一回議会)、東京大学出版会、一九八一年。
(23)銀座風客「支那を治めんとすれば」『東方時論』第二巻第七号、一九一七年。
(24)『読売新聞』は一八七四年に創刊されたが、『申報』が報道した頃の同紙の社主は、創刊者の一人であった本野盛亨の長男である本野一郎であり、社長は二男の英吉郎であった。本野一郎は、当時、寺内内閣の外務大臣でもあった。『読売新聞』自体は、文芸面に比較して政治面は精彩を欠き、発行部数、経営とも低迷していた(読売新聞社社史編集室『読売新聞発展史』読売新聞社、一九八七年、二五五～二五八頁、二六八頁)。
(25)この記事のなかでは『朝日新聞』と表記されているが、筆者が「東京通信」を送り続けた心危であることから、『東京朝日』と判断した。
(26)西田長寿『明治時代の新聞と雑誌』至文堂、一九六一年、二二三頁。
(27)片山慶隆『日露戦争と新聞』(講談社選書メチエ四五三)、講談社、二〇〇九年、一九九頁。

第七章　中国の南北問題をめぐる日本のジャーナリズムと学者たち

中国の南北問題に対して、日本では政府や軍部、政党政治家だけでなく、ジャーナリズムや学者たちも強い関心を示していた。新聞についてみると、事実の報道だけにとどまらず、当時の寺内内閣に対する姿勢とも関連して、かなり明確な主張を展開していた。たとえば、『大阪朝日』の袁世凱死後の対中国政策論の特色は、北京の政府に対する強硬論と南方支援論の併存にあったとされている。(1)『大阪朝日』の対中国政策論は、南北問題の渦中に飲み込まれていったようであり、寺内内閣に厳しい批判の論陣を張る一方で、同紙は「南方＝民党」支援の立場にたった。

このころ、『大阪朝日』の論陣の頂点にいた鳥居素川《とりいそせん》が、寺内内閣に対峙するにあたって取った選択は、「内では民主主義、中国では段と闘う南方勢力」であったといわれているように、(2)日本の内政と中国問題とが結びあわされて、一つの論調を形成していたのである。もちろん中国問題を論じた新聞は『大阪朝日』だけではないが、同紙の言論の傾向は飛びぬけて明確であった。雑誌はもとより、『大阪朝日』を含む新聞紙上にも、時に学者の中国に関する時論や論文が掲載されることがあったが、彼らも北京の政府と南方の勢力との間で揺れ動いていた。当時、中国問題を論じた学者には、政治学や歴史学など多様な学問分野の人々がいた。彼らの時論や論文は純粋の学術雑誌だけではなく、国民の眼にもふれやすい総合雑誌にも多く掲載され、時には論争的な局面が生じることもあった。政治学者のなかで対照的な言論を示していた一つの例が、吉野作造と浮田和民である。両者の関係は、第二次大隈内閣の誕生に対する態度にうかがえるように、日本の内政に関する言論で対照的であったというわけではない。重要な違いは、中国問題に対する態度であった。

吉野が民族独立への理解と共感をもって中国の革命運動に同情したのに対して、浮田は国家間の外交関係への関心しかなく、中国の革命運動には内政問題として傍観の態度をとった、とされている。このような両者の姿勢は、中国の南北問題に対する意見にも表れていた。吉野は、中国の独立と統一は「南方革命派」によって達成されるという見地から、改造大隈内閣による袁世凱の政権からの排斥政策を、内政干渉として批判することはなく、逆に寺内内閣の不干渉政策、「援段政策」にはまったく批判的であった。一方の浮田は、中国の内政に干渉する政策にはすべて反対であり、中国の政治的安定がいかなる政権によって達成されるかは中国内部の問題であり、日本が関与することではないと考えていた。[3] この二人の学者の姿勢は、清朝が倒れ中国問題が意識されるようになってから、日本の世論のなかに生じた対照性をよく示している。

当時の学者の言論について注目しておくべき一つの点は、現在の辛亥革命史研究者や中華民国史研究者以上に、中国の憲法問題に関心をもっていたことである。吉野は一九一七年に出版した『支那革命小史』のなかで、臨時政府組織大綱や臨時約法の制定を中心になって進めた人物を宋教仁だとしたうえで、[4] その内容について、「袁世凱に取つて余程やりにくい憲法」であると指摘し、その理由を各国務員の任命に議会の同意が必要な点をあげていた。また吉野は、袁世凱死後の南北の妥協・統一にあたっての臨時約法の復活にも言及し、「尤も一部には旧約法は余りに大総統の権限を制限し、実際に之を其儘運用するは却つて国家に利あらずと云ふやうな説があり、此点よりして旧約法の復活に反対するものもないでは無かつたが、然し南方派とても、必ずしも全体が旧約法の内容そのものを悉く是なりとするものではない[5]」と述べている。

この吉野の指摘から、さしあたってここで注目しておきたいことが、二点ある。第一に、各国務員の任命に対する議会の同意権については、日本での言論も含めて批判があったが、吉野はみずからの意見をとりたてて示してはいないことである。それは吉野が南方の勢力に対して好意的であったためかもしれないが、第二に、その南方の勢力の間でも、臨時約法には欠陥があるとする考えがあったことである。

以下、南北問題を含めて、中国政治に関する個性的で明確な主張を展開していた『大阪朝日』の記事をまず分析し、次いで、この『大阪朝日』などの新聞や雑誌に寄稿された学者の時論・論文を検討する。学者の時論などを分析するにあたっては、これまでもそうであったが、あらためて編集された著作集や全集に頼るだけではなく、できるだけ発表された当時のものを使用するようにした。それは、二つの理由による。一つは研究の方法上の理由であり、ここでは特定の学者個人ではなく、同時代に生きた複数の学者をとりあげ、それらの中国問題に関する意見の対照化を試みようとするからである。もう一つは、執筆された時論などの収集上の理由である。たとえば、実際にとりあげることになる吉野や内藤湖南には選集や全集があるが、当該時期の中国を対象として新聞や雑誌に寄せられた時論や談話は、完全には収録されていないのである。

先の吉野のような学者たち、あるいはジャーナリストたちの著作は、臨時約法に論及する場合もあった。南北間の分立と対立が顕在化してから、上海での南北和平会議が開催されるにいたるまでの間、草案づくりに関与した副島義一らの法学者も含めて、学者たちの臨時約法に対する評価には、変化が見られるようになった。そうした論評を読み解くことによって、臨時約法が中華民国統合の基本法となり得なかった要因を、あらためて理解することも可能であろう。

第一節　南北問題と『大阪朝日』

（1）南北の妥協・統一に対する論調

帝制の復活に失敗した袁世凱は、一九一六年四月に政府組織令を公布し、段祺瑞を国務卿に任命した。同年六月の袁世凱の死後、改造大隈内閣は北京の政府と南方の護国軍側との妥協・統一へと対中国政策を転換させたのであるが、『大阪朝日』の論調を分析するにあたって、まずとりあげる必要があるのは、この妥協・統一に関する記事である。

段祺瑞を国務卿とする政府が成立してから、約一〇日後の『大阪朝日』（一九一六年五月三日）に掲載された「革命の意義を貫徹せよ」という記事は、段祺瑞批判に満ちあふれている。段祺瑞の人物像を、袁世凱政権の安定・不安定によって去就を異にする「機会主義の人」として示し、彼の「眼中国家民衆あるの頗る疑はしく、要は自家の栄達と安全あるのみ」と、政治の能力ではなく、道義性の面から批判をくわえる。この段祺瑞が国務卿に就任することに対しては、革命が継続する可能性を将来に残し、「断じて民国の為めに取らず」と、中国の内政にまで思いを致す。また日本との関係では、「所謂東洋和平の危機を将来に保存する所以」として、段祺瑞が実権を掌握することに反対する。

それでは、日本はどうしたらよいのか。「吾人は支那革命党が斯る愚論に惑はされず、断々乎として其の所信に向つて突進し、我国また東洋に於ける我国固有の地位及び帝政警告の大精神を以て、之に向つて厳重なる監督を怠るべからず」と、まず南方の勢力に対して「革命」の貫徹を煽る。その一方では、日本の東洋における指導者という地位を自認し、改造大隈内閣が行った、中国の内政にまで踏み込んだ干渉・監督を継続するように主張しているのである。

この『大阪朝日』にとって、大隈内閣総辞職の動きは、日本の内政だけでなく、対中国政策という面でも懸念材料であった。「我国の対支責任」（一九一六年七月一二日）は、「対支交渉の一段落」を理由として大隈内閣の辞職説が流れ、同内閣自体がそれを打ち消さないことをいぶかしく思う。改造大隈内閣が、袁世凱の死去を契機に南北妥協の政策に転換し、中国では黎元洪が大総統に就任したことをもって満足し、その「内閣の素質」を追究することもなく、辞職説に流されていくことに、不満を示す。しかし中国自体の趨勢と日本政府の政策が変わらないとすれば、黎元洪大総統のもとでの南北の妥協・統一に対して、どのような対策論を展開するのであろうか。

この記事の中国への思い入れは強い。辛亥革命以後の中国政治の推移に関しては、「我国民は、功罪共に、此れが責任を取るの覚悟」が必要だと述べたうえで、さらに「支那の革命は、吾人日本人の革命なり。詳しく云へば日本の訓練、日本の精神、乃至日本の文明が隣邦に渡りて、其の精華を発せんとしつゝ、あるもの」だという。ここに出てくる「日本の訓練」などは、大正政変以来の憲政擁護の精神や運動を指すのであろうが、日本と中国という二つの国の区別が、限りなく薄められていることに留意する必要があろう。立論の根拠は、すべて「支那国民対日本国民の問題」だけにあるとするこの記事の執筆者は、現に展開している中国政治の実態に対して、日本の政府にいかなる当面の政策を求めるのか。「我政府は切《せ》めては黎氏を扶け場合に依り内閣をも改造せしめ、其の施政をして、国民の要求に副ふものと為さしめざるべからず」と、中国の内政への介入さえ求める。この記事からも、『大阪朝日』の段祺瑞反対の姿勢は明らかであるが、中国国民の要求として内閣を改造させようとするのは、あまりに度を過ぎた主張であろう。

大隈内閣の総辞職が目前に迫ったころ、『大阪朝日』は袁世凱死後の現内閣の政策を、再び批判している。「現内閣の責任」(一九一六年九月七日)という記事は、「袁氏の圧虐より免れ、共和を復活し、今日の政府を組織するに至りしは、我日本の援助の力多きに居る」と、改造大隈内閣の対中国政策を高く評価する。ところが、今やその政策に対して、内閣自体が「外之を憚り、内自ら怖れ、鞠躬如として己れ与からざる如き態度」を示していると、批判する。いま南北妥協の政策を取ることは、「国論」の要求に応じて改造大隈内閣が発した「対袁警告」の効果を失わせるものだと、この記事は指摘する。ここまで見れば、改造大隈内閣が取ってきた対中国政策に対する『大阪朝日』の賛意は明らかである。その後の「飽迄黎総統を援くべし」（一九一六年九月九日）でも、『大阪朝日』は「対袁第一警告」に言及し、袁世凱の抱く思想と手段が、「支那の内政の革新に不適応なるのみならず、実に東亜全局の治安に害あり」と認めたから発したのであるとし、「此の精神は忘却するを得ず」と、やはり改造大隈内閣の対中国政策を、みずからの指示によるものであるかのように称賛している。

九月七日付の記事にもどるが、なぜ南北妥協によって改造大隈内閣の時の「対袁警告」という政策の効果は失われるのであろうか。黎元洪は「南方派の擁護」するところであり、段祺瑞は「軍人を操縦し、且軍人より擁立せらるるもの」であって、「其主義精神」において相反するからだとする。しかしだからといって、段祺瑞を排斥せよといっているわけではないと、この記事は筆を弱める。中国の内政に関しては、「共和の精神」によって「旧式の軍人」を抑え、日本との関係では、親善をまっとうするために鄭家屯事件などを進んで解決するなど、段祺瑞を「人道文明の擁護者」たらしめれば、南北の妥協・統一に支障はないという。この論法では、段祺瑞が指摘されるような内外政策を取らなかった場合には、排斥ということになるのであろうが、いずれにしても、『大阪朝日』の中国内政への介入姿勢は強烈である。

（２）　寺内内閣批判

さて一〇月になって寺内内閣が成立すると、『大阪朝日』の筆はその批判に向けられる。内閣が正式に成立する前から、『大阪朝日』は寺内批判を展開する。一九一六年一〇月五日の「総辞職と後継者」に続いて、『大阪朝日』は翌日に「後継者は寺内伯」を掲載する。この記事で注目すべきは、「憲政の急逆転」という副題の趣旨である。この記事は、寺内が後継首相に決定するまでの過程を批判的に論じたのち、組閣後の政治の向かう先をかなり極端に描いている。寺内内閣成立後には、「言論を束縛され、自由営業は拘束され、唯軍国主義と専制政治とが繰返され、議会も必然解散され、一種のクー・デ・ターは来るべし」と述べ、これは「支那に於ける袁世凱の再現」であると、寺内を袁世凱と同一視することによって非難している。ここにうかがえることは、『大阪朝日』の袁世凱ぎらいである。このことは逆に、これまでも指摘してきたように、大隈内閣に対する賞賛という姿勢となって表れるのである。

この記事はさらに、寺内を「親袁論者」であるとし、反対に大隈内閣は「袁を倒したもの」であると、袁世凱という人物を軸にして対称的な関係に置く。このような関係の設定のもとに、論述はさらに飛躍し、首相に就任した寺内が外交方針を一変すれば、袁世凱に代わって「大隈内閣に復讎」することになるとさえ述べる。大隈内閣の対中国政策が、「国民の要望を容れたるもの」であるのに対して、「寺内伯は正に袁の怨霊となりて我国に復讎する」と、『大阪朝日』の大隈内閣びいきと、寺内、袁世凱ぎらいはここに極まる。

寺内内閣が成立してからも、前大隈内閣、現寺内内閣、前袁世凱政権、さらに現段祺瑞内閣を比較する『大阪朝日』の論調に変化は見られない。「帝政中止警告」などのこれまでの日本の対中国政策は、「民衆をして官僚の専制的虐政より免れしめ、其生命財産の安固を計り、民国の存立を全うせしめんとしたるもの」であり、「南方民党諸氏の為に聊か労し聊か尽す所」があったと誇る一方で、現在の日中両国政府の政策を非難する。「今や彼等民党人士が段氏等官僚派の暴力秘力に駈り立てられ、其の勢力を失墜し、所期悉く其の志と違はんとする」状態にあるにもかかわらず、日本の政府が袖手傍観していることを責めているのである。

中国の南方勢力を「民党」とし、その進歩性を評価する『大阪朝日』の姿勢は変わらない。「珍しく国論を聴き、対袁警告となり、南方支持となり、以て今日の支那を再建し、為に対日関係も改善せられ、大勢は非常の好調」を呈したと、『大阪朝日』(一九一六年一〇月二七日)の「官僚政治の呼応」という記事は、西園寺内閣以来の中華民国誕生後の日本の内閣と比較して、改造大隈内閣の成果を評価しているが、その理由は、南方勢力の支持に置かれている。だが、さらにそれによって日中関係が改善されたとするのは、『大阪朝日』の思い込みであろう。このように、明確に中国の南方勢力の側に立ったこの記事は、「支那に段内閣あり、我に寺内内閣あり、進歩思想に対する一時の反動と観れば、左したる事なけれど」と、日中両国の内閣は相同調する反動的なものとして描かれている。

『大阪朝日』の中国の南方勢力に対する肩入れは、いっそう強まる。黎元洪が大総統に就任したのちの副総統選挙に関して、『大阪朝日』は、南方には陸栄廷を推す動きがあったにもかかわらず、結局は馮国璋が就任したことに言及し、この問題は、「内政は即ち内政なれども、日本政府の腰だに極り居らば、南方をして斯る不体裁を演ぜしむるに及ばずして済みたりと思はる」と、中国の内政に介入しようとしない消極的姿勢がこのような結果をもたらしたと、寺内内閣を非難している。[6] この『大阪朝日』（一九一六年一一月一日）の記事「支那を如何にするか」は、寺内内閣の出現で、「国運」は少なくとも三〇年は逆戻りしたと、その反動性を指摘したうえで、対中国政策に関しては、この内閣を一日もはやく倒し、「国民外交によりて南方援助の実」をあげることを期している。

『大阪朝日』からすれば、三〇年以前の歴史に立ち戻った寺内内閣は、憲法発布以前の非立憲内閣であり、中国の段祺瑞内閣も同質であった。すでに述べたように、この段祺瑞内閣と黎元洪大総統の対立が深まる契機となったのが、中国の参戦問題である。

黎元洪は対独参戦の決定を、あくまで国会の議決に基づいて行おうとした。それは回復した臨時約法の規定にしたがった判断でもあったが、現実の議会の力も軽視できないものであった。この点は日本でも注目されており、中国の国会の状況から、「民主共和の思想の益勃張《ママ》」しているとする新聞の記事もあった。この『大阪毎日』（一九一七年三月二三日）の「支那の民主的傾向」という記事によれば、昨年の国会の開会時期をめぐって示された議員の意思は、みずからの議席に対する執着だけでなく、次期大総統をみずからの手によって選出しようとする意欲と、「議会の権力を維持してドコまでも民主的政治の実現を期せんとするの意気」を示すものであった。だが国会での議決への固執と段祺瑞との確執の激化は、張勳軍の北京への呼び込みと国会の解散を招き、黎元洪自身が窮地に陥った。この事態に対する寺内内閣の不干渉主義を、『大阪朝日』は批判する。

改造大隈内閣の対中国政策に対する『大阪朝日』の未練は、まだ続く。改造大隈内閣の政策に批判の余地のあることを認めつつも、「支那に対して日本の絶対傍観といふことは、事実上無意義に終ることを諒解したる根本の観念に於ては、決して之を誤れりといふこと能はず」と、中国の内政に積極的に介入したことを称賛する。したがって、寺内内閣の不干渉主義は、当然、非難の対象となる。その政策は、「動機に於て大々的干渉主義に近きものありとの推論」が生じるのは当然であると、不干渉主義が中国の現政権への支援になっていることを批判する。

このような批判を展開した『大阪朝日』は、同じ「不干渉主義の干渉」(一九一七年七月五日)という記事のなかで、不干渉主義という名目での中国の現政権への支援という政策を採用した寺内内閣の意図を、明らかにしてみせる。大正というこの時代に、寺内が「内政を逆転せしめて、非立憲的政府」を成立させたのは、「支那の民政化による国際心理の影響を恐れたる故」であるとする。この記事は、中国の「民政化」を過大に評価しているが、この理屈にしたがえば、寺内内閣にとって必要となるのは、中国の「民政化」そのものの阻止ということになろう。

張勳軍が撃退され、段祺瑞を再び国務総理に任命した黎元洪は辞職を表明し、代わって馮国璋が大総統に就任したが、旧国会は再開されなかった。これ以降、寺内内閣の段祺瑞内閣に対する援助は積極化し、他方、孫文が張継や戴季陶を日本に派遣するなど、南方の勢力も日本の政界などに援助を求めてきた。このようななかで、

『大阪朝日』は不干渉主義という寺内内閣の仮面が取り払われ、北京政府援助の姿勢が露骨になったことを指摘する。それがわかるのが、七月二九日と三〇日に連載された「軍閥と軍閥の提携」という記事である。この記事は、七月二〇日の閣議決定と一週間後の臨時外交調査会での討議を受けて執筆されたものである。

この記事が指摘するところでは、中国の「最大勢力者をして全局を纏めしむるを利益なりとし、相当の声援を与ふる」ことが閣議で決定され、臨時外交調査会で承認された。たしかに二〇日の閣議で、本野一郎外相は段祺瑞内閣への援助の内容として、具体的に借款や兵器の供給をあげ、「南方派」に対しては援助を与えない考えを提示した(7)。ただし、この日の閣議での決定は、臨時外交調査会ですぐに承認されたわけではなかった。本野外相の説明に対して、各委員から疑問が提示され、とくに原敬が、不干渉主義という当初の政策から逸脱することになると、強く批判した。そのために、今後、政府が各委員の意見との調整をはかることで、この日の臨時外交調査会は終了したようである。実際にその後、本野外相と原委員との意見調整が行われている(8)。

この記事は、そもそも寺内内閣が不干渉主義という仮面をかぶった理由に、まず言及している。「唯大隈内閣が支那の民党を援け、帝政派を倒したるを不可なりとし、極力之に反対する」ことを主な目的とするという、その成立の経緯から、不干渉主義を掲げざるを得なかっただけで、本当にそれを実行しようとしたわけではないとする。もし現在の中国の政治状況で、本当に不干渉主義を実行するのであれば、「一国の主権者たる黎総統を援け、且其の国法を尊重」しなければならないと、黎元洪の援助と臨時約法の尊重を、この記事は主張する。しかし、これは両立しにくい主張であろう。なぜなら、黎元洪は張勲軍を北京に引入れ、臨時約法では認められていない国会の解散令を発したからである。

寺内内閣の閣議決定の趣旨は、いかなるものか。それは「軍閥を援け民党征服に声援する」ものであり、これこそが、寺内内閣の成立以来の本当の対中国政策であるとする。不干渉主義の仮面を取り払った寺内内閣の対中国政策は、「民党」の圧迫に目的があるとする『大阪朝日』の指摘は、これからあとも続く。前の改造大隈内閣と同様に、寺内内閣も今や「干渉主義、非傍観政策」を取るようになったとする「失敗せる対支政策」(『大阪朝日』一九一七年九月一九日)という記事は、その政策はもっぱら中国の政府を相手としており、「大勢の如何」を察することなく、「南方派即ち新支那を代表するものを圧迫」していると、指摘している。ここには「民党」という言葉こそ出ていないが、「南方派」を進歩的政治勢力として評価しているのである。『大阪朝日』の南方勢力に対する高い評価は、その後も一貫しており、寺内内閣の南北妥協への政策変更をとりあげた「対支政策の変更」(一九一七年一二月二二日)という記事は、「南方派の勢隆々として、支那の中心勢力たるが如き観あり」と、のちに言及する吉野作造が、その欠如を懸念していた政治の中心勢力として、南方の勢力を認定しているのである。

中国で南北妥協の動きが見られるなかでの林権助公使の発言を批判しているのが、『大阪朝日』の「嗤ふべき支那観」(一九一八年一月一七日、一八日)である。のちに述べるように、この記事は新聞紙上での外交官の談話を林のものとして、批判を加えている。林公使のいう妥協は、北京の政府を中心とし、南方に「屈従」を強いるものであると、この記事は指摘し、北京の政府は列国の承認を得ているという林の主張に対しては、「抑々列国の承認したる中華民国は、旧約法の下に旧国会を有せしものならずや」と、臨時約法と旧国会の存在を重視すべきだとする。しかし中華民国約法(新約法)が制定され、国会が解散されたからといって、日本も含めて、列国が承認を取り消したわけではない。いかなる憲法を制定するかは中国の内政に関わることであり、そのことと国際的承認に直接の関係があるわけではなかろう。ここにも、内政と外交の区別に留意しない『大阪朝日』の姿勢が表れている。

また引用されている林公使の談話のなかにあるように、臨時約法が、袁世凱の大総統就任に対処する「対人憲法」という性格を有していたことはすでに指摘したし、そのことによって欠陥が生じていたことも事実であった。南方の勢力のなかにあった旧国会の回復、したがって臨時約法の復活（護法）という主張に対して、その後も『大阪朝日』は同調する。「妥協の気分十分なりと信ずるも、国会回復の四字に注意を払はざるは、恐らく我当局者ならん」と、『大阪朝日』の一九一八年三月二〇日付の「変更せる対支方針」は、南北妥協に向けて方針を変更した寺内内閣が、旧国会の回復については無視していることを、批判している。

（３）論調の変化

だがこの旧国会の回復や護法の主張が、根本において南北の妥協を困難にしていたのであり、南方の勢力のすべてが、この主張にこだわっていたわけではなかった。この主張にこだわったのは孫文や孫洪伊たちの勢力であり、陸栄廷や唐継尭といった西南の軍人たちだけでなく、国会議員のなかでも、政学系は重要視していなかった(9)。したがって、あくまでも旧国会の回復などの主張にこだわれば、北京の政府との妥協はもとより、南方の勢力の統一も困難とならざるを得なかった。

一九一八年四月の広東軍政府の改組が影響していたかどうかはわからないが、七月に入ると、『大阪朝日』の論調に微妙な変化が生じる。七月九日付に掲載された記事は、「統一か分離か」と単刀直入な見出しである。この記事は、「真の平和、真の統一」を求めるのであれば、「断然妥協に由る統一を排し、自家の主張の為に勇往邁進するの外」はないと、やはり妥協を排除する。

この記事は、南方勢力に対して、その「名義」は正しいのであるから、「実力」でそれを達成すべきであるとする。だがその実力については懐疑が見られ、もしそれが不足しているのであれば、将来を期すべきであり、「真に統一を欲せば、真に分立すべし」と、とりあえず分立して南方での実力の養成に努めたのちに、「北方をして全然南方の主張に聴従するに至らしむべし」と、南方勢力主導のもとでの統一を求める。このような統一の実現にあたって、障害となるとみられる日本の寺内内閣については、「余命幾何もなかるべし」と予測し、「支那の愛国者」に対して、「日本国民の真意を諒解して、勇往邁進して可ならん」と、訴えかける。南方勢力の実力への懐疑と叱咤激励が併存するという、この『大阪朝日』の論調は、一方では、広東軍政府の中枢から孫文らが排除されたことによって、他方では、寺内内閣が、シベリア出兵の決定で、それでなくとも高騰していた米価が暴騰するという不穏な社会情勢に直面したことによって生じたのではなかろうか。

寺内内閣が退陣すると、『大阪朝日』は「後継内閣と対支政策」(一九一八年九月一四日)、「対支方針如何」(一九一八年一〇月六日)と、成立した原内閣の対中国政策を論じるが、八月下旬に起きた白虹《はっこう》事件の影響か、論旨は穏当なものに終始している。後者の記事は、臨時外交調査会での意見をもとに、原内閣による対中国政策の変化を推測する。この記事の論旨は、中国に対する積極策の採用を提唱している点にあるが、その内容は、「支那の民心と、世界並に東亜の大局に省みる所あつて、相当の積極的援助方針に出づべきではなかろうか」と、ごく平凡なものであり、これまでのような南方勢力への肩入れは見られない。この時点では、むしろ『大阪毎日』の記事のほうが、主張が明快である。

北京では新国会が開会され、徐世昌を新総統に選出したものの、広東の旧国会の非常会議が、これを承認しないとする声明を出すなど、南北の妥協に障害が生じていた。このような事態に対して、『大阪毎日』の「日支関係の一転機か」(一九一八年九月二九日)という記事は、もはや南北の妥協は絶望的であるとの判断を示し、それは、南方において「分立の決心を強めて護法の初志を貫かんとし之を枉げずして努力し来りたるの結果」であると見なす。それでは日本の原内閣は、いかに対処すべきか。「西南の希望を容れて之を承認するの方向に傾く、断じて理なしといふべからず、又必要の事ならずとせず」と、南方に対する支援策を採用すべきだとする。さらに、広東軍政府を承認し、それとの間で親密な関係を構築すれば、「共存同栄」を図るうえで、今日以上に利便は多いと主張し、日本との関係によって、「西南亦自治独立を得て平和を望むを得ん」とする。この記事は、中国の政権の南北分立を前提に、原内閣に対しては、南方に対する援助策の採用を求めているのである。

第二節　南北問題をめぐる内藤・吉野・矢野論争

(1)　南北問題に対する三者の主張

北京の中国政府と広東の軍政府の対立という状況のなかで、吉野は『大阪毎日』に「支那南北妥協論」を連載した。この論文については、節を改めてとりあげることになるが、これ以前にも、吉野は、中国の南北問題に関して論文を発表したことがあった。(10)「支那時局私見」と題するこの論文は、「革命史の視点を確立した」吉野の、積極的な「対時局発言」の一つとして位置づけられ(11)、「革命派への肩入れ」を明確に示すものであるといった評価がなされている。(12)確かにそのように評価できる内容の文章であるが、これを吉野が執筆した動機は、同じ雑誌の前号に内藤湖南の論文が掲載されたことにあり、題目も同じである。(13)内藤自身も、袁世凱が死去する前に『外交時報』に論文を書いたところ、「吉野博士などの異論」や「同僚矢野君の議論など」があったことを、一九一六年六月に行った講演のなかで述べていた。(14)

内藤と吉野の論文の主要な論点は、袁世凱の帝制復活失敗後の中国の南北分立・対立状態に対する日本の対策にあった。この両者に矢野仁一を加えて論争が生じたことについては、第四章でも簡単にふれたが、内藤は、このような状態の中国に対して、日本が「助言」を与えることを提言した。「助言」の具体的な内容は、第一に袁世凱の退位であり、第二に妥協の促成である。吉野の論文との関連で注目すべきなのは、後者のほうである。内藤の判断によれば、袁世凱が大総統の地位を降りれば、北京の政府と、それから独立した南方の諸省、および両者と一定の距離をとる中部の諸省の間の「大勢は妥協に傾く」ことになる。したがって日本の対中国政策としては、「好意的促成によって、妥協を早め」るべきであるとする。この政策の意義は、内藤によれば、中国の「大勢」を順当に活用するとともに、「排日的禍根」を未然に取り除くことにあった。

これに対して吉野は、「大体は内藤博士の意見に敬服する」としながらも、実は大きく異なった中国の現状に対する認識と対策を提示したのである。のちにとりあげるように、内藤と吉野の所説に対して、主には後者を批判する立場から、やはり『外交時報』に論文を発表したのが矢野仁一である。[15] 彼によれば、内藤と吉野の論文は「大体は違つた意見で、多少同一な所がある」内容のものであった。吉野は、内藤の主張する妥協の促成を「干渉」と見なす。このような干渉論が生じる根拠として吉野は、南北ともに実力が不足し、他を圧倒することができないという現状認識をあげている。吉野は、これと現状認識を異にしており、「南方政府の勢力をも少し強大なるもの」と評価している。そのために、いま日本が「干渉して妥協の速成を強ゆるのは、決して支那今日の大勢を助成する所以」ではない、ということになるのである。吉野も、南方の勢力が兵力や資金力といった実力に欠ける所がある点は認めているが、「所謂南方革命主義者、モット適切なる言葉を以て言へば革命的排袁主義者の結束が、頗る広く且つ堅い」という点を強調している。

吉野からすれば、「大勢に乗じて居る」のは南方の勢力であり、「将来益々発展すべき可能性」を有しているのであった。そうであるが故に、日本の対策としては、「彼等の運動の前途に手を出す」べきではなく、「支那今日の時局の解決に助成するの余地はありとしても、之に干渉するの余地は今のところない」というのである。だが、内藤のいう妥協の促進という政策論を干渉として排除していることはわかるが、吉野自身の政策論は明瞭さを欠いている。ただ吉野の予測では、「南方は結局に於て支那の天下を取る」のであり、これを阻害する可能性がある点で、妥協の促進に反対するのは当然だということになる。さらに、「支那の将来を双肩に負ふて立つべき青年の一派をして何とかして其志を成さしめたいと思ふ」とも述べており、吉野の対中国政策論は、南方勢力の支援に傾いていたのである。この願望にも似た予測が的中するかどうかが、その後の吉野の立論に影響を与えることになる。

さて矢野は、内藤、吉野に対して、中国の南北問題に関する「第三説」を提案している。ただその立場を整理すれば、吉野説を否定し、内藤説の枠内で異説を提示している、ということになろう。内藤説との関係でいえば、「妥協を以て支那の大勢」と見る点で同意見であるが、妥協は事態の一時的収拾に過ぎず、中華民国の永続的安定を保証するものではないという点を、内藤が重視していないことを、矢野は批判している。吉野説との関係では、論法上の批判は省略するとして、最も重要な違いは南方の勢力に対する評価である。「今日の南方政府と云ふものも必ず共和政治でなければならぬと云ふ鞏固な主義が堅固に団結して出来上つたものではない」と述べているように、矢野は吉野と違って、南方勢力の政治思想上の堅固さを否定するのである。

矢野は、内藤と同様に、「妥協と云ふことで、共和政府が一先づ再造」されるものと見なしているが、共和制が中国政治に適しているか否かといった根本的な問題に対しては懐疑的であり、共和政治が中国には適さないという趣旨の論文を、『中央公論』に執筆したことに言及している。この『中央公論』（第三〇年一〇月号、一九一五年）に執筆した「支那近時の帝政論」という論文のなかで、国民の自覚に基づかない共和制の政治は危険であることを指摘し、次期の大総統の選挙をめぐって「天下の大騒乱」となることを確実視している。グッドナウの帝制論は、このような危険を回避するために、「非常に深い真面目な考に出でたものである」と、矢野は高い評価を与えている。矢野が中国に適当だと考える政治体制は、「民意に依るか、民意に名を托する所の専制君主政体」であった。したがって、「妥協」「干渉」「大勢」といった言葉に関わる意見の相違以前に、吉野と矢野の間には、中華民国の政治体制をめぐる根本的な考えの違いがあったのである。

『外交時報』誌上の論文から間もなく、吉野は『中央公論』に再び中国の南北問題に関する評論を発表した。

吉野の評論は、[16]二四頁にもおよぶ長いものである。主要な内容は、袁世凱死後の中国政治の推移に関する論述であるが、時に彼自身の判断も示しており、袁世凱が死去してから、「妥協は已に内外の輿論となつた」、あるいは「支那の時局は所謂妥協によつて終りを告げることになつたと観なければならぬ」と、南北妥協の趨勢を承認しているのである。これに続く『中央公論』には、矢野と吉野の論文が相次いで掲載された。[17]

吉野は、袁世凱政権期の日本の対中国政策の方針を、「厳正中立を以て一貫して居る」とし、一部の有志のものが南方を援助した事実はあるが、「日本国家としては、固より厳正中立であるべき筈である」と述べているが、第四章での検討に基づけば、これは正しい判断ではないといえよう。また袁世凱死去後の日本政府の対中国政策に関しては、「今日の態度は甚しく正鵠を失してはいないと信ずる」と述べており、南北妥協の方針を評価しているようである。

このように吉野の場合は、南方の勢力の強化・拡大を大勢と認識し、それに助力することを提唱した『外交時報』の論文に比較して、袁世凱死去後のものは南北妥協論に傾いているように読める。この吉野と違って、矢野の場合は妥協論で一貫している。『中央公論』掲載の論文では、南北の妥協によって平和の回復を図る以外に方策はないとし、「妥協の大勢を促進し、或は此の大勢を破壊せむとするものがあれば、之を排除しても、速かに時局を収拾し、平和を回復するがために相当の手段を取るべき時機が正に到来した」と、妥協を大勢と認識し、日本の積極的な介入を提唱している。ただ矢野の場合は、中国の将来に関しては悲観的である。日本が妥協の斡旋をするといっても、それが「支那の永遠の平和を図ると云ふことであるならば、其誤謬たるは明か」だと断言する。「支那の永久の平和は如何なる方法を以てしても、到底望むことが出来ないとすれば」、一時の平和でも図ることが、日中両国にとって利益であると、矢野は考える。

（2）吉野の南方勢力に対するまなざし

中国政治の将来に関する見通しはともかくとして、当面の日本の対中国政策としては、南北妥協への助力を主張する内藤と矢野に対して、吉野は、南方の勢力の将来性を高く評価し、それへの助力を提唱した。この吉野も、袁世凱の死去後は南北妥協論へ傾いていったように思えるが、内藤や矢野とは異なって、軸足はやはり南方を地盤とする勢力の側にある。南北両政府の分立と対立が生まれる少し前のものであるが、中国の参戦問題をめぐって、大総統黎元洪が国務総理段祺瑞を罷免したことをとりあげた論文も[18]、この点をよく表している。

一九一七年五月の各種の「請願団」の動きに象徴される対立関係を、参戦案の通過を強要する督軍たちと国会の争いと見るのは、「徹底したる観察ではない」と、吉野は指摘する。吉野によれば、それは辛亥革命の時から繰り返されてきた「二大勢力抗争の一形式」であった。この二大勢力とは、「現状維持派」と「現状打破派」であり、前者の系譜は清朝とそのもとにある「官僚紳商」、中華民国になってからの「袁世凱を中心とする官僚軍閥」とつながり、後者は孫文や黄興、「旧国民党系の青年輩」であり、帝制復活をめぐる南北対立も、政治的には両派の争いであった。そして中国の参戦をめぐる、国務院と大総統府、国務総理と国会、督軍と国会という表面的な対立の基礎にあるのも、この二大勢力であった。

この論文の執筆時点での中国政治の動向に照らし合わせれば、「現状維持派」は「官僚軍閥」、「現状打破派」は「民党」ということになるが、政治論というレベルにおいては、両者にいかなる違いがあるのであろうか。比較の焦点は、「憲法の制定幷に之に基く各機関の実際的活動を如何に導くやの問題」にあるとしており、目指すところの憲政を基準に二派が区分されている。後者は、前者よりも「比較的に民主的」で、立憲政治の端緒をよく切り開く勢力として評価されている。二号にわたって掲載されたこの論文の終わりの部分で、「支那の将来は結局民党の天下になるであらう」と述べているように、吉野は、後者に対して好意をよせ、期待しているのである。

だがここで重視したいのは、むしろ前者に対する評価である。彼らにしても、「清朝以来執り来った従来の遣り方」や「官僚軍閥の勢力に著しき紛訌」を生じさせない程度において、「民国の新憲法を造り、其運用をも之に調和せしめて行かう」としていると、吉野は判断している。その内実には違いがあったとしても、二つの勢力は、立憲国家の建設と憲政の実施という共通の舞台に立っていたのである。吉野によれば、中国は「最早昔の専制政体に引返すことは不可能」な時代にあったのである。袁世凱が死去したあとの、後者の実際の政治面での主張として、吉野は、「旧約法の復活」「旧国会の復活」「帝制元凶の厳罰」の三点をあげているが、目指す憲政の内実を反映しているのは、前の二つであろう。吉野はまた、「南方派」の勢力の根拠は大総統府と国会のみであるとし、大総統と国会内の主勢力である「民党派」の段祺瑞国務総理への対抗に関して、「国会が憲法上与へられたる権限を利用して若くは濫用して、一から十まで政府に反抗するに至つては、段は最も手古摺つたのである」とも述べており、「現状打破派」あるいは「民党」の憲政観は、臨時約法とそれに基づいて成立した国会の活動に象徴されていると、見なしているのである。

内藤と吉野の論争の一つの焦点は、中国政治における「大勢」の所在をどこに発見するのかということにあった。内藤は「大勢」を南北の妥協に発見したわけであるが、辛亥革命を機に彼が期待した「立憲共和制」の樹立[19]に向かって、中国の政治秩序が安定化していったかというと、現実はむしろ逆であり、一九一八年九月の『東方時論』（第三巻第九号）に発表した「対支勢力の真発展」では[20]、日本国内の言論について、「南北妥協論が大多数を占めて居る」ことを認めつつも、その実現については疑問視するようになった。さらに一九一九年三月の『中外』（第三巻第三号）に発表した「支那の政治的復活」では[21]、南北間の妥協の成立およびその意義について、内藤はほとんど何の評価も示さなくなったのである。一九一八年に発表した別の論文では、中国の秩序回復に悲観的になり、二〇年代の初めには、「中国の現状をほとんど絶望視する」にいたった。このように現状への非観、絶望を深める一方で、内藤は、中国政治の外国による管理という考えへと、傾いていったのである。[22]

一方、吉野は、『外交時報』に「支那時局私見」を発表した翌年にも、中国の「大勢」に言及していたが、[23]その趣旨は「支那時局私見」とは異なっている。段祺瑞政権を援助することは、「決して大勢に順行するの方策ではない」と、この論文で、吉野は寺内内閣の対中国政策を批判する。それでは、彼が「大勢」と考えるものは何か。少なくとも、現状への対処という点では、「支那時局私見」と認識が明らかに異なっている。吉野は、「南方の人に直ちに実際の政権に当らしむること」には不安があるとし、北方の勢力のなかに、政権の担当者を求めるべきであるとする。ただ誰でもよいというわけではなく、「南方の主張を了解」し、「力に依つて治めず、法に拠つて国を治むるを認むる主義を承認する人」を政権担当者とし、これを「南方と妥協せしむるに導くこと」が必要であると、主張している。吉野は、これを根本的な解決策だと考えているわけではないが、当面の対策としては、南北間の妥協を提唱しているのである。

吉野は、現在の中国で最も尊重されねばならないことを、「法に従つて天下を治むるの主義」であるとしている。これは至極もっともな意見であるが、問題はいかなる法によって統治するかである。彼は、「約法を蹂躙」し「国会を無視」したことで段祺瑞を非難し、「其の拠るべき法の不便、不完全に藉口して、之れを蹂躙するを容すべきではない」と、日本の政府に訴えている。吉野にとって、守るべき法とは臨時約法であり、その遵守を条件とする妥協論ということになる。南方側の現状を踏まえた妥協論、法を重視した妥協論という点で、吉野の所論は、翌年に『大阪毎日』に発表する「支那南北妥協論」に接近している。ただこの時点では、「支那南北妥協論」では言及している臨時約法の欠陥には、思いがおよんでいない。

第三節　南北対立と吉野作造の「妥協論」

中国の新聞は、日本のジャーナリズムだけでなく、学者の中国問題に関する言論を報道することもあった。一九一八年四月一四日付の『申報』の「東京通信」は、寺内内閣の対中国政策が、中国の内政に対する不干渉から調停へと変化したことを指摘する一方で、日本の知識人は調停に批判的であることを伝え、その一例として、吉野作造の言論をあげている。この「東京通信」の記者は、会見したときの吉野の発言として、中国の南北間の争いには、外国からはうかがい知れない固有の原因があり、中国の国論が一致に向かわないのに、日本がむやみに調停に走っても、成功の望みはないと述べたことを、伝えている。またこの会見の時に、『大阪朝日』に掲載された中国の南北問題に関する論文を、吉野から見せられたと、記者は述べている。この記者は『大阪朝日』として伝えているが、実際は、『大阪毎日』の間違いではないかと思われる。というのは、四月一四日以前の、比較的近い時点で、吉野が新聞で中国の南北問題を本格的に論じたものとしては、三月二六日から『大阪毎日』に連載した「支那南北妥協論」があるからである。

この「支那南北妥協論」は三月二六日から四月三日まで、九回にわたって連載された長文の論文である。この論文を執筆した動機は、北京の林公使が馮国璋大総統に対して、南北妥協の協議を始めるように促したことが、日本の新聞で報道されたことにあった（連載第一回）。吉野は連載第二回（三月二七日）において、中国国内の紛争に対して、「日本最近の国論は、南北をして速に妥協せしむべしといふに略ぼ一定して居ることは疑ひない」と、日本の世論が南北妥協論に傾いていることを認めている。だが吉野は、ただ日本が妥協を勧めれば、それで統一が実現できるほど南北問題は簡単なことではないとする。そのために、日本が本当に南北の妥協を欲するのであれば、妥協案の提示にまで踏み込む必要があると指摘する。それについて内政干渉を懸念するようであれば、

「暗示」すればよいとしているが、吉野の踏み込みは明らかである。

こうしてみると、『申報』紙上での吉野の言論の紹介と趣旨が食い違っているように見えるが、吉野が「東京通信」の記者に語ったことは、単なる妥協の調停では成果は得られないという意味での、批判であったろう。それでは、吉野が考える妥協案とはいかなるものであったろうか。

（1）吉野の「妥協論」

まず連載第四回（三月二九日）の最後で指摘している点は、日本の意見を示す場合には、「出来るだけ彼等の独立対等の地位を尊重し、敬意と親切」をもって対処することである。ここで「彼等」というのは、直前の論述から判断して、中国の南北両政府のことであろう。吉野は、この両政府を対等なものとして扱うことを提言しているのである。したがって当然、武力統一政策には反対である。この点について詳しく論じているのが、連載第五回と第六回（三月三〇日、三一日）である。ここでの吉野の武力統一政策に対する批判で注目すべきことは、それは北京の政府にあっただけでなく、南方の考え方にも伏在しているとし、唐継堯や陸栄廷の行動を批判している点である。このような理解に基づいて、連載第七回（四月一日）では、南北間の争いは主義に基づくものではなく、「政治を私するもの、間の利害の争ひである」と、要約する。

だが吉野は、この対立関係のなかに、「多少主義を以て立つもの」を発見しないではない。それは「革命派」＝「理想派」であるが、その勢力は薄弱である。ただ現状はともかく、将来に対する期待は大きい。吉野は、「理想派」の「誠意誠心」を疑わないし、彼らの思想が「漸次非常な勢を以て発達」しつつあり、「長足の進歩を以て国民の間に拡がりつゝある」ために、南方の勢力も「表向きは此等理想派の主張を採つて以て北方に対する抗敵の理由とせねばならぬ形勢を呈して居ること」を認めている。

それでは、吉野が踏み込んだ妥協案は、いかなるものでなければならないのか。彼は、それを西洋諸国や日本に共通する政治の歴史のなかに発見する。西洋諸国や日本が近代国家として成り立ちえた必須の条件を、吉野は「国法並びに国会の尊重と云ふ主義の確立」に求める（連載第八回、四月二日）。この必須の条件を、中国の現状にあてはめて具体的に論じているのが連載の最終回（四月三日）である。吉野によれば、この条件は「南方派の主張の眼目である」から、北京の政府がそれを受容するか否かが焦点となる。

すでに述べたように、北京の政府も立憲政治を否定しているわけではないことを、吉野は認めていた。この『大阪毎日』に連載した論文の最終回の部分でも、「北方派」は「全然国法の制定を不必要とし国会の存在を有害とするものでないことは明かである」と、明確に指摘しているのである。したがって妥協の究極の焦点は、憲法の制定や国会の開設それ自体ではなく、「国法」＝憲法やそれによって成立する国会の内容ということになろう。

前節で論及したように、前年の『外交時報』誌上（第三〇三号、三〇五号）に発表した「最近支那政界の二大勢力」のなかで、吉野はこの二大勢力の対立軸を専制か立憲かにではなく、いかなる憲政を実現するかにおいていた。このような理解は、この「支那南北妥協論」にも継承されているのであり、南北両政府の対立軸を憲法や国会の存否ではなく、それぞれの内容に求めている。吉野は、この論文の最終回において、「南北両派の意見の衝突は、国法を尊重するか、しないか、国会を必要とするかしないかの問題ではなくして、如何なる憲法を制定すべきか、如何なる国会を現出すべきかの問題に帰するのである」と指摘している。だが、現実の臨時約法とそれに基づく旧国会に対しては、「有害」であり「進歩を妨げた」として、北京の政府が反対しており、そのままでは南北統一の条件たり得ない。

吉野の理解では、南方の勢力のなかにも、「現行臨時約法の不備欠点を認むるに於て北方派と大に異るなきの事実」があるのであり、南北統一のための憲法制定はのり越えられない障害ではなかった。したがって、「茲に適当なる仲介者があって、将来の憲法起草に就いては、是れ〳〵の点に於て雙方の合意を求むる事にする又之に依つて造らる丶新国会は斯く〳〵のものたるべしといふ風に雙方をして十分に協議せしむるに成功せば、南北両派をして従来の行掛りを一擲し、妥協調和の道に進ましむるの策であらう」と吉野は述べる。これ以上の踏み込んだ主張は展開されていないが、「適当なる仲介者」を日本の役割と考えていたと推測することは、第一回の書き出しからして、十分に成り立ち得るであろう。

『申報』を通して中国社会に伝えられた吉野の南北妥協論には、二つの要点があった。一つは、南北二つの政府や勢力をともに、中華民国の立憲国家としての統合の追求という共通の舞台に配置していることであるが、これは前年以来の彼の考えのなかにすでに見られた。もう一つは、臨時約法ではその統合を実現することはできないという新たな認識を得たことである。この新たな認識の獲得によって、吉野は南北妥協論を提示することができたのである。というのは、前年までの吉野は南北妥協論に批判的で、南方の政府や勢力の実力に高い評価を与えていたのである。間もなく改組を迎える広東軍政府の実状について、吉野がどこまで詳しい情報を得ていたかはわからないが、前者の点を前提としたうえで、臨時約法やそれを基本に成立した旧国会が必ずしも死守すべきものではないとするのであれば、南北妥協論が浮上してくるのは当然であった。

(2) 南方勢力への懸念

吉野が、『大阪毎日』に「支那南北妥協論」を連載してから八ヵ月後の一九一八年末に、中国政府は、日英米仏伊の五ヵ国から和平統一の勧告を受けた。この勧告を受けて、翌年二月から、上海で南北両政府代表による和平会議が始まったのであるが、この新たな事態を受けて発表された吉野の論文は、再度、「大勢」認識に揺れを見せている。[24] この論文で吉野は、「妥協説の前途」に対して、「悲観説」を述べざるを得ないとする。その理由は、兵力を含む南北間の実力の懸隔にあったようである。「今日の支那は矢張り現に政権を掌握せる者、否現に兵力を擁するもの、我がまゝがものを言ふ国」であり、南方の実力が北方と匹敵するようにならないと、「所謂形式上の南北妥協」さえも成立しないと、吉野は判断している。

同じ『東方時論』に以前に発表した「支那最近の政局（三派鼎立の結果如何）」では、このような妥協を当面の対策として、吉野は評価していたのであるが、今回の論文では、「真の統一妥協ではない」と、当面の対策への関心は低下している。それでは、「真の統一妥協」とは何か。それは、「護法主義と云ふ空論が実際にものを云ふ様」な状態にいたることである。ここで留意しておく必要がある点は、「護法主義」が現状では「空論」であり、それがその域を脱して実効性を有した状態を「真の妥協統一」と見なしていることである。

この論文でも、北方が「現状維持論」を主張し、南方は「現状打破論者」であると、中国の政治勢力を二分する吉野は、彼がいう「真の妥協統一」を達成するうえでの現状における弱点を、もっぱら南方について懸念している。吉野によれば、「現状維持」と「現状打破」という区分は「北方の政権を認むるや否や」という基準に基づくものであり、「護法主義を極度に主張すると云ふ段取」になった場合には、南方の勢力のなかに分裂が生じることになる。すなわち「将来支那の政治組織」の編成に関しては、「孫一派の極端派」はもとより、国会議員たちと陸栄廷や唐継堯らの軍人との間にも、「大なる意見の相違」があるからである。

吉野によれば、この南方の勢力内部の対立も含めた中国の政治の現状は、次のようになる。「段一派のとれるが如き、武力を以て統一を全うし得べしと為す思想」は倒れ、また「護法主義一点張りを以て進まんとしたる孫一派の純粋理想論」も勢力を失っている。このために、「今や実地に就いて然る可く妥協を助成し、之に依りて統一の実を挙げんとして居る」。この分析からすれば、南北の妥協・統一にとって好条件が生じたようにも見えるが、すでにふれたように、吉野はこのような状態での妥協・統一に悲観的であるし、そもそも賛成していない。

吉野はみずからの論述を進めたうえで、「然らば問ふ、支那の前途は絶対に光明なく曙光なきものであらうか」と、自問する。この自問に対して吉野は、「否必ずしもさうではない。何となれば、空論ではあるが、今日支那に於る大勢の趨嚮は明白である」と、現状では「空論」である護法主義に「大勢」を発見する。吉野が、護法主義が「大勢」であると判断する理由は二つある。一つは、「民衆教育の進歩と共に、漸次に其勢力を増加すべきものである」こと、もう一つは、督軍たちも「表面上憲法に従はざる可らず、兎に角議会には一応相談せざる可らずと云ふ主義には反対して居ない」ことである。各派の軍事指導者たちも立憲政治に背反できないことを、「大勢」の一つの理由としているのであるが、そうであったとしても、「種種の不便を感じて又た護法主義を蹂躙するものが出て来る」かもしれないことを、吉野も予想するが、蹂躙が繰り返されたとしても、むしろそれによって「此主義に対する民衆的確信が認められることを考へ得可く、以て将来を祝福することが能きる」と、将来への見通しは楽観的である。

吉野は、五ヵ国による共同勧告を「極めて時宜に適せるもの」と評価しているが、ここまでに示してきた彼の論述からすれば、上海での和平会議に期待を寄せていたことにはならないであろう。それは、同会議が「護法主義」をテーマとする妥協・統一を、現実的な課題としてはいなかったからである。このためであろうか、中国の南北問題に関する日本の対応については、第一に、南北共通して現在の各種の勢力をそのまま承認すること、第二に、そのうえで、「今日の大勢たる護法主義を中央地方」に「助成して之を後援する」ことを求めている。この論文の最後で、吉野は、中華民国の誕生には、革命勢力だけでなく、袁世凱以来の北方の勢力も貢献したという林権助前中国駐在公使の辛亥革命観を批判し、日本としては、このような誤った議論から抜け出し、「此の自然の大勢を助長し、後援するの態度に出でなければならないのである」と結んでいる。

袁世凱死去後から、参戦問題をめぐって南北対立が顕在化し、日本を含む列国の調停による南北和議が開催されるにいたるまでの期間、吉野の中国論はかなりの揺れを示しながら妥協論に傾斜していった。ただ妥協論とはいっても、あくまでも軸足を南方側に置いたものであり、彼の姿勢が南方勢力に好意的であったことには変わりがない。その妥協論も、一九一八年に『大阪毎日』に発表した「支那南北妥協論」では、臨時約法に含まれている欠陥を認め、新たな憲法の制定を見通していたが、翌年の『東方時論』に発表した論文では、「護法」に基づく統一を主張するなど、やはり揺れが見られる。吉野にとって、「護法」を主義とする統一が真の統一であったとしても、それは現実性に欠けるものであった。

(3) 寺尾・内藤の南北問題認識

この臨時約法の草案づくりにかかわった寺尾亨は、吉野以上に明確に南方勢力の側に立って言論を展開していた。彼は「段内閣擁護は不可」という新聞に寄せた談話のなかで、一九一七年に創設された日支国民協会の目的に関して、中国の国情の正確な理解に基づく「日支親善」にあることを指摘し、寺内内閣の段祺瑞内閣支援を「支那の大勢に逆行し日支親善を破壊するもの」だと非難していた。[25]

日支国民協会は、寺内内閣の「援段政策」に反対するために組織されたもので、「孫文南方政府の在日応援団」だったといわれている。[26] 創設から間もなく、中心メンバーの一人であった頭山満が寺内首相を訪問して、同会の宣言書を提出している。[27] そのなかで、同協会が懸念しているのは中国に対する列国の共同管理の動きであり、それによる日本の中国における特殊的地位の喪失である。こうした事態が出現した原因を、同協会は歴代の内閣が「外に東亜を支持すべき大亜細亜主義の信念を体得せず、内に国民的大思想の澎湃たる」を理解しなかったことにある、としている。

それでは、現実の中国にどのように対処すべきなのか。宣言書は、「支那の一部分」と提携することを批判し、

「統一せる全支那」と親善の途を探るべきであるとしているが、前者が段祺瑞政権を指していることは間違いないであろう。他方、全中国との親善を図るためには、「支那の大勢を支配しつゝある潮流」を見定める必要があるとする。また「民主的革新の機運は世界の潮流にして、支那も亦其外に居る能はず」とも、宣言書は指摘しているから、これらの「潮流」を体現しているのは、名指しこそされていないが、南方の政府・勢力であることも間違いないであろう。

寺尾個人にとっても、「日支親善提携を主義」とするのは「南方派」であり[28]、日本が支援の対象としなければならないのは南方の勢力であった。一九一八年一月一四日、一五日の『時事新報』に談話が掲載された某外交官を、寺尾は林権助公使だと推測し、「対支毒策」というみずからの談話を新聞に寄せて、その内容を激しく批判した[29]。その外交官が中国の南方勢力を無力であるとしたことをとりあげ、それは「南方を知悉せざる所以」であるとし、みずからの南方勢力評価を展開している。「南方は既に着々結束」がなり、「大義名分の公明正大にして民国擁護の大手技に依つて行動」していると、寺尾は南方勢力に高い評価を与え、「何としても此際南方人士の名分を立てゝやらなければ、支那を救ふ事は出来ぬ」と、日本の取るべき対中国政策を提示しているのである。

吉野と異なって、寺尾は言論のみならず、実際の行動においても中国の南方勢力を支援したが、この寺尾と反対の位置にいたのが内藤湖南である。彼によれば、寺内内閣の頃の日本の新聞は、「支那の北京政府の為めに報道するものは一つもない、而して悉く支那の南方側の報道機関と成つて」いる状態であった。文字どおりにこの観察があてはまるかどうかはわからないが、『大阪朝日』を中心として、そのような傾向があったことは確かである。くわえて、日本の新聞の段祺瑞内閣に対する攻撃が、「寺内内閣に対する面当」として行われているとしている[30]。

この内藤の言論は、日本の新聞報道分析としては、なかなか鋭いものであるが、彼は中華民国の統一と発展を北京の政府に期待していたわけではない。「支那は、今日既に已に亡びて」いると見なしており、南北和平は「其の残骸の蠢動を物語つて居る」と、内藤は指摘している。[31] したがって内藤からすれば、吉野や寺尾のように南方の勢力に中国の将来を託すわけにはいかなかったし、北京の政府に期待しているわけでもなかった。

内藤は、「支那の竟に滅亡に帰すべき兆候」をとりあげた論文のなかで、[32] 最近の「亡国の兆の較著なるもの」として、第一に南北和平問題をあげている。参考までに、第二のきざしとしているのは、パリの講和会議における中国代表の言動である。南北問題に関しては、「北方は軍閥」で「因襲的政治を継続せんとし」、「南方は民主的」で「理想的政治を樹立せんとする」といったような、日本での評価を批判する。とくに南方の勢力に対する眼は厳しく、彼らが求めているのは「支那の統一」や「約法の擁護」ではなく、軍隊の解散を理由とする金銭であり、金銭目当てという点では、旧国会の議員たちも同じであるとする。したがって和平が成立したからといって、中国の統一ができるわけではなく、「支那人が中央政府の財政を自ら支配し支那人が行政の中心勢力を自ら有して居る間」は、決して騒乱の原因はなくなることがなく、「行政財政の真の勢力が外人の手に帰して支那人の自由に成らない時機に遭逢すれば茲に始めて支那の根本的整理に着手」できるようになると、内藤は指摘する。その時には、「支那人の自決に拠る政治は存在せない」のであり、内藤によれば、この結末の時こそが、「支那人に取りて真の幸福の時期」ということになる。

第四節　南北問題と臨時約法

（1）明白になる臨時約法の欠陥

一九一七年七月の張勲による復辟が失敗に終わったのち、黎元洪が大総統を辞職し、馮国璋が後任に就いた。一方、南方では旧国会議員たちの非常会議により、護法（臨時約法の護持）を掲げ、孫文を大元帥とする広東軍政府が成立した。北京では、南方に対する武力統一の進展がはかばかしくなく、馮国璋との軋轢を深めた段祺瑞は、国務総理を辞任した。日本の第四〇議会は、中国でこのような政治的混乱が続くなか、一九一七年一二月下旬に開会された。衆議院議員の樋口秀雄は政府に対する質問のなかで、次のように言及した。若干ながくなるが、以下に引用しておこう。(33)

又現内閣諸公ハ、常ニ政府デアルカラ政府ヲ対手ニスルヨリ仕方ガ無イト仰シヤル、之ヲ御非難ヲナサル方モアリマスルガ、是ハ一理アル事デアリマセウ、併ナガラ支那モ彼ノ暫行法律―暫行憲法ニ拠テ、国務院ト総統府ト云フモノヲ日本外務省ハドウ御覧ニナルカ、例ヘバ黎総統ト段首相トガ反目シタ時ニ、孰レヲ以テ支那ノ主権者トシ、若クハ支那国民ヲ代表スル者ト見テ御交渉ナサルカ、御交渉ヲナサル機関ガ成程国務院デナクテハナラヌ、併ナガラ此場合ハ黎総統及総統府ノ意見ニ重キヲ置カレルカ、将タ国務院総理ノ下ニ在ル内閣ノ意見ニ重キヲ置カレルカ、此御判断ニ依テ外交ノ方針ガ違フベキデアル、何時モ寺内伯及本野外務大臣ハ、政府デアルカラ政府ヲ対手ニスルト言ハレルケレドモ、今ノ支那ノ暫行憲法ニ拠ル国務院ト総統府トノ権力関係、其他ノ関係カラ見テ、是ガ衝突又ハ乖離シタトキニハ、孰レニ重キヲ置クノデアルカ、甚ダ了解スルニ苦シム、独リ黎ト段トノ衝突ノ場合ノミデハナイ、今回ノ馮ガ大総統ニナッテ、段内閣ガ成立シテ居リマシタ際ニ、馮大総統ト段総理トノ間ニ意見ガ衝突シ、国務院ト総統府トノ意見ガ衝突シタ時分ニ、政府ガ果シテ孰レヲ援ケラレタカ、斯ノ如キ場合ニ於テ此総統府ト云フモノガ、支那国民ニ於ケル元首ト見ルベキ総統ノ中心ヲ致スモノデアリマスカラ、若シ軽重ヲ問ハバ、即チ総統府ノ意見ヲ以テ国務院ノ意見ヨリモ重シトスルノガ私ハ当然デハナイカト思フ、然ルニ現政府ノ御解釈ハ是ト反対デアッテ、何時モ国務院ノ方許リヲ援ケル、其国務院モ段祺瑞ガ総理デアル時ニ、国務院ダケヲ以テ政府ト御考ニナッテ居ル、是ハドウ云フ御解釈ニナッテ居ルカ之ヲ伺ヒタイ樋口の質問の趣旨は、日本の政府、外務省が対中国政策を遂行する時に、黎元洪あるいは馮国璋か、それとも段祺瑞を相手にするのかという点にあり、彼自身としては、大総統を相手とすべきことを主張している。国会議員の質問であるから、現実の政策にもっぱら関心が向かうのは当然のことであるが、中華民国の政治制度という観点から考えると、この質問はそれ以上に重要な内容を含んでいる。それは中華民国の行政府の中心が、大総統府と国務院のいずれにあるのか、したがって行政府の意思は大総統、国務総理いずれによって代表されるのかということである。樋口は、段祺瑞が国務総理であった時は、日本政府はもっぱら国務院を相手としていることを批判しているが、振り返ってみると、袁世凱政権の時期はそうではなく、大総統が主要な相手であった。こうした状態が生じた要因は、樋口の追及の趣旨である日本政府による選別ということにのみあったわけではない。新約法の場合は規定が明確であったが、それを間にはさむ臨時約法が効力を有していた時期には、対外的な面のみならず、議会に対しても行政府の代表者が曖昧であった。

実はこうした問題は、当時の日本の新聞でも報じられていた。「支那政局の紛糾」の原因を、大総統と国務総理の対立に求めた『大阪朝日』(一九一七年一一月二八日)の「支那の後継内閣」という記事は、次のように、その対立が臨時約法の欠陥によるものであることに論及していた。国務院側の主張では、「大総統は単に空位に留まり、国務総理が政治の全責任を負ふ」ということになり、これは「責任内閣制」としてはもっともなことであるが、「支那の約法は未だ明白に此の規定を認めず」と、臨時約法はこの点の規定が曖昧で、「大総統に国務員任命の権力さへ与へ、全然空位を守るものとは見る能はず」、というのである。馮国璋が大総統に就任した頃に、同じ『大阪朝日』(一九一七年八月六日)に掲載された「宣戦後の支那――妥協か大乱か」も、中華民国の政治制度に関して同じような問題点を指摘していた。この記事は、「支那の総統制が、米国の如くして大統領自ら執政するにあらず、而も仏国の如く内閣の上に超越するにあらず」と、文字どおりの総統制でも内閣制でもない、政治制度の曖昧さを的確に指摘している。

臨時約法に起源を有するこの制度的不安定性を、この記事はさらに現実の政治に結びつけて論じている。「民党は超越的大総統を希望するが本然なれど、支那にては民党自ら総統をして木偶たらざらしめんとし、官僚派却て総統を木偶視せんとす」と、「民党」と「官僚派」で本来の発想とは異なる現実が生じており、これが「衝突の免れざる源因《（ママ）》」だとしている。この記事から約一ヵ月後、広東で大元帥制の軍政府が樹立されることを考えると、ここでの指摘は的を射たものであると見なし得よう。

臨時約法のもとでの政治上の混乱・対立は、南北間において生じただけでなく、北京の政府内部でも、その規定の曖昧さによる紛糾が生じていた。馮国璋が大総統への就任にあたって、「府院相争はず、国務院は完全に責任を負ふべし」という意思を示しながら、一方で、「尚総統府と予め総てを評議接洽するの要あり」としたことに対して、この記事は疑問を提示し、次のように述べている。国務院に完全に政治の責任を負わせようとするのであれば、大総統は「木偶」とならざるを得ない。国務院・国務総理の政策に対して、大総統の側に意見があり、事前に協議を求めるというのであれば、それは「木偶を甘んずるものにあらず」、というのである。この馮国璋大総統の意思表明が「既に衝突の因を成す」のであり、今後の大総統と国務総理の対立の原因になるものと、この記事は見なしている。

ここまでの論述を終えたこの記事は、今後起こるべき「大乱」や「妥協」を予測し、南北間や北方勢力内部の対立関係を描いて見せる。段祺瑞と「平生相合はざる」馮国璋に対して、督軍のなかに接近するものがいるだけでなく、南方の陸栄廷らも「呼応」する可能性があり、段祺瑞は「決して独裁者たる能はじ」、と予測するのである。馮国璋を「中間勢力」の代表と見なすこの記事は、「孫一派を南方の過激派」、段祺瑞を担ぐ勢力を「北方の極端派」と位置づける。この記事の最後は、「非干渉」の看板のもとで「極端派」を援助しようとする寺内内閣への批判で締めくくられているが、その前のところで、「南方民党の懐抱する政治思想は、一時其の首領を失ふも絶滅せらるべきにあらず。又必ずや之を代表するもの生ずべし」と述べ、南方「民党」の政治思想の生命力を高く評価している。しかし、この記事が指摘した行政府の不安定性の根源となっている臨時約法にこそ、その政治思想が凝縮されていたはずである。

以上のように、臨時約法に起源を有する中華民国の政治制度上の問題点に、意識的あるいは無意識的に言及したのは、『大阪朝日』の記事であるが、同じ新聞でありながら、臨時約法の擁護を主張する記事もあった。「危い哉王内閣」という『大阪朝日』（一九一七年一二月七日）の記事は、事情によっては「武力解決を非とするものではないとしつつも、南北間の対立は「事理已に明白」であり、「南方主張する所の約法擁護、国会恢復の如きは当然聴くべきの問題」であり、「已に論議の余地も無き程のものなり」と、断言している。

だが南方に同情的な日本人の間でさえ、臨時約法の欠陥は明らかであった。「南京参議院は実際多大の事業を完成したもので支那議会並に共和政史上重大な地位を占むるもので臨時大総統に孫逸仙の選挙並に臨時約法の制定の如きは皆此の議会の為した所である」と、「支那の国会に就て」という時論で、中華民国成立の歴史を振り返った今井嘉幸は[34]、この時に制定された臨時約法は、「今日南方派が其恢復を要求して止まない支那の憲法である」と、南方勢力の要求の中心が護法（臨時約法の護持）であることを指摘している。

今井は、臨時約法に根拠を有する参議院やその後の国会を高く評価しているが、臨時約法そのものについては、欠陥を指摘している。今井によれば、「支那憲法の欠点は政府に国会の解散権無く従つて国会に政府不信任案の提出権無きことである。そこで国会は政府を正式に倒すこと能はず、政府も亦調和の国会に改造することが出来ない」のである。

この今井の理解は原則的には正しいが、かといって完全に正しいわけでもなかった。それは今井の理解不足というよりは、大総統制と内閣制をめぐる臨時約法の規定の曖昧さによって生じていた。臨時約法は、一体性のある内閣の創設を予定していなかったから、内閣総辞職を可能とする条文がないのは当然のことであった。だが議会の国務員に対する不信任決議権がなかったわけではなく、第一九条の参議院の職権のなかには、謀反行為による大総統に対する弾該と、失政あるいは違法による国務員に対する弾劾が盛り込まれているのである。明確な内閣制を採用していない臨時約法からすれば、内閣全体ではなく、大総統を補佐する個々の国務員しか弾劾の対象にはなり得なかったのである。ただ、個々の国務員を弾劾して免職させることによって、事実上、議会は内閣を倒壊に追い込むことができたのに対して、行政府の側の議会の解散権に関しては、今井が指摘するように、まったく規定がない。臨時約法に関しては、この点こそが重要であり、制定直後から改正が提起されていたことは、すでに述べたとおりである。

一九一八年一月一四日、一五日付の『時事新報』には、寺尾亨が林権助のものとして批判した「吾輩の支那観」という某外交官の談話が、掲載されている。副題の「北方の実力・南方の無力」から推測できるように、この談話は、北方の勢力の貢献を中心に中華民国の誕生を語っている。ここでは談話の細部をとりあげることはしないが、極めて重要な問題に言及している箇所がある。この外交官は、中華民国の誕生は「袁世凱や段祺瑞等の実力」によっているにもかかわらず、孫文や黄興らの「南方派」は、「袁世凱や北方軍人団を束縛する様な対人憲法（約法）を造つたり又議会を利用して袁政府や段政府の政策に大妨害を加へた為に遂に南北相争ふと云ふ今日の事態」をつくりだした、としているのである。

この談話が掲載されてから数日後には、『大阪朝日』に批判の論評や談話が掲載された。前者は、「嗤ふべき支那観」（上）（下）として、一九一八年一月一七日と一八日に掲載された。後者は、すでに言及したように寺尾亨の談話であり、「対支毒策――寺尾亨博士談」として一七日に掲載された。寺尾亨の談話だけでなく、「嗤ふべき支那観」のほうも、某外交官とは林権助中国駐在公使であると見なしているが、談話の内容からして、これは間違いないであろう。林公使の談話は、中国問題に関する日本の新聞報道に対する批判を含んでいただけに、「嗤ふべき支那観」という見出しからも推測できるように、論評の反論は厳しいものであった。

『大阪朝日』の論評は、近く日本政府の対中国政策が見直され、「妥協調停に進まんとすとの説」を聞くが、この林公使の談話を読めば、「段援助」を放棄しないばかりか、「一層其手を進むるが如し」と論難している。なぜなら、林公使の談話では、「北方を絶対有力者と断定し、此の断定の下に南方の屈従を強ひ、之を妥協」と名づけているからだとしている。そして林が批判した臨時約法や議会に関しては、以前に言及するところがあったように、「抑々列国の承認したる中華民国は、旧約法の下に旧国会を有せしものならずや」と、それらを正当視している。他方、寺尾は、林が南方の勢力を無力視するのは、その実状をよく理解していないからであるとする。寺尾によれば、「南方は既に着々結束」が強まり、北方派の督軍までもが接近してくるのは、「其の大義名分の公明正大にして民国擁護の大主義に依つて行動」しているからであるとし、「何としても此際南方人士の名分を立て、やらなければ支那を救ふ事は出来ぬのである」と、中国の統一復活を南方勢力中心に構想しているのである。

しかし臨時約法やそれによって開設された旧国会に基づいて、中華民国の統一復活と政治の安定を実現することは可能であっただろうか。『大阪朝日』の記事が指摘した行政府内の権限区分の曖昧さ、今井の所論をもとに解説を加えた行政府と議会の均衡関係の欠如といった、臨時約法の欠陥を見れば、それが不可能であることは明らかであった。

寺内内閣に続く原内閣の成立と、それにともなう中国駐在公使の林から小幡酉吉への交代に関して、『大阪毎日』に各界著名人の談話が、「支那に対する方針」「対支政策刷新」という見出しで掲載された[35]。このなかには寺尾亨の談話もあり、彼は前任の林公使に対しては、「一意北方の実力者であると思惟した段祺瑞を援助し支那の統一に努力」するという考えが誤っていたことが判明したとし、「従来穏健な対支意見」を有する人物として、小幡を歓迎している。そのうえで寺尾は、小幡に対して「註文」をつけている。それは「軽々に妥協斡旋に着手してはならぬと云ふ事」である。そのうえで「広東国会を認めて南方の体面」を立ててやる必要があるとしている。そのうえで、「護法とか国会問題とかは南方の看板的主張であるとし此点に於て不徹底の妥協を強ふる」ようであれば、妥協・統一は困難であると述べている。これまで言及してきた寺尾の経歴から容易に推測できることであるが、彼は南方勢力を中心とする統一実現に向けた妥協の斡旋を、主張しているのである。寺尾の談話を掲載した『大阪毎日』は翌日、政友会の小川平吉の談話を載せているが、それは寺尾の意見とは異なるものであり、「南方派の主張するが如く旧国会を復活すべし国会の解散は無効なりとの論点を徹底的に解決せずとも」、妥協は成立し得ると述べている。

(2) 臨時約法への期待の消滅

さて首相を退いたのち、病床にあった寺内は対中国政策に関する考えを口述し、それを記録させたといわれている[36]。内容の大部分は、中国への借款とそれによる事業に関するものであるが、最後のところで、中国の南北妥協と統一問題を論じている。

寺内の述べるところによれば、臨時約法の内容は「極端なる議会専制」であり、それによって国政を遂行することは困難であった。「護法を主張する南方革命派亦其事実を知悉せるに拘はらず尚之を唱ふる所以」は、「護法」を口実に政権を奪取しようとするところにあると、南方の勢力を厳しく批判している。したがって寺内からすれば、臨時約法の復活を条件とする南北の妥協と統一回復は実現困難なことであり、そもそも臨時約法は中華民国の政治制度整備にとって有効な基本法ではなかった。このような認識を有する寺内からすれば、「南方派にして真に国家を念とするの誠意に基き其護法の主張を撤回」してはじめて、南北の妥協は可能となるのであった。この寺内の所論は、「援段政策」の当事者であるという理由で無視してはならない、重要な内容を有している。少なくとも臨時約法に対する評価は、極めて正確なものであると判断できる。

もっともこのような臨時約法に対する理解は、寺内自身によって得られたものではないかもしれない。中国において「援段政策」を現実に遂行していた西原亀三は、中国の南北問題に関して、次のような提案を勝田主計《しょうだかずえ》蔵相に行っていた[37]。まず西原は、辛亥革命以来の中国の政治が安定しない原因を、「極端ナル民本主義ヲ骨子トセル孫文ノ起案セル旧約法」に求める。いうまでもなく、孫文が臨時約法を起案したとするのは正しい理解ではないが、さらに今後の中国の政治については、「此約法ノ存スル限リ支那政局ノ安定ハ百年河清ヲ俟ツト其軌ヲ一ニスルモノニ御座候」と、臨時約法のもとでの中国の統一と政治の安定は困難であると、西原は指摘している。それでは、どのような方策が必要なのか。西原は、中国を「根本的ニ安定」させ、「東洋ノ平和ヲ永遠ニ維持」するための方策として、三点を提起している。その最初のものが、「旧約法ヲ廃止シ支那ノ国情ニ適応セル憲法ヲ制定スルコト」であった。

このころ、臨時約法に対する批判的言論を展開したのは、寺内内閣の関係者のみではなかった。日本の雑誌上でも、かなりの批判的見解が示されるようになっていた。『日本及日本人』の主要な執筆者の一人であった稲垣伸太郎は、「支那民国議会は、権限厖大、支那の元首は単に一土偶に過ぎずして、議会の横暴に悩むこと甚しく」と、臨時約法が三権分立の原則に適合しないものであることを指摘していた[38]。当時の中国では、このような憲法を当然視する人もいたようで、南方の勢力に属する人の執筆によると思われるある文章では[39]、大総統はある期間、国家を代表するといっても、「外国に対する公の儀式上に止まるので、国民に対しては、どこ迄も最高の公僕に相違ありません」と、大総統を位置づけている。さらに「大総統は国民に由つて左右されますので、国民は大総統に左右されるのではありませぬ。それ故に中華民国の約法では大総統に国会解散権を許して居りませぬ」と述べている。この文章では、国民＝国会と位置づけ、行政府は議会の下位にあって、それに従属するものと見なしているのである。このような認識では、三権の分立・均衡を原則とするような憲法の構想は生まれようがない。

この頃しばしば、中国の南北問題とからめて臨時約法に批評を加えていたのが、東亜同文会が発行していた『支那』である。掲載の順序にしたがって見ると、袁世凱が死去した直後の論説「南北遂に妥協乎」(40)を、まずとりあげることができる。この論説は、すでに言及したように、議会が優位にたって行政府を従属させるものだと臨時約法を批判し、このような臨時約法が復活すれば、中国の政治が「南方派」の意のままに行われると指摘していた。この論説も言及している、各国務員の任命に対する議会の同意権が有する重大性を指摘したのが、中国の第一次大戦への参戦をめぐる対立が深刻化するなかで執筆された論説である(41)。この論説は、国務総理のみならず、国務員それぞれについてまで議会の同意を要するのは、「世界孰れの国の憲法にも見ざる処」であると、憲法としての臨時約法の異様さを指摘する。そのうえで、臨時約法のこのような規定が適用された場合の、現実の政治に対する悪影響を説明している。若干ながくなるが、該当部分を次に引用しておこう。

　斯くの如くんば内閣の首班たるものは其採らんとする政綱政策に合致せる意中の人を挙げて自由に閣僚たらしむる事能はず、従つて自ら内閣の首班なりと雖も、其意の欲する内閣を組織する能はず、閣僚の任命一に議院に於ける多数党の制する処と為らざるを得ず。

　斯くの如くんば総理たるものは、議会の承認を得んが為には、自ら信任せざるもの若しくは其主義政策と相容れざるものをも挙げて閣班に列せしめざるべからずして、其結果は総理は遂に其内閣に於て満足に其抱懐する政策を実行する事能はず、遂には閣僚を無視して往々擅断の行動にも出づるの止むなきに至るなり。

　袁世凱の死後北京政府が往々災蕭墻の間に発せんとしたるもの少くとも其原因の一半は之れに帰せずんばあらず、段祺瑞は身国務総理なりと雖も、其死命は議会に依つて制せらる、若し其閣僚にして辞し而して後継者を物色するも、之れが議会の承認を求むる毎に議会の反対を受けんか内閣は遂に成立の途無きにあらずや。

茲に於てか段氏は如何にかして、其地位を安固にするの途を講ぜざるべからざるなり、歓を友邦に通じて其庇護に浴せんとしたるも之れが為なり、督軍を籠絡して兵力を擁して議会を圧せんとしたるも之が為なり、

臨時約法に関するこの所論のなかで、まず重要なのは、国務員の個々について議会の同意を得る必要があるために、内閣は政策論を共通にする国務員によって構成することが難しい、としている点である。議会の同意を得ることを優先すれば、場合によっては、国務総理は政策に関する意見を異にする人物でも閣僚に迎えなければならず、一体となって政治に責任を負う内閣の維持は困難になるのである。議会からの制約に直面した場合、内閣が通常とる対抗措置は議会の解散である。この所論では、この点への言及がないが、臨時約法には議会の解散規定がない。このために内閣は、議会に対する合法的な対抗措置が取れないのである。

この所論の次に重要な点は、段祺瑞内閣が日本の援助に期待し、督軍の兵力を動員したのは、臨時約法が合法的な対抗手段を認めていなかったからであるとしていることである。議会権限と政府権限の分立・均衡が欠如している状態のもとでは、政府は臨時約法の枠外に対抗手段を求めざるを得なかったのである。権力の均衡を欠いた憲法という『支那』の臨時約法に対する認識は、その後も変化せず、南北の妥協困難を論じた同誌の論説は、[42]「旧約法は権力を国会に集中し、内閣は実権に乏しく、事毎に議会の掣肘を受くるを免れず」と指摘している。

この頃になると、副島義一のように、辛亥革命の時から南方の革命勢力を支援し、臨時約法の草案作成に関与したような学者でも、同法とそれによって成立した旧国会に対する評価に変化を見せるようになる。南北間の対立を論評した副島の論文は、[43]中国政治の混乱を懸念する理由を、「東洋の平和殊に我が日本の休戚」への影響におく。この点では、これまでの考えに変化はない。だがこの混乱を解決する方策に関する考えには、変化が生ま

れている。副島によれば、対立の焦点は「主として約法及国会の恢復と否とに存する」かのようであるが、たとえ回復が実現したとしても、「政治改革、国家統一の問題」を解決することはできない。それは、「更に根本的の問題」が残っているからであるとする。副島から見れば、中国の南北いずれの勢力にしても、共和制以外の選択はなかった。しかしその共和制の定着には、欧米でもながい年月と幾多の犠牲を要したとはいえ、中国の現実は「其の勢力振はず意気沈滞し、人をして徐ろに孤城落日の歎あらしむ」状態であった。

副島は南北両勢力に対して、真に妥協・統一の気概があるのであれば、「何ぞ一約法国会に執着するの要あらん」と、必ずしも臨時約法と旧国会にこだわる必要はないとする。彼が真に期待しているのは、南方の「純革命派」である。「純革命派」の内容について、副島は特段の解説を加えていないが、南方の孫文たちの勢力を意味していることは間違いないであろう。だが現に存在している広東軍政府を基盤とする政治活動については、副島は賛成していないようである。それは、彼が陸栄廷らの軍事力への依存に反対しているからである。

それでは、どのようにしてその政治的影響力を拡大したらよいのか。ここから、副島の論述は具体性を欠いている。彼が「純革命派」に訴えるのは、「言論と筆鋒」によって「国民一般を正義と自由の思想に指導」することであり、そうしてこそ「共和の根基」が確立するという。「純革命派」がこの使命を果たすためにも、旧国会は解散されねばならなかった。すでに指摘したように、臨時約法や旧国会を回復しても、中華民国の統一という根本的な課題の解決にはならなかったし、彼によれば、現議員は「正当なる民意の代表者」ではなくなっていた。新たな国会議員選出のための選挙運動は、「純革命派」が国民を涵養し、指導する絶好の機会であると、副島は見なした。しかしこの副島の所論は、大正期の日本政治を対象とするのであるならばともかく、現実の中国を念頭に置いた時には、ほとんど有効性は感じられず、むしろ行き詰まりを思わせる。

臨時約法の草案づくりに関与したもう一人の日本人法学者の寺尾亨も、南方勢力の支援者としての立場には変化がない。副島に続いて、『東方時論』の次の号に掲載された論文で、[44]寺尾は中国の革命の究極の目標を「政治の根本的刷新と国内統一」におき、臨時約法と旧国会はその目標を実現するために設けられたもので、「立憲政治の妙用を以て政治的向上を計らうとしたもの」であると、ふりかえっている。そして現状については、「約法恢復、国会復旧」が「国民の輿論」となっていると、指摘している。このような現状認識からすれば、当然、「南方の勢力は民望を負ふて日に強大を加ふる」趨勢にあることになる。さらに、「南方の勢力が今日よりも衰退するやうなことは理論上有り得ないことで、南方人士が十年一日の如く奉じ来つた革命の精神を易へず、国内の統一政治の刷新に向つて飽迄淬励するならば、民望は益々来り服して其の勢力著しく増大し来るであらう」と、南方の勢力の増強を楽観的に展望している。

現に潮流として生じつつある中国の統一に関しては、南北両勢力間での理解に基づく妥協しかないと、寺尾は指摘している。副島と比較すると、この時点での寺尾は、現実に適応しようとする姿勢がより強い。寺尾は、妥協の要点を「南方派の称する如く、約法及び国会の恢復を速かに断行するに在る」とするが、臨時約法に含まれている欠陥を、この論文では的確に明らかにしている。それは、「法制発達の楷梯として至当なことである」とことわりつつも、「共和創立匆々の際に成つたもので、充分推敲の暇がなかつた為め種々不備な点も多く、正式憲法制定まで約法として対人憲法となつて多少窮屈なものとなつた」ことを認めている。したがって、南北統一後の中国は、この臨時約法の趣旨にしたがった憲法を制定するわけにはいかなかった。臨時約法と旧国会の回復は、南北妥協の基本的条件ではあるが、回復した国会での正式憲法の起草にあたっては、「北方派の名分を明かにする個条を加ふることを約束」する必要があることを、寺尾は指摘している。だが、この論文の最後の部分で、「時代思想の上に立つて国政刷新を目的とする南方派の主張が、北方派の政治的覚醒に依つて認めらるゝ時、理解ある妥協は成立し、真の統一は生れ来るであらう」と述べているように、寺尾の南北妥協・統一論も南方の勢力主導で組み立てられていることは間違いない。

小結

袁世凱政権のもとでの帝制復活の試み、段祺瑞内閣による第一次大戦への参戦の強行を機に、南北間の政府や勢力の分立・対立といった状態が中国に生じた。こうした事態の出現に対して、日本のジャーナリズムは概して南方の政府や勢力に好意的であったが、なかでも『大阪朝日』は突出していた。この間の日本の内閣の対中国政策に関して、『大阪朝日』は改造大隈内閣のそれの徹底を求め、寺内内閣のそれに極力反対した。日本社会における憲政擁護の風潮を背負って、袁世凱大総統や段祺瑞国務総理のもとの中国政府と日本の寺内内閣を専制的、官僚的な政権として『大阪朝日』は批判し、他方で、臨時約法の護持と旧国会の回復を旗印とする南方側を応援した。しかし臨時約法が憲政を安定して遂行するのに適した基本法であったかどうかは疑問であるし、南方側の勢力のすべてがその護持を主張していたわけではなかった。広東軍政府が改組されたあとの記事では、『大阪朝日』も護法勢力の実力に懐疑的にならざるを得なくなるのである。

内藤湖南と同様に、『大阪朝日』に寄稿することの多かった末廣重雄は、同紙の論調とは異なる意見を提示していた。彼は大隈内閣の対中国政策に批判的で、成立当初の寺内内閣のそれに賛意を示していた。このように日本の歴史学者や政治学者も、中国問題に関心を寄せていた。寺尾亨や副島義一といった、辛亥革命の時点から臨時約法の草案作成にかかわるなど、南京の臨時政府に貢献した学者は、南北の政府や勢力の分立・対立状態が生じたとき、もとより南方側を支援した。吉野作造は、寺尾や副島のように直接的な貢献をすることはなかったし、そもそも中国政治の改革や革命に関心を示すのは比較的遅かった。だがその吉野も、南方側を支援する立場にたった。このために、日本の当面の対中国政策として、南北の妥協促進を提案する内藤湖南や矢野仁一との間で論争が生じることもあった。

吉野は中国の革命勢力の支援者、革命史の著述家として扱われることが多いが、北方の政府や勢力を、決して専制的、非立憲的と見なしていたわけではないことにも注目すべきであろう。吉野の立論を中国の憲政に焦点をあてて理解すれば、南北間の対立はその内容をめぐるものであったということになろう。吉野は臨時約法を憲法学的に分析したことはなかったが、中国で南北和議の動きが生じた頃には、「護法」を重視しつつも、それを支える勢力が弱体であることを認識していた。またそれより前に発表した論文では、同法に欠陥があることを指摘していた。

臨時約法の欠陥は、公布の当初から中国国内でとりあげられており、日本でも、南北対立が顕在化するなかで、中国政治に紛糾をもたらす法的根源という認識が広まり始めた。また臨時約法の草案づくりにかかわった法学者自身も、法制整備の一段階としてやむを得ないこととことわりつつも、その欠陥を認めるようになったのである。

(1) 高橋秀直「寺内内閣成立期の政治状況」『日本歴史』第四三四号、一九八四年。

(2) 後藤孝夫『辛亥革命から満州事変へ——大阪朝日新聞と近代中国——』みすず書房、一九八七年、一二七頁。

(3) 松田義男「浮田和民の政治思想(三)——『太陽』主幹期を中心に——」『早稲田大学史記要』第二四巻、一九九二年。

(4) この点は、その後の研究者によっても継承されている間違いであることは、第一章で明らかにしておいた。

(5) 「第三革命後の支那」『吉野作造選集』七(中国論一)、岩波書店、一九九五年。

(6) 袁世凱の死後、黎元洪が大総統に就任したが、副総統に関しては、しばらく空位のままにしておく考えもあった。しかし旧国会が回復されると、「民党の画策」によって、副総統選出の議案が国会に突如出された。「民党の策士」は直隷派をみずからの側に引きつけるために、候補者として馮国璋を推した。実際に一〇月三〇日の選挙で、彼が副総統に選出された。このとき、陸栄廷を支持したのは「民党中の過激派」だったのであり(吉野作造「最近支那政界の二大勢力」『外交時報』第三〇五号、一九一七年)、『大阪朝日』は中国のごく一部の勢力を支援する言論を展開していたのである。

(7) 波多野勝『近代東アジアの政治変動と日本の外交』慶應通信、一九九五年、二七七頁。七月二〇日の閣議決定の文書「対華外交政策に関する件」は、『日本外交年表竝主要文書』上(外務省編、明治百年史叢書第一巻、原書房、一九六五年)にある。

(8) 波多野勝前掲書、二七八頁。関静雄『大正外交――人物に見る外交戦略論――』ミネルヴァ書房、二〇〇一年、一五四頁。

(9) 李雲漢「政学会与護法運動」、王樹槐「国会問題与南北和会」中央研究院近代史研究所編『中華民国初期歴史研討会論文集』一九一二―一九二七(上冊)、中央研究院近代史研究所、一九八四年。

(10)「支那時局私見」『外交時報』第二七八号、一九一六年。

(11) 狭間直樹「〈解説〉吉野作造と中国――吉野の中国革命史と日中関係史について――」『吉野作造選集』七(中国論一)、岩波書店、一九九五年。

(12) 松尾尊兊「〈解説〉吉野作造の中国論」『吉野作造選集』八(中国論二)、岩波書店、一九九六年。

(13)「支那時局私見」『外交時報』第二七七号、一九一六年。

(14)「支那問題」『内藤湖南全集』第四巻、筑摩書房、一九七一年。

(15)「支那時局に対する第三説」『外交時報』第二七九号、一九一六年。題目は異なるが、この論文と同趣旨のことは、「欧州戦乱後の支那の形勢に就て」(『太陽』第二二巻第九号、一九一六年)でも述べている。なお、矢野の中華民国認識を包括的に論じたものとして、久保亨「同時代日本の中華民国認識――矢野仁一の中国論を中心に」(久保亨・嵯峨隆編著『中華民国の憲政と独裁　一九一二―一九四九』慶應義塾大学出版会、二〇一一年)がある。

(16) 古川学人「袁総統の逝去と支那最近の政局」『中央公論』第三一年七月号、一九一六年。

(17) 矢野仁一「帝国政府の支那時局に対する好意的調停の政策を評す」『中央公論』第三一年第八号(世界大観号)、一九一六年。吉野作造「南北妥協の支那」『中央公論』第三一年八月号、一九一六年。

(18)「最近支那政界の二大勢力」『外交時報』第三〇三号、三〇五号、一九一七年。
(19) J・A・フォーゲル著・井上裕正訳『内藤湖南　ポリティックスとシノロジー』平凡社、一九八九年、二八三頁。
(20)『内藤湖南全集』第五巻、筑摩書房、一九七二年。
(21) 同右書。
(22) J・A・フォーゲル著・井上裕正訳前掲書、二二八頁、二三一頁、二三五頁。中国の国際共同管理に関する内藤や矢野の議論については、酒井一臣『近代日本外交とアジア太平洋秩序』(昭和堂、二〇〇九年) も論じている (一七六～一七九頁)。
(23)「支那最近の政局 (三派鼎立の結果如何)」『東方時論』第二巻第一〇号、一九一七年。
(24)「支那南北統一の前途」『東方時論』第四巻第一号、一九一九年。
(25)『大阪朝日新聞』一九一七年八月一九日。
(26) 狭間直樹「今井嘉幸 (一八七八―一九五一) 愛媛」『孫文研究』第四二号、二〇〇七年。
(27)「日支国民協会の主張」『東方時論』第二巻第一〇号、一九一七年。
(28)「支那の聯合加入問題と南方派の態度」『太陽』第二三巻第四号、一九一七年。
(29)『大阪朝日新聞』一九一八年一月一七日。
(30)「支那時局真相の難解」『太陽』第二四巻第一一号、一九一八年。
(31)「山東問題と排日論の根柢」『太陽』第二五巻第九号、一九一九年。
(32)「支那の亡兆」『太陽』第二五巻第七号、一九一九年。
(33)「官報」号外 (大正七年二月二〇日)『帝国議会衆議院議事速記録』三四 (第四〇回議会)、東京大学出版会、一九八一年。
(34)『大阪朝日新聞』一九一八年一月一日、二日。
(35)『大阪毎日新聞』一九一八年一〇月三〇日、三一日。
(36) 半澤玉城「故寺内伯の対支計策一斑」『外交時報』第三九七号、一九二一年。

(37)「中国ノ時局収拾ニ関シ在中国米国公使ノ勧告及田中参謀次長ノ忠告ヲ批議シ帝国ハ中国ヲ根本的ニ安定セシムベキ方策ヲ中国ニ勧告スベシト進言ノ件」（中国問題ニ関スル西原亀三報告雑件）外務省『日本外交文書』大正六年第二冊、外務省、一九六八年。西原は、自伝のなかでも同じ趣旨のことを述べている（北村敬直編『夢の七十余年　西原亀三自伝』（東洋文庫四〇）、平凡社、一九七一年、一五七頁）。
(38)「復辟失敗後の支那」『日本及日本人』第七一〇号、一九一七年。
(39) 東大陸より「日本は中華民国を弄ぶか」『日本及日本人』第七三四号、一九一八年。
(40)『支那』第七巻第一二号、一九一六年。
(41)「北京の政変」『支那』第八巻第一二号、一九一七年。
(42)「南北妥協難」『支那』第九巻第九号、一九一八年。
(43)「支那純革命派の使命」『東方時論』第三巻第一号、一九一八年。
(44)「支那南北の実勢を詳かにして誤れる対支政策を匡す」『東方時論』第三巻第二号、一九一八年。

結　論

本書では、政治的非統合を象徴しているともいえる南北間の対立を中心に、中華民国の誕生に対する同時代日本人の反応を考察してきた。中国の南北間における政治・軍事勢力や政府の分立と対立の発生は、帝制復活の試みに端的に示されるように、体制の変更そのものを起因としている場合もあった。しかしそれだけであるとするならば、体制変更の試みの結果が出た時点で、南北間の対立は解消したはずである。現実には、南北間の対立はほぼ恒常化していた。この点に着目して、その原因を考察しようとすると、体制そのものの変更よりは、改革借款の調印や第一次大戦への参戦といった具体的な政策の立案と決定が重要になってくる。実際に南北間の対立は、具体的な政策を起因として長引いたのであり、南京国民政府のもとでの中華民国の統一まで継続した南北対立の発端は、参戦の決定とそれをめぐる政界の紛糾にあった。

だが改革借款への調印にしろ、第一次大戦への参戦にしろ、南北対立にまでいたった根本的な原因は、それへの賛否そのものにではなく、それらの政策を決定するうえでの、政府内部における、また政府と議会の間における権限関係にあった。具体的には、政策案の作成とその議会への提出をめぐる大総統と国務総理の権限関係であり、提案の審議・決定をめぐる政府と議会の権限関係であった。この二つの政策についていえば、こうした権限関係を規定している基本法が臨時約法であった。北京に中央政府が存在していた中華民国前半期の政治的非統合の象徴である南北対立の根本的原因には、臨時約法の諸規定や、それに対する理解が関係していたのである。こうしてみると、中華民国の統合を支える基本法という視角からの臨時約法に対する評価の重要性が浮かび上がってくるし、同じ視角からの新約法の再検討という課題の必要性も明らかになってこよう。

辛亥革命という、これまで内外の学会や研究者によって当然のように扱われてきたテーマで、一九一〇年代初めの中国政治史を構想すると、清朝を倒すことを提起した孫文などの革命家や団体、それらの思想や活動、それにそれらを支援した日本人などの外国人の言動が、もっぱら研究の対象とされるのは必然のことである。実際に、近年のものも含めて、この領域に属する国内外の著書や論文はおびただしい数にのぼる。しかし序論でもふれたように、この当時の中国の政治指導者に対する評価は政治性をともなっている。したがって、この点を払拭しないと、同時代の日本人の言動にも正しい評価は与えられないことになろう。こうした「革命」という視角からの研究に対して、新しい国家の建設に着目したそれは、概して少ない。中華民国建国の過程に関する事実の推移を明らかにしたものはこれまでにもあるが、重要なことは、そのために整備に着手され始めた法制に対する評価である。

本書の書名に「中華民国の誕生」という表現を入れた動機の一つは、以上のような点にある。「革命」と「建国」は同じ事態の両面の関係にあるように思えるが、清朝の倒壊から中華民国初期にかけての政治史上において、いずれの面を研究の対象として重視するかは、当該時期の歴史に対する見方の違いを表している。中華民国の統合・非統合をめぐるその後の事態までを視野に入れて研究しようとすれば、革命家や革命団体の言動よりは、建国のあり方のほうが重要である。そのかぎりにおいては、表現としては「中華民国の建国」や「中華民国の成立」でもよかったのであるが、細かなことをいえば、これらの表現では、中国政治史の一国史的研究の印象を与えるように思える。本書の関心の対象は、同時代の日本のジャーナリズムや学者たちが、中国の政治変動に対して示した反応にもあった。大正初期の日本では、民間の言動の影響が次第に政治におよぶようになり、政党政治家や民間の団体の一部に「国民外交」という主張が表われたように、その影響は対中国政策にまで波及するようになった。これまでも、日本政治外交史の分野において、政府や軍部の中国に対する政策や政策論に関する優れた研究が多く発表されてきたが、本書では同時代の日本人、とくに日本の学者の言動に注目した。そのような他者の眼から見た場合の表現を意識して、「誕生」とした。帝国の解体と民国の誕生は、同時代の日本人にさまざまな中国問題を自覚させることになった。

当時の日本社会では、憲政擁護の風潮が強まり、大正政変によって桂園時代が終焉した。政界では政党の力が相対的に上昇し、短期の桂内閣が倒れたあとの山本内閣では立憲政友会が、次の第二次大隈内閣では立憲同志会が重要な位置を占め、さらに本書で扱った期間の最後の時期には、政友会総裁の原敬を首相とする政党内閣が成立した。中華民国が誕生し、臨時的なものではあれ、最初の憲法に準じる基本法が制定されたころ、日本人はこのような政治状況のなかにあったが、一方で、明治憲法の制定過程と制定後のその運用による憲政実施に関する歴史的経験も有していた。したがって、誕生したばかりの中華民国に対する同時代の日本人の視線の向け方は、可能性として二つあった。一つは、立憲国家づくりの経験者としての視線であり、清朝のもとでの立憲改革に対しては、このような視線以外はあり得なかった。もう一つは、清朝の倒壊や憲政擁護・大正政変を機に新たに生まれたものであり、憲政の成熟への追求者としての視線である。

日本人の学者のなかで、後者のような視線を向けた代表者が副島義一である。彼は寺尾亨とともに、南京の臨時政府の顧問として法制整備に関与することになった。この面での彼らの最大の貢献が、臨時約法の草案作成への関与であったが、その草案は臨時約法の原案ではなく、法制院で作成した臨時組織法案であった。参議院の起草委員会が作成した臨時約法案が大総統制を採用していたのとは異なって、これは内閣制を採用していた。ただし共通する点もあり、若干の程度の違いはあれ、政府を制約できる強い議会権限が盛り込まれていた。臨時組織法案の起草に、寺尾や副島の意見が強く反映されていたとすれば、彼らは中華民国の政治制度として、議会によって強く制約される内閣制を構想していたことになる。しかし参議院では臨時約法案を審議対象とし、臨時組織法案は法制院に返却した。ただし審議過程において、後者の内閣制がそのままではなく、国務総理の設置というかたちで部分的に取り入れられた。その結果、臨時約法での行政府の編成は曖昧なものになった。議会の位置づけは二つの草案でほぼ共通しており、臨時約法では、各国務員の任命に対する議会の同意権が規定され、その議会の解散条項は盛り込まれていなかった。

中国に到着したばかりの頃は、臨時政府組織大綱を批判し、政府の行政権限の強化と諮問機関程度の議会の設置を主張していた寺尾と副島が、このような内容の臨時組織法案の起草に関与した理由は、直接的には、中国行きの本来の目的であった南北の妥協・統一の阻止が困難になり、袁世凱が臨時大総統に就任する見通しとなったことにあった。アジア主義的な思考を有する彼らは、イギリスの支援を受けている袁世凱が、政権から排除されることを期待したのであるが、それが不可能であることが判明したために、法制面から制約を加えるという手段を選んだのである。憲政擁護のただなかにあった法学者として、議会権限の強化は憲政論としても矛盾を生まなかった。

ところで辛亥革命については、それが真の意味での近代の革命なのかどうかをめぐって一時期論争があったが、その後とくに深められることもなく、今日でも当り前のように、この用語は扱われている。『総合研究　辛亥革命』（辛亥革命百周年記念論集編集委員会編、岩波書店、二〇一二年）の序章「グローバルヒストリーの中の辛亥革命」（村田雄二郎）での簡潔な整理によれば、「ブルジョア革命説」に対する異論は、一九六〇年代、七〇年代からすでに提起されていた。しかしこの異論に対する学界での検討は深められることがなく、この序章によれば、現在の中国での辛亥革命への「公的評価の基軸は、「階級闘争」から「民族復興」」に変わっている。中国近現代史の研究者は、歴史の政治的評価にふりまわされない強い意志が必要であろう。

『総合研究　辛亥革命』の第六部第一章「北洋派と辛亥革命」（唐啓華）は、「革命」に疑義を提示し、中華民国の誕生に対する「北洋派」の貢献を高く評価している。本書で明らかにしたように、すでに同時代大正初期の日本人のなかには、北方の勢力の貢献があってこそ、中華民国の誕生は可能になったと見なす人々がいたのである。とくに副島との論争のなかでの有賀長雄の分析は、あらためて検討してみる価値がある。有賀の理解では、共和制の中華民国政府は清朝から政権の委譲を受けて成立したことになる。ただしいうまでもなく、ここでいう政府は南京の臨時政府ではなく、実態としては、清朝のもとで内閣総理大臣であった袁世凱を首班として北京に生まれた臨時政府のことである。また、それがそのままで実効性のある中央政府になったわけではなく、首班の袁世凱が南京の参議院で臨時大総統に選出され、臨時約法を当面の基本法とするという過程を経なければならなかった。念のために確認しておけば、一国民である袁世凱ではなく、北京に成立した臨時政府の首班である袁世凱が臨時大総統に選出されたのであり、中華民国の誕生には旧清朝政権内の官僚の貢献があったという理解は、間違いではない。

この有賀が、中華民国政府の顧問として提示した憲法構想の特色は、何よりも中国固有の条件に配慮した地方制度案にあったが、中央の政治制度については、議会によって制約されることが少ない超然内閣を提唱していた。ただし、将来的には政党内閣を否定しているわけではなかったことからわかるように、彼は、日本憲政の歴史的経験を重視していた。誕生したばかりの中華民国について、行政権の強化を重視していたのは有賀だけではなく、日本の内政史との関係では、大正デモクラシーの先駆者、立憲主義者と位置づけられる浮田和民もそうであった。彼は国土の広さや多民族性といった中国固有の条件も考慮して、憲政の成熟にはながい期間が必要であると考えていた。この二人の学者の眼からすれば、大正初期の日本の憲政状況を基準にして、中華民国の憲法を語るわけにはいかなかった。他方、アジア主義的な思考を有し、実質的には中国の平和を意味する東洋の平和の保持を、もっぱら日本の責務であると考える寺尾や副島は、中国の固有の条件へ眼が向きにくかった。

臨時約法は、寺尾や副島が起草に関与した草案を、部分的に取り入れるかたちで成立したが、中華民国が統合され、政治の安定と平和が保持できるか否かの法制上の要点は、それが基本法としてうまく機能するかどうかにかかっていた。統一中華民国成立後の中国政治に対する批判は、政府の政策に向けられることが多いが、最大の問題点は組閣難と内閣の頻繁な交代にあった。その法制上の原因が、臨時約法にあることははっきりしており、議会の権限縮小や解散規定の導入をめぐる改正論が、中国同盟会・国民党系の新聞も含めて公布の当初から噴出したのは、当然のことであった。しかし第二革命への決起は、このような議論に基づく臨時約法改正の途を閉ざし、天壇憲法草案を葬り去るよい口実を袁世凱大総統に与えることになった。

以上のような経緯を考慮すれば、袁世凱大総統の臨時約法増修提案は、まったく必要性がないわけではなかった。新約法は強大な大総統権限を認めており、内閣制を主張する有賀のような日本人顧問の憲法論と一致するものではなかった。しかし初期段階の立憲国家における、議会によって制約されることの少ない行政権の保障というかぎりでは、彼や浮田和民の考えと共通する点があった。寺尾や副島と異なって、彼らには立憲国家形成をめぐる中国固有の条件への配慮とともに、歴史的発想という個性があった。この点については、グッドナウも共有していた。

新約法のもとで、表面的ではあれ政権の安定化を達成できた袁世凱が、なぜさらに帝制復活の軌道に乗ったのかは、理解の難しいところであるが、中国一国の政治史の枠内での追究では、十分に明らかにすることはできないように思われる。延期勧告を主導した日本政府も初めから反対だったわけではないし、民間にはむしろ誘導しようとする議論さえあった。

このように同時代の日本の学者の眼を通してみると、当時の中国には立憲国家形成の二つの道程が併存していたように思える。吉野作造は、中国の南北間の対立という現象の基底に、この立憲国家形成をめぐる二つの道程の存在を発見していた。いずれに高い評価を与えるかという点では、意見は明らかに異なっていたが、北京の政府も枠内に含めて中国の立憲国家形成を考察するという姿勢は、有賀や浮田と共通していた。しかし当時の日本社会の受けとめ方の大勢は、専制対立憲という図式であった。ジャーナリズムのなかでは、『大阪朝日』が、寺内内閣と重ね合わせるようにして段祺瑞内閣に対する批判の論陣を張り、中国の内政にまで深入りしていった。憲政擁護をかかげる尾崎行雄は、政友会をぬけたのち、政友倶楽部などを経て、憲政会の結成に参加することになるが、袁世凱の政権からの排斥を決定した改造後の大隈内閣では、有力閣僚の一人であった。

第二次大隈内閣に代わって成立した寺内内閣は、袁世凱の政権からの排斥にまで深入りした前内閣の対中国政策を見直し、不干渉主義を標榜した。この寺内内閣の対中国政策に対して、成立当初から議会で激しく批判し、前内閣のそれを擁護したのが憲政会の尾崎であった。中国国民の政治意思の忖度までも求める尾崎の質問は、やはり中国の内政に深入りする危険をともなっていた。寺内内閣の「援段政策」は、国務総理に復帰した段祺瑞が張勲軍を北京から撃退し、参戦を強行するようになってから本格化した。これ以降の寺内内閣の対中国政策を議会で激しく批判したのも尾崎であり、彼の発言を本書の趣旨に照らし合わせて整理すると、世界の政治潮流を専制対立憲の対立と認識し、それを中国政治の現実にもあてはめようとするものであった。段祺瑞内閣は、いうまでもなく前者に位置づけられていた。こうした立場を異にする中国内政への介入に対して、不干渉主義の徹底した維持を求めたのが政友会の原敬であり、内閣と原の意見の摩擦は臨時外交調査会の場で表面化した。

中国の参戦問題や、それを機とする南北間の対立をめぐる日本のジャーナリズムの報道や議会での論戦は、新聞を通して中国社会にも伝えられていた。この頃には、中国の新聞が日本の社会や政界の動向を伝える速度ははやくなり、情報源が多様化するとともに、内容が格段に詳しくなった。日本に関する記事についていえば、中国の国内外で発行されている日本語新聞での報道の活用はもとより、通信社からも記事の配信を受けるようになり、『申報』のような大きな新聞の場合は、日本国内で直接の取材もしていた。これまで近代中国の新聞は、歴史上の諸事実を確認するための史料として、記事が断片的に利用される傾向が強かったが、少なくともこの時期以降の新聞は、世論形成のための情報伝達の媒体という性格を強くもつようになるのであり、このような視角からの新聞の扱いも必要になってこよう。

こうした中国の新聞は、日本の社会や政界の動向だけではなく、時には学者個人の意見を伝えることもあった。その典型的な事例が、南北対立に関する吉野の妥協論である。中国政治への関心が生まれてから、吉野は革命の歴史や時局の推移に関する詳しい論述を発表してきた。吉野の論述は、しばしば必要以上にながく、論旨が不明確になる傾向があったが、南北対立に関する論文についても、そのような批判を受けた。中国の南北対立への関心は、袁世凱の帝制復活をめぐって生じたそれに対するものから見られるが、内藤湖南や矢野仁一との意見の違いは、彼が南方の勢力を高く評価した点にあった。そのかぎりでは、吉野は寺尾や副島と同じ立場にたっていた。

しかし彼は間もなく、南北の妥協論を提示するようになる。その意味では、論争相手であった内藤や矢野の主張を受け入れたともいえるが、軸足をあくまで南方の政府・勢力の側に置いたものであること、中華民国の統合までも視野に入れたものであることの二点において、違いがあった。吉野は、なぜそのような妥協論を提示し得たのであろうか。その理由は、先に指摘した、中国の立憲国家形成における二つの道程の存在の発見にあった。立憲対専制という南北対立の認識にとどまっているかぎりは、当面の危機回避としての妥協論以上のものは打ち出せなかった。北方の政府や勢力を再評価することによって、中華民国の統合を視野に入れた妥協論を提示することができたと同時に、臨時約法の欠陥にも眼がおよぶようになったのである。袁世凱の帝制復活を契機とする南北対立をめぐって、いち早く妥協論を打ち出した内藤や矢野は、その後の中華民国の統合に対する展望をもっていたわけではなかった。内藤は外国による中国政治の管理に望みを託し、矢野は専制への回帰を主張するようになった。

吉野が中華民国の統合に向けての南北妥協論を提示した頃には、臨時約法の草案づくりに関与した寺尾と副島の考えにも変化が生じていた。寺尾は、なお南方の勢力に対する期待を残しつつも、「対人憲法」という性格によって生じた欠陥を有する臨時約法は、そのままでは中華民国統合の基本法となり得ないことを認識し、北京の政府を支える勢力の意思を反映させた憲法へ修正する必要性を自覚するようになった。他方、副島も広い意味では、なお南方の勢力に期待を寄せており、その点では、寺尾と同じ舞台に立っている。だがみずからも草案づくりに関与した臨時約法や、それによって成立した旧国会の有効性に対する評価は、まったく失われている。したがって臨時約法などに対する評価の変化は、寺尾以上に激しいのであるが、そこには既存の南北両政府に対する期待の違いがあった。副島は、既存の北京と広東の両政府を前提とする中華民国の再統合への関心がうすく、彼が真に期待を残した南方の勢力のごく一部に対して、革命運動の再出発を勧めているように思える。

あとがき

序論でも書いたように、前著『立憲国家中国への始動――明治憲政と近代中国』を出版したあと、さまざまな分野の研究者から多くの書評をいただいた。また地元の広島では、この本も話題の対象とするシンポジウム「二〇世紀東アジアの立憲制――辛亥革命と大正政変」(二〇一〇年三月五日、広島県立文書館)が開かれた。それ以外にも、九州歴史科学研究会(二〇一一年四月二三日、西南学院大学)、科学研究費補助金による研究グループ(二〇一二年一月二八日、明治大学)、東洋文庫の現代イスラーム研究班(二〇一二年三月一〇日、東洋文庫)など、中国の歴史と直接には関わらないものも含めて、いくつかの研究会からお呼びいただき、その後の研究の進展を発表する機会があった。

本書は、前著に対する書評を参考にし、こうしたシンポジウムにおける討論や研究会でのその後の成果の発表とそれをめぐる議論をふまえてできあがった。前著以来、私の変わらない研究上の関心は、「近代中国と日本人」というテーマにある。このようにいうと、さして目新しいテーマではないとの指摘を受けるかもしれない。というのは、このようなテーマに関する研究は、これまでにも多くあるからである。明治末期から大正初期にかけての時期についていえば、辛亥革命を中心に、その後の第二革命、袁世凱による帝制復活への反対運動などに関して、それらを支援した日本人がとりあげられてきた。しかしこうした研究は、中国での革命的な思想や行動への日本人の関与という、近代中国と日本人の関係の一面を追究したに過ぎない。前世紀の七、八〇年代から提起されるようになった中国近代史のとらえ方に対する批判との関わりでいえば、このような一面にもっぱら関心が寄せられてきたことに問題があった。

前著では、いわば革命の対象となる清朝や中華民国の北京政府の側に視点をおいて、立憲国家の形成をめぐる日本人法学者の関与について究明した。一方、本書は中華民国臨時約法の分析にかなりの力を入れているという点で、革命勢力の側にも研究の範囲を広げているといえる。しかし革命運動には関心がなく、扱っているのは建国構想の領域である。革命勢力の側の建国構想が、法制面で集約的に表明されているのが臨時約法であるといってよい。辛亥革命などを評価するさいの最も基礎的な視点は、あれやこれやの思想や運動ではなく、いかなる新しい国家を建設しようとし、それが実現できたか否かに置かれるべきであろう。新たな国家建設の構想と実現性を、法制面で表象するのが憲法である。ところが中華民国初期の憲法論に関する研究は意外に少なく、臨時約法や新約法の評価については、善悪的にすでに決着ずみであるかのように扱われている。しかしアジアにおける立憲国家の形成という観点から見たとき、問題はそれほど単純ではなかろう。

明治末期から大正初期の日本人のなかには、清朝の立憲改革に関与し、さらに中華民国北京政府の顧問として憲法案の策定に参加した法学者がいただけでなく、臨時約法の一案の起草に加わり、公布された臨時約法の擁護に奔走した法学者もいたのである。こうした法学者たちは明治憲政史の経験者であるとともに、大正初期の憲政擁護という風潮のただなかにもいた。袁世凱政権の崩壊過程とその後の時期に生じた南北分裂的な様相は、日本の学者のなかに、中華民国統合の可能性に対する疑念を生じさせることになった。この南北分裂的様相を生じさせた直接のきっかけについては、これまでも言及されることがあったが、根本的な原因は臨時約法にあった。中華民国の統合を困難にする臨時約法での大総統、国務院総理、議会の間における権限規定は、その起草の動機と過程において生じていた。

本書の内容の一部を、まとまったかたちで最初に発表したのは、二〇一一年度の広島史学研究会大会東洋史部会（二〇一一年一〇月三〇日、広島大学）においてである。この時の発表をもとに、若干の加筆をし、論文としてまとめたのが「中華民国臨時約法的制定与日本法学家」（『輔仁歴史学報』第二八期、二〇一二年）であり、内容は本書の第一章に該当している。その後、広島大学を定年退職するにあたって、中国近代史研究会（二〇一二年三月二四日、広島大学）で発表の機会を与えられたのを幸いに、本書全体の構想を提示し、貴重な意見を得ることができた。前述のように、これ以外の研究会でも、本書に関連する内容を発表する機会はあったが、第一章以外は書き下ろしである。

私はこれまで、近代中国の歴史をできるだけ内側に閉ざさないようにして研究を進めてきた。本書のひそかな願望も、中国を通して大正初期の日本の歴史を見とおしてみることにあった。そうすることによって、内側から見たものとは異なる大正初期日本の歴史像を提示できるのではないかと考えている。

こうした研究を維持できている意欲のみなもとは、ほぼ一回り下の研究者たちを頂点とする広島の中国近代史研究会にある。歴史学を含む人文学系の学問の将来には、なかなか厳しいものがある。しかし環境を理由に悲観的になるのではなく、学問を内から変えていく努力をすることが重要であろう。学問を内から変えるとは、学問の魅力を引き出すということである。学問の魅力への自覚がなければ、そもそも研究をするという行為を持続させる力が失われてしまうが、自覚があれば魅力が伝わるというものでもない。魅力を伝えるには、読み手、聞き手としての他者を意識することが重要である。さらに、その他者を専門家や同業者以外にも広げることができれば、学問の魅力はより輝かしいものとなり得るであろう。さまざまな他者からも興味をもってもらえるような成果があげられる研究会として、今後も成長していってくれることを念願している。

本書の出版にあたっては、前著と同じように、新刊部編集の田中峰人さんにお世話になり、原稿全部に目を通してもらった。その後、同じ編集の三浦泰保さんが仕事を引き継がれ、校正の作業をていねいに手助けしていただいた。優れた編集者の力こそが、読みやすい学術書を生み出す。お二人の援助に感謝申し上げたい。

曽田三郎

二〇一三年五月一〇日

人名索引

た

ち

つ

て

と

な

に

ね

は

ひ

ふ

事項索引

さ

し

せ

そ

た

◎著者略歴◎

曽田　三郎（そだ・さぶろう）

1948年島根県生
広島大学大学院文学研究科東洋史学専攻博士課程単位取得退学
博士（文学）
広島大学名誉教授
〔主要著作〕
『中国近代製糸業史の研究』（汲古書院，1994年）
『中国近代化過程の指導者たち』（編著，東方書店，1997年）
『近代中国と日本――提携と敵対の半世紀』（編著，御茶の水書房，2001年）
『中国抗日戦争史――中国復興への路』（共訳，桜井書店，2002年）
『立憲国家中国への始動――明治憲政と近代中国』（思文閣出版，2009年）

中華民国《ちゅうかみんこく》の誕生《たんじょう》と大正初期《たいしょうしょき》の日本人《にほんじん》

2013（平成25）年7月10日発行

定価：本体6,500円（税別）

著　者　曽田三郎
発行者　田中　大
発行所　株式会社　思文閣出版
〒605-0089 京都市東山区元町355
電話 075-751-1781（代表）

印　刷
製　本　株式会社 図書印刷 同朋舎

ISBN978-4-7842-1695-6　C3022